ESD와 교육의 융합

지속가능발전의 목표와 교육적 가치의 융합 방안 안내

남영숙 장호창 김희진 김 호
류학렬 윤영선 고아라 정예원

교육과학사

프롤로그

유난히도 무더웠던 올해의 여름은 날로 심각해지고 있는 기후 위기와 환경 위기를 몸소 체험하는 계기가 되었다. 그런데 문제의 심각성은 이러한 현상이 일회성이 아니라는 점인데 혹자는 올해의 무더위가 다가올 미래에 비하면 가장 선선한 경우일 수 있다는 우울한 전망을 내놓고 있다. UNESCO가 2020년 발표하여 전 세계적인 동참을 호소하고 있는 '2030 지속가능발전교육(ESD) 로드맵'은 현재 시점에서도 이러한 위기와 재난에 적절하게 대응할 수 있는 중요한 도구로 간주되고 있다.

필자가 ESD에 관심을 가지게 된 것은 2001/2002년 독일 학술진흥재단과 한국연구재단(구 학술진흥재단)의 국제협력프로그램 지원사업의 일환으로 베를린자유대학교 Eckardt de Haan 교수와 공동연구를 수행하면서 시작되었다. 그 당시 de Haan 교수는 독일 연방정부의 예산지원으로 ESD 모델 개발 및 적용 확산을 위한 프로젝트를 시행하고 있었다. 객원교수로서 이 프로젝트에 참여한 필자는 독일 현직 교사들과의 면담을 통하여, 그들의 높은 환경문제 인식 수준을 확인하고 또한 세계적 추세를 반영한 연방 주정부의 교육정책을 기반으로 개발된 ESD모델 적용과 역량 강화를 위한 노력을 살펴볼 기회가 있었다.

이때의 소중한 경험과 학술 정보는 우리나라 ESD 모델 구축을 위한 다양한 연구를 진행하는 데 밑거름이 되었다. 2003년에는 한국연구재단의 신진연구자 지원사업으로 학교의 지속가능성을 기반으로 한 학교생태감사제도에 관한 기본적 연구를 진행하였고, 2005/2006년에는 선도연구자 지원사업을 통하여 우리나라 최초로 에너지 영역에서의 지속가능한 학교 모델을 연구하게 되었다. 또한 한국교원대학교 환경교육학과 재직기간 동안 대학원 제자들과 함께 ESD의 융합적 모델 구축 및 적용 효과 분석과 일선 학교에서의 확산을 위한 연구 등을 꾸준하게 진행하였다.

이제 그동안의 ESD에 대한 연구활동의 성과들을 모아서 한 권의 책으로 세상에 내보내고자 한다. ESD는 끊임없이 변화하는 특성이 있을 뿐만 아니라, 기후 및 환경위기 등 전 세계적인 현상들에 대응하기 위한 교사의 역량 강화가 지속적으로 필요한 분야이다. '교육은 교사의 질을 능가할 수 없다'는 루돌프 슈타이너의 교육철학의 관점에서 본다면, ESD의 질은 교사의 질과도 밀접한 연관성을 갖는다고 볼 수 있다.

ESD에 대한 다양한 콘텐츠와 교수학습 방법은 교사들에게 질적 수준을 높여 주는 도구가 된다. 이 책은 현직교사뿐만 아니라 미래교육을 주도할 예비교사의 ESD 역량 함양을 위하여 실제적으로 효과가 검증된 ESD 모형을 담고자 하였다. 또한 ESD에 관심을 갖는 사회환경교육 기관의 교수자들도 활용 가능하도록 다양한 주제들을 포함하고 있다.

제Ⅰ장은 21세기 기후위기 및 환경위기 시대의 인재양성을 위한 ESD의 기본 방향이 되고 있는 지속가능발전 및 지속가능발전목표와 더불어 부각되고 있는 중요한 정책이슈에 대한 내용을 담고 있다.

제Ⅱ장은 전 지구적인 환경적 위기를 중심으로 한 지속가능성의 문제를 교육의 입장에서 어떻게 해석할 수 있을지 ESD의 개념과 의미, 그리고 ESD의 변화 과정과 교육적 의의를 논하고 있다.

제Ⅲ장은 ESD를 위한 학교 문화 형성과, 이를 위한 학교공동체의 성장과 참여, 학생 중심의 지속가능한 학교문화 변화를 위해 시도할 있는 교사들의 교육적 실천 방안에 대한 내용을 담고 있다.

제Ⅳ장에서는 지속가능한 사회를 위해 교육자들이 학생들에게 무엇을 이야기하고, 어떤 행동을 이끌어 내야 할지에 대한 문제를 제기하고, 이를 위한 대안으로서의 생태전환교육에 대한 논의를 제시하고 있다.

제Ⅴ장과 제Ⅵ장에서는 유아교육과 초등교육에서 ESD가 지니는 의미와 필요성을 살펴보고, 교사들이 교육 현장에서 적용할 수 있는 ESD 사례 및 프로그램을 소개하고 있다.

제Ⅶ장에서는 지속가능한 세상을 위해 생물다양성이 왜 중요한지 살펴보고, ESD의 일환으로 황새를 활용한 프로그램과 운영 사례를 제시하여 자연과 인간이 공존하는 지속가능한 미래의 접근 방안을 소개한다.

제Ⅷ장에서는 21세기 기후위기 및 환경위기 시대의 주요 쟁점인 ESG와 ESD의 융합에 대해서 논하고 있다. 특히 대학의 지속가능발전목표와 더불어 부각되고 있는 ESG 이해를 통하여 SDGs 목표 달성과 동행하는 리더십 프레임워크를 제시하고자 한다.

이 책이 세상에 나올 수 있었던 것은 학자로서 연구할 수 있는 소중한 기회를 제공한 독일과 우리나라 정부의 협력과, 나의 사랑하는 제자들의 ESD에 대한 관심과 헌신 덕분이다. 정년퇴임을 맞이하며, 그동안 여정을 함께 해온 제자들과 책을 출간할 수 있다는 사실이 얼마나 감사하고 영광스러운 일인지 말로 표현하기 어렵다. 이 책은 단순한 글의 모음이 아니라, 지난 수십 년간의 교육과 연구, 그리고 무엇보다 제자들과의 소중한 만남과 교류가 집대성된 결과물이다.

이 책을 지속가능발전 연구실에 몸담았던 70여 명의 석박사 제자들과 미래교사로서의 역량을 추구하는 학부생과 졸업생, 그리고 현장에서 수고하시는 선생님들께 감사한 마음으로 바치고 싶다. 항상 물심양면으로 아낌없는 지원을 해준 사랑하는 가족에게도 고마움을 전한다.

마지막으로 이 책을 만나는 모든 이에게 이렇게 축복하고 싶다. Lucete! 빛을 발하라!

2024년 12월 15일

저자 대표 남 영 숙

목 차

PART 03 어떻게 지속가능발전교육을 구현할 것인가?: 수업 실천과 연결하는 방법 / 정예원, 고아라, 윤영선, 류학렬

Part 01

남영숙, 장호창

왜 지속가능발전교육인가? 지속가능발전에 대한 이해와 교육적 가치의 융합

I 교사들을 위한 지속가능발전교육 이해

남영숙

들어가기

기후위기 현상은 지구의 기후 시스템에 심각한 영향을 미치며, 인류의 생존과 환경에 중대한 위협을 가하고 있다. 이로써 다양한 환경적, 사회적, 경제적 문제를 초래함으로써 지속가능발전을 저해하고 있다. 따라서 기후위기를 해결하기 위한 노력은 지속 가능한 발전의 핵심 요소이다. 기후위기와 지속 가능한 발전은 현대 사회가 직면한 가장 큰 도전 과제 중 하나이다. 이를 해결하기 위해서는 정부, 기업, 시민사회가 협력하여 지속 가능한 사회 구축을 위하여 노력하여야 한다. 기후위기 시대의 지속가능발전교육은 개인과 사회가 기후 변화에 효과적으로 대응하고, 지속 가능한 미래를 구축하는 데 필수적인 역할을 할 것이다. 이 장에서는 21세기 기후위기 및 환경위기 시대로서 의 인재양성을 위한 ESD의 기본방향이 되고 있는 지속가능발전 및 지속가능발전 목표와 더불어 부각되고 있는 중요한 이슈정책을 이해하도록 한다.

1. 기후위기 및 환경위기

코로나 팬데믹이 발생된 2020년대의 불확실성을 수반하는 위기적 요인들은 갈수록 심화되는 사회 경제적 불평등, 예상을 초월하는 속도로 가속화되는 인구감소, 인공지능 기술로 대표되는 기술변화 등이다. 거의 임계점까지 도달한 기후위기로 대표되는 2020년대는 변동성과 불확실성이 매우 심한 시기로 접어들고 있다. 불평등 심화, 인구감소, 기술변화, 기후위기라는 굵직한 미래변수들은 대체로 2차대전 이후 기성세대는 물론 현재 세대들도 경험하지 못한 것으로 인식되고 있다.

약 46억 년의 긴 세월 동안 지구는 지속적으로 기후 변화가 있었다. 기후온난화와 같은 기후변화가 일어나는 이유는 자연적인 원인과 인위적인 원인으로 구분된다. 자연적인 원인은 밀란코비치(Milankovitch; 1879~1958)의 순환, 즉 지구가 공전하는 궤도의 변화에 의해서 자연적으로 반복되는 하나의 주기라는 이론, 그리고 태양 복사에너지의 변화, 화산 활동 및 지각 활동 등 자연변화(대륙 이동, 지구 내부의 변화)에 의한 것이라는 것이다. 인위적인 원인은 온실가스와 에어로졸의 농도 증가, 산림 파괴 및 환경변화 등 인류가 경제 활동을 하면서 발생된 것이다. 기상청(2021)에 의하면 기후변화란 그 지역의 매년 평균적인 대기 상태인 기후가 태양의 활동, 해수면의 온도, 화산의 분출과 같은 자연적 요인과 이산화탄소 배출, 산림의 파괴 등과 같은 인위적 요인에 의해 점차 변화하는 것을 의미한다. 최근 기후변화를 일으키는 인위적 요인의 과도한 영향으로 지구온난화가 심해지면서 이상기후로 인한 피해가 지속적으로 발생하고 있다. 이러한 현상은 특정 지역에 국한되어 발생하지 않고 모든 지역의 다양한 연령층의 사람들이 직접적으로 그 심각성과 피해를 겪고 있는 실정이다.

IPCC는 2018년 총회에서 '지구온난화 1.5도 특별보고서'를 승인·채택하였다. 이 보고서에서는 지구온난화가 지금과 같은 속도로 계속된다면 2030~2052년 사이에 1.5℃ 상승할 가능성이 크다고 예측하고 있다. 지구온난화가 1.5℃를 초과하면 인간계와 자연계에 대한 적응 역량의 한계가 오고 이로 인한 사막화, 해수면 상승 등으로 인한 기후위기를 경험하게 될 것이다. 이에 지구온난화를 1.5℃로 억제하기 위한 전 지구적 공동의 노력을 해야 할 필요성과 방안에 대해 언급하고 있다(IPCC, 2018). 지구온난화로 인한 적응 역량의 한계가 무너지고 이로 인해 인간계와 자연계가 붕괴되는 것을 직접 경험하는 데 남은 시간은 고작 40년 가량이다. 심지어 이 시간이 더 빨라질 수 있다고 예측하는 학자들도 있다.

IPCC(2022)가 발표한 특별보고서의 중요한 핵심 내용은 첫째, 기후에 대한 인간의 영향이 우리의 대기(물과 땅)를 따뜻하게 했다는 것은 부인할 수 없으며, 대기, 해양, 빙권 및 생물권에 대한 광범위하고 신속한 결과가 발생했다. 둘째, 지난 40년은 각각 1850년 이후 이전 10년보다 연속적으로 따뜻해졌다. 2019년 대기 중 CO_2 농도는 지난 2백만 년 동안 그 어느 때보다 높은 것으로 분석되었다. 그리고, CH_4와 N_2O의 농도는 800,000년 동안 다른 어떤 시점보다 높게 측정되었다. 셋째,

인간이 만든 CO_2 배출이 현재 표면에서 외해의 산성화의 주요 원인이라는 것은 확실한 결과이다. 넷째, 인간의 영향은 1990년대 이후 전 지구적 빙하 후퇴와 1979~1988년과 2010~2019년 사이 북극 해빙 표면 후퇴의 주요 원인일 가능성이 크다. 9월에는 40%, 3월에는 10% 감소하였다. 1970년대 이후 해양 상부(0~700m)가 따뜻해졌다는 것이 실제로 입증되었다. 이는 인간의 영향이 주요 원인일 가능성이 매우 높다.

과학자들이 고려한 모든 배출 시나리오하에서 지구 표면 온도는 적어도 금세기 중반까지 계속 상승할 것이다. 향후 수십 년 동안 CO_2 및 기타 온실가스 배출량이 대폭적으로 감소하지 않는 한 21세기 동안 지구온난화 1.5℃ 및 2℃를 초과할 것으로 추정되고 있다. 즉, 1850~1900년에 비해 지구 표면 온도는 온실가스 배출량이 매우 적은 시나리오에서 2081~2100년 동안 평균 1.0℃~1.8℃ 상승할 가능성이 매우 높다. 중간 정도의 온실가스 배출로 온도는 2.1℃에서 3.5℃까지 상승할 것이다. 매우 높은 온실가스 배출 시나리오에서 온도는 약 3.3℃에서 5.7℃까지 증가할 것이다. 지구 표면 온도가 1850~1900년 수준보다 2.5℃ 이상 높았던 마지막 시기는 3백만 년 전이다.

과학적인 관점에서 인위적인 지구온난화를 일정 수준으로 제한하려면 누적 CO_2배출량을 제한해야 한다. 다른 온실가스 배출의 강력한 감소와 함께 최소한 CO_2 배출의 순제로(net-zero)값을 달성해야 한다. 인위적인 CO_2 배출량이 인위적인 CO_2 분해에 의해 상쇄되는 전 세계 순 제로 CO_2 배출량을 달성하는 것은 지구 표면 온도의 CO_2 관련 증가를 안정화하기 위한 전제 조건이다.

이처럼 기후변화란 사람의 활동으로 인하여 온실가스의 농도가 변함으로써 상당 기간 관찰되어 온 자연적인 기후변동에 추가적으로 일어나는 기후체계의 변화를 말한다. 기후변화를 넘어 전 세계적으로 논의되고 있는 '기후위기'란 기후변화가 극단적인 날씨뿐만 아니라 물 부족, 식량 부족, 해양산성화, 해수면 상승, 생태계 붕괴 등 인류 문명에 회복할 수 없는 위험을 초래하여 획기적인 온실가스 감축이 필요한 상태를 말한다.

이와 같은 기후위기를 극복하기 위해서는 기후위기 적응과 기후정의를 지향하고 있다. '기후위기 적응'이란 기후위기에 대한 취약성을 줄이고 기후위기로 인한 건강 피해와 자연재해에 대한 적응 역량과 회복력을 높이는 등 현재 나타나고 있거나 미래에 나타날 것으로 예상되는 기후위기의 파급효과와 영향을 최소화하거나 유익한 기회로 촉진하는 모든 활동을 말한다. "기후정의"란 기후변화를 야기하는 온실가스 배출에 대한 사회계층별 책임이 다름을 인정하고 기후위기를 극복하는 과정에서 모든 이해관계자들이 의사결정과정에 동등하고 실질적으로 참여하며 기후변화의 책임에 따라 탄소중립 사회로의 이행 부담과 녹색성장의 이익을 공정하게 나누어 사회적·경제적 및 세대 간의 평등을 보장하는 것을 말한다.

2. 지속가능발전과 지속가능발전목표

지속가능발전(Sustainable Development)은 환경 보전, 사회 안정 및 통합, 경제 성장이 지속가능성을 지향하며 이루어지는 발전을 의미한다. 1992년 리우데자네이루에서 국제적으로 확산된 지속가능발전은 2002년 남아프리카공화국 요하네스버그에서의 지속가능발전세계정상회의, 2012년 유엔지속가능발전회의(리우+20) 등을 거쳐서 2015년 유엔지속가능발전목표(UN-SDGs)를 채택하기에 이르렀다.

UN기구인 유네스코(2008)는 '지속가능발전'이 환경과 삶에 대한 우리의 책임과 의무이며 동시에 미래 세대의 권리 보장의 의미를 담고 있음을 제시하고 있다. 즉, 현재 우리는 환경적으로 건전한 삶을 살아야 할 뿐만 아니라 미래 세대에게도 이러한 환경을 물려주어야 한다는 것이다. 지속가능발전에 대한 논의는 1972년 스웨덴 스톡홀름에서 개최된 유엔인간환경회의(UNCHE)에서 환경문제가 단순한 지역적 문제에서 벗어나 국제정치적 문제로 다뤄지기 시작했다. 특히 환경만을 따로 떼어놓지 않고 빈곤이나 불평등과 같은 사회경제적 쟁점과 함께 종합적인 접근이 필요한 것으로 검토할 필요가 있다고 느껴졌으며, 그 결과 지속가능발전이라는 새로운 개념이 등장했다(이선경 외, 2005). 이 개념은 1980년 세계환경개발위원회(WCED)가 브룬트란트 보고서인 "우리 공동의 미래(Our Common Future)"를 출간하면서 더욱 광범위하게 논의되기 시작했다. 지속가능성에 대한 논의는 1987년 UNEP(유엔환경계획)와 WCED(세계환경개발위원회)가 공동으로 채택한 'Our Common Future'에서 제시하였는데, 보고서에서 인류가 빈곤과 인구 증가, 지구온난화와 기후변화, 환경 파괴 등의 위기에서 경제를 발전시키기 위해 지속 가능한 발전으로 패러다임 전환이 필요하다는 의견을 제시하고 있다.

이후 1992년 브라질 리우데자네이루에서 열린 유엔환경개발회의(UNCED)에서 환경문제와 관련된 여러 협약의 성공적 이행을 위한 유엔지속가능발전위원회(UNCSD)가 창설되었으며, 각국 정상들이 모여 지속가능발전의 성과를 평가하고 이후 이행과제를 구체화하는 지속가능발전회의가 현재까지도 정기적으로 열리고 있다. 이렇게 여러 회의를 거치면서 도입된 개념인 만큼 지속가능발전의 의미에 대해 다양한 해석이 있었다. 그러나 분명한 것은 이 개념이 완성된 개념이 아니라 서로의 합의를 통해 진화하는 개념이라는 것이다. 초기에는 지속가능발전이라는 개념이 개발과 환경 보전의 조화를 강조하기보다는 제한 범위 내에서의 개발을 의미하였고 환경 보전이 먼저 고려되어야 한다는 해석이 일반적이었다. 그러나 리우선언에는 '현재 및 미래 세대의 개발에 대한 필요와 환경 보전의 필요가 동등하게 충족되는 것'으로 논의됨으로써 개발과 보전의 조화를 강조하는 개념으로 발전하였다. 또한, 지속가능발전은 환경뿐만 아니라 사회 전체의 지속가능성 유지와 관련된 것으로 폭넓게 해석하는 경향이 점점 확대되고 있어 자유, 정의, 민주주의 등과 같이 인류가 궁극적으로 지향해야 할 사회 전체를 관통하는 이념으로 이해되기도 한다(박태윤, 성정희, 2007).

2015년 9월, 유엔 총회는 지속가능한 발전을 위한 2030 Agenda를 채택하였다. 모든 유엔회원국이 참여하여 인류가 지속가능한 방향으로 나아가기 위한 계획을 세우고, 이것이 효율적으로 이행될 수 있도록 17개의 지속가능발전목표(Sustainable Development Goals: 이하 SDGs)로 설정하였다. 17개 핵심 목표들은 환경, 사회, 경제, 글로벌 거버넌스 등과 관련해 현재 국제사회에서 보편적으로 관찰되고 제기되고 있는 사안들을 광범위하게 담고 있으며, 부문 간 중첩과 영향 관계 또한 적절하게 고려하고 있다. 지속가능발전 개념은 인류 생존의 조건이 되는 모든 분야의 유지와 향상을 지향하므로 어느 한 개인 혹은 국가의 노력만으로 성취될 수 없으며, 전 지구적 협력이 필요하다. 이에 각국 정부는 책임감을 느끼며 2030 Agenda 이행을 위한 국가적 정책 및 대책을 수립하였으며, 유엔은 각국의 목표 이행정도를 측정할 수 있도록 각 목표 및 세부목표에 따른 구체적인 지표를 제시하고 있다. 17개의 SDGs의 목적은 현재와 미래의 모든 사람을 위해 지속가능하고 평화롭고 평등한 삶을 확보하는 것이다. 이 목표들은 인류의 생존에 중요한 세계적인 도전을 다루고 있다. UN 차원에서 공동의 목표를 세우고 이를 각 국가가 실천한다는 방식이 처음 시도되었던 MDGs가 '빈곤 퇴치'에 중점을 두어 선진국을 포함한 모든 국가가 '자신의 문제'라고 인식하고 책임감을 느끼도록 하기에 한계가 있었던 반면, SDGs는 MDGs에서 다뤄지지 않았던 불평등, 지속가능하지 않은 소비패턴, 취약한 제도적 역량, 환경파괴 등을 다루면서, 기존의 정치・경제・사회 제도의 문제들을 해결하고자 한다는 점에서 진정한 '인류 모두를 위한 약속'이라 할 수 있다(유네스코한국위원회, 2018).

지속가능한 캠퍼스(Sustainable Campus)는 UNCSD(세계환경개발위원회)가 공동으로 채택한 'Our Common Future'에서 제시되고 1990년 22개 대학 총장들이 프랑스의 탈루아르(Talloires)에 모여 대학 교육에서의 지속가능성 증진을 위한 탈루아르 선언에 참여하면서 등장한 개념이다. 탈루아르 선언을 통해 볼 때 지속가능한 대학은 도덕적 의무 완수, 공동체 기여, 지속가능한 캠퍼스 운영, 생태소양 증진, 학제적 교육과정 개발, 지속가능성 연구 장려, 협력 증진 등의 특성을 갖춘 대학을 의미한다.

이후 핼리팩스선언(1991), 교토선언(1993), 스완지선언(1994), 코페르니쿠스선언(1997), 뤼네부르크선언(2000) 등을 통해 지속가능한 대학의 모습이 구체적으로 제시되었다. 1999년 지속가능발전을 위한 대학지도자 협회(The Association of University Leaders for a Sustainable Future(ULSF))에서 기존에 제시되었던 지속가능한 캠퍼스 개념을 보다 체계화하여 운영하고자 제안되어 STARS라고 하는 지속가능한 대학 평가의 기본 틀을 개발하게 되었다.

SDGs 의제는 상호 연결된 사회, 경제, 환경적 문제를 다루고 있다. 이 모두를 융복합적으로 해결하려면 다양한 전문 자원(인적, 지적, 기술적, 재정적)과 광범위한 네트워크를 지니고 있는 대학의 역할이 중요하다. "SDGs는 우리 사회와 글로벌 사회의 사회 및 경제적, 환경적 문제를 다루고 있으며 이를 해결하는 과정에서 대학의 교육, 연구, 혁신과 리더십은 우리 사회의 문제를 해결하는 데 필수적인 부분이다. SDGs가 세계적으로 달성되기 위해 대학은 지속 가능한 발전의 주도자가 되어 SDGs의 실천을 위해 중심 역할을 수행해야 한다. 대학의 도움 없이는 SDGs는 실천되기 어렵기 때문이다."(SDSN Australia/Pacific, 2020)

2022년 유엔 경제사회이사회는 "2030 지속가능발전 의제의 완전한 이행 증진과 코로나19로부터 더 나은 재건"의 주제로 2022년 지속가능발전 고위급정치포럼을 뉴욕에서 개최하였다. 이 포럼에서는 특히 SDG4(교육), 5(젠더), 14(해상생태계), 15(육상생태계), 17(파트너십)의 5개 SDG 목표의 이행현황을 중점적으로 검토하였다. 또한 현재 팬데믹, 기후위기, 지정학적 대립 등으로 SDGs 이행이 원활하게 이행되지 못하고 있으며, 그 활성화 방안도 논의되었다.

SDGs는 경제성장, 사회통합, 환경보호 3개 영역, 17개 목표, 169개 세부목표, 232개 지표로, 인간의 건강한 삶, 지구 생태계, 파트너십을 통한 거버넌스 구축, 지구적 평화, 공동 번영에 대한 내용으로 구성되어 있다. 이는 넓게는 지구공동체에서 좁게는 지역공동체에 이르기까지 현대 사회가 달성해야 하는 목표를 구체적으로 제시하고 있다.

17개의 지속가능발전목표를 달성하는 데 교육은 중요한 매개체이다. 따라서, 교육을 중요하게 담당하고 있는 대학의 역할 역시 중요하다. 교육뿐만 아니라 연구, 지역사회와 연계 등의 다양한 역할을 하도록 요구되는 현재의 대학의 경우 많은 부분에서 SDGs와 연결되어 있다고 볼 수 있다. 따라서, 지속가능한 캠퍼스 자체로도 17가지의 지속가능발전 모두와 연결 지을 수 있다. 하나의 예로써 SDGs1(빈곤 종결), SDGs2(기아 해소), SDGs3(건강 보장과 복지 증진)의 3가지 목표를 설정한 베를린 자유대학교를 제시할 수 있다. 즉, 베를린 자유대학교에서는 경제적으로 여유가 없는 학생들을 대상으로 상담 및 재정적 지원을 해주는 제도가 마련되어 있으며 이를 통해 모두가 평등하게 교육을 받을 수 있는 기회를 제공하고 있다는 점에서 SDGs1을 실현하고자 노력하고 있다는 것을 알 수 있다. 또한, SDGs2를 위한 노력으로 캠퍼스 내의 식당에서는 저렴한 음식을 제공하며 학교 근처의 식료품점, 카페 등에서 남은 음식은 무료로 원하는 사람에게 나누어 주고 있다. 마지막으로 건강 보장, 복지 증진의 SDGs3에 맞게 교직원의 근무 환경을 개선하고 있으며 학교 구성원들을 대상으로 심리상담을 제공하고 있다. 또한, 실내외 운동을 할 수 있는 환경을 마련해주고 있다.

3. 환경, 사회, 지배구조(ESG)

ESG는 환경(Environment), 사회(Social), 지배구조(Governance)의 약자로, 환경 경영, 사회적 책임, 건전하고 투명한 지배구조에 초점을 둔 지속가능성을 달성하기 위한 기업 등에서의 경영의 3가지 핵심 요소를 의미한다. 환경(Environment)은 기업의 경영활동 과정에서 발생하는 환경 영향 전반을 포괄하는 요소들을 포함하며, 기후변화와 관련된 탄소중립, 재생에너지 사용 등이 중요한 요소로 주목받고 있다. 사회(Social)는 임직원, 고객, 협력회사, 지역사회 등 다양한 이해관계자에 대한 기업의 권리와 의무, 책임 등의 요소가 포함되고, 최근 인권, 안전·보건 등에 대한 이슈가 화두가 되고 있다. 지배구조(Governance)는 회사의 경영진과 이사회, 주주 또는 회사의 다양한 이해관계자의 권리와 책임에 대한 영역으로 이사회의 다양성, 임원 급여, 윤리경영 및 감사기구 등이 강조된다. 기업의 사회적 책임은 지역공동체와 공존을 모색하는 활동이므로 대학도 사회적 책임을 부여하여야 한다.

ESG의 개념을 포함하는 지속가능성에 대한 논의는 1987년 UNEP(유엔환경계획)와 WCED(세계환경개발위원회)가 공동으로 채택한 'Our Common Future'에서 제시하였다. 보고서에서 인류가 빈곤과 인구증가, 지구온난화와 기후변화, 환경 파괴 등의 위기에서 경제를 발전시키기 위해 지속 가능한 발전으로 패러다임

전환이 필요하다는 의견을 제시한다. 경영시스템 전반에서의 ESG 내재화를 위한 기업들의 요구가 증가함에 따라 이를 자문·컨설팅·평가하는 서비스 시장이 등장, 전 세계에 600여 개 이상의 서비스 기관이 ESG 평가 및 자문 역할을 수행하고 있다.

ESG에 대한 본격적인 논의는 2004년 UNGC(UN Global Compact)와 2005년 UNEP(UN Environmental Program Finance Initiative)에서 관련 보고서를 발표하고, 2006년 UN이 투자자들에 대한 투자 가이드라인을 제시한 PRI(Principles for Responsible Investment)에서 6개 투자 원칙을 발표하면서 시작되었다고 볼 수 있다(UNGC, 2004; UNEP, 2005; UN PRI, 2006). 2020년 초 세계 최대규모의 자산운용사 블랙록의 래리 핑크(Larry Fink) 회장이 향후 투자와 관련하여 지속가능성회계기준위원회(Sustainability Accounting Standards Board: SASB)와 기후관련재무정보공개협의체(Task Force on Climate-Related Financial Disclosures: TCFD) 기준 보고서에 따른 ESG 관련 투자 정책을 발표한 이후에 언론, 학계, 정부, 금융기관, 대기업 등을 중심으로 ESG에 대한 개념 정립과 논의가 급격히 증가하였다. 어느덧 ESG 경영은 기업이 당연히 이행해야 할 요소로 자리매김하고 있으며, 공공기관에서도 가장 중요한 경영트렌드 중 하나로 인식되고 있다(이은선, 최유경, 2021; 김재필, 2021). 특히, 2021년 3월부터 유럽연합(EU)이 역내 금융회사들에 대한 ESG 공시를 의무화하였고 미국도 기후변화를 중심으로 ESG 공시 의무화 논의를 본격화하고 있다(최유경, 정아름, 2021). 국내에서도 2021년 초 금융위원회의 '기업공시제도 종합 개선방안' 발표에 이어 한국거래소가 기업의 공시 부담을 감소시키고 투자자를 보호하기 위해 'ESG 정보공개 가이던스'에서 정보공개의 필요성과 작성 원칙을 발표하는 등 ESG 관련 공시 의무화를 위한 논의가 확대되고 있다(한국거래소, 2021).

다양한 ESG 정의들을 요약해 보면 기업의 전략을 실행하고 기업의 가치를 높이기 위한 능력에 영향을 미칠 수 있는 환경(E), 사회(S) 및 지배구조(G)에 관한 요소를 포괄하는 비재무적 정보로 볼 수 있다. 초기 ESG는 CSR(Corporate Social Responsibility), CSV(Creating Shared Value), UN SDG(Sustainable Development

Goal)의 지속가능경영이 확장된 개념으로 출발하여 금융기관들이 투자를 위해 기업의 가치를 평가함에 있어 비재무적 요소로서 환경(Environment), 사회(Social), 지배구조(Governance)를 평가하는 관점으로 진화해 왔다(임종욱, 2016; 송인방, 2018; 김문준, 2021; Carroll, 2016; Porter and Kramer, 2011).

ESG에 대한 논의는 금융기관과 민간기업들을 대상으로 시작되었지만 공익을 위해 정부의 출자 출연으로 관리 운영되고 있는 공공기관도 예외는 아니다. 더욱이 정부가 2021년 8월 '친환경 · 포용 · 공정 경제로의 대전환을 위한 ESG 인프라 확충 방안'을 발표하면서 공공기관의 ESG 경영 선도와 공공부문의 ESG 투자 활성화를 주요 과제로 선정하였기 때문에 앞으로 기관의 설립 목적과 업에 맞는 ESG 경영을 적극적으로 추진할 수밖에 없는 상황이다(이종재, 2021).

ESG는 전 세계적인 트렌드로 확산되고 있으며, 이에 따른 소비자, 투자자, 정부 등 모든 사회구성원의 관심이 고조되면서 선택이 아닌 기업의 생존과 성장의 핵심적인 요소로 부상되고 있다. 첫째, 기업 목적 측면에서 ESG는 기업 가치를 높이기 위한 사회적 가치로 기업의 목적에 내재화되어야 하는 필수적 요소이다. 둘째, 자본조달 측면에서 ESG가 다양한 분야 투자자들의 핵심 가치로 주목받는 시점에서 기업의 ESG는 필수적 관리 요소이다. 셋째, 지속가능성의 포괄적인 개념 아래에서 발전한 ESG 요소들은 기업들의 지속가능한 성장을 위한 위기관리 수단으로 필수적인 요소이다.

ESG는 기업의 필수적인 요소로 부각되어 활성화되고 있는 반면, 대학의 경우 ESG 도입 방안 논의도 전개되고 있다. 대학이 대학의 지속가능한 성장과 함께 지역사회에 공헌하고 환경문제 해결에 기여하는 가치를 창출하여 다양한 이해관계자들의 기대에 부응함으로써 대학 가치와 대학 자체 경쟁력을 높여 지속적인 성장을 도모하는 모든 활동이 바로 ESG 경영활동이다(천상은, 박희태, 2021: 최부경, 곽동철, 방세린, 2023). 즉, 대학이 지속가능한 성장을 하는 데 ESG는 필수적이다.

대학은 대학의 지속가능한 성장과 함께 지역사회에 공헌하고 환경문제 해결에 기여하는 가치를 창출하여 다양한 이해관계자들의 기대에 부응함으로써 대학 가치와 대학 자체 경쟁력을 높여 지속적인 성장을 도모하는 모든 활동이 바로 ESG 경영활동이다(천상은, 박희태, 2021: 최부경, 곽동철, 방세린, 2023). 즉, 대학이 지속가능한 성장을 하는 데 ESG는 필수적이다. 2021년부터 여러 학교에서 대학 내 ESG 위원회를 설립하는 등 ESG 열풍이 불고 있다. 이에 따라 국내 대학에 적용할 ESG 가이드라인과 평가지표를 개발하기 위한 연구가 진행되고 있다. 한국 ESG 경영원에서 대학 ESG 가이드라인 V1.0을 발간하였으며 대학경영(HEM) 영역, 환경(E) 영역, 사회(S) 영역, 지배구조(G) 영역으로 세부영역이 나뉘어 있다. 대학경영 영역은 또다시 교육과정, 연구, 이해관계자 참여, 지역사회 공헌의 4개의 범주로 구분되며 ESG 관련 교육, 연구가 이루어지는지, ESG 관련 학생 활동, 지역사회와 연계한 프로그램 등에 대해 세부적으로 진단 항목을 제시하고 있다. 환경 영역에서는 환경 경영 목표와 환경 관리 2개의 범주로 구분되며 친환경 정책이나 계획을 수립하는지, 에너지 효율이나 폐기물, 교통, 조경 등에서 관리를 하고 있는지 등에 대해 진단항목을 세부적으로 나누고 있다. 사회 영역에서는 사회적 책임 경영 목표, 노동, 다양성 및 양성평등을 포함하여 9개의 범주로 구분되며 교직원 복지, 장애인 고용률부터 편의시설, 정보보호와 관련된 진단 항목까지 포함되어 있다. 마지막으로, 지배구조 영역에서는 ESG 관리체계 구축, 운영위원회 구성 및 활동, 윤리경영, 회계 투명성 및 법규 준수까지 4개의 범주로 구분하고 있으며, 운영 과정에서의 투명성 등에 대해 진단항목을 포함하고 있다. 이러한 가이드라인에 맞게 현재 여러 대학에서 ESG를 하기 위해 노력하고 있으며, 이는 그린캠퍼스나 지속가능한 캠퍼스와 더불어 운영하고 있는 것으로 분석된다.

4. 지속가능발전 관련 유사 정책

가. 탄소중립

'기후변화'의 인식을 넘어서 '기후위기'의 상황이 전 세계적으로 공감되면서 가장 화두에 많이 오르고 있는 용어는 탄소중립일 것이다. 파리협정 이후 고조된 위기의식은 국제사회의 적극적인 온실가스 감축 행동을 촉구하고 있으며, 각 국가별 탄소중립 목표 수립 및 추진에 박차를 가하고 있다. 우리나라에서도 탄소중립 정책의 실효성 확보를 위하여 2022.9.25.부터 시행되고 있는 '기후위기 대응을 위한 탄소중립녹색성장 기본법(약칭: 탄소중립기본법)'을 제정하였다. 이 법의 목적은 '기후위기의 심각한 영향을 예방하기 위하여 온실가스 감축 및 기후위기 적응 대책을 강화하고 탄소중립 사회로의 이행 과정에서 발생할 수 있는 경제적·환경적·사회적 불평등을 해소하며 녹색기술과 녹색산업의 육성·촉진·활성화를 통하여 경제와 환경의 조화로운 발전을 도모함으로써, 현재 세대와 미래 세대의 삶의 질을 높이고 생태계와 기후체계를 보호하며 국제사회의 지속가능발전에 이바지하는 것'이다.

기후위기는 탄소중립사회와 깊은 연관성을 갖고 있다. 기후위기 해결 대책으로서 국제사회는 탄소중립사회 구현을 강조하고 있다. 그렇다면 탄소중립은 무엇인가?

탄소중립은 대기 중 이산화탄소 농도 증가를 막기 위해 인간 활동에 의한 배출량은 최대한 감소시키고, 흡수량은 증대하여 순 배출량이 '0'이 된 상태를 의미한다. 즉, 인간 활동으로 배출하는 온실가스(+요인)는 최대한 줄이고, 배출되는 온실가스는 산림 흡수나 CCUS로 제거(−요인)하여 실질적인 배출량을 '0' 수준으로 낮추는 것을 탄소중립(Net zero)이라고 한다. 획기적으로 배출량을 줄이고 남은 탄소와 흡수되는 탄소량을 같게 해, 탄소 순 배출이 0이 되게 하는 것으로, 이에 탄소중립을 '넷−제로(Net-Zero)', 탄소 제로(영어: carbon zero)라고도 한다.

탄소중립을 지향하는 사회란 화석연료에 대한 의존도를 낮추거나 없애고 기후위기 적응 및 정의로운 전환을 위한 재정·기술·제도 등의 기반을 구축함으로써 탄소중립을 원활히 달성하고 그 과정에서 발생하는 피해와 부작용을 예방 및 최소화할 수 있도록 하는 사회를 말한다.

2015년 파리협정에 따라 2020년까지 전 세계 회원국은 감축을 전제로 이행 의무가 있는 '국가 온실가스 감축목표(NDC)'와 이행에 대한 법적 의무는 없으나 기후 대응의 정치적 의지를 결집하는 '장기 저탄소 발전 전략'을 유엔에 제출하기로 합의하였다. 이에 따라 세계 대부분의 국가들은 2020년까지 NDC를 제출하였고, 기후변화 대응의지를 확고히 하기 위하여 2017년 스웨덴을 시작으로 2019년 영국, 프랑스, EU 등에서 탄소중립을 선언하였고, 2020년에는 중국과 일본 또한 탄소중립을 선언하였다. 우리나라도 2020년 10월에 탄소중립을 선언하여 138개 국가(2021.12. 기준)에서 탄소중립을 선언을 진행하였으며, 그중 14개 국가에서는 탄소중립을 법제화하였다(환경부, 2022). 2021년 5월에는 우리나라의 모든 지자체(17개 광역자치단체, 226개 기초자치단체)가 '2050 탄소중립 달성'을 다짐하는 선언식을 개최하여, 탄소중립 실천에 대한 지자체의 의지를 확고히 하였다.

이러한 점을 고려한다면 탄소중립은 기후위기에 대응해 안전하고 지속가능한 사회를 만들기 위한 2050년까지의 온실가스 감축 목표이자 의지를 담은 개념이다. '기후위기의 심각한 영향을 예방하기 위하여 온실가스 감축 및 기후위기 적응대책을 강화하고 탄소중립 사회로의 이행 과정에서 발생할 수 있는 경제적·환경적·사회적 불평등을 해소하며 녹색기술과 녹색산업의 육성·촉진·활성화를 통하여 경제와 환경의 조화로운 발전을 도모함으로써, 현재 세대와 미래 세대의 삶의 질을 높이고 생태계와 기후체계를 보호하며 국제사회의 지속가능발전에 이바지하는 것'이다. 이러한 목적을 살펴보면, 탄소중립의 핵심은 지속가능발전이라고 할 수 있다.

나. 생태전환

생태위기, 기후위기 시대의 전환 논쟁 과정에서는 생태전환(Ecological Turn), 정의로운 전환(Just Transition), 에너지 전환(Energy Transition), 녹색 전환(Green Transformation), 사회적-생태적 전환(Socio-Ecological Transformation)이, 정보사회로의 사회변동에서는 디지털 전환(Digital Transformation)이 쟁점이 되고 있다(정태석, 2020). 여기서의 '전환'은 사회변동의 이러한 다차원적 성격을 포괄하는 단어로서 시각이나 태도의 전환에 근거해서 기존사회를 '정의롭고 생태친화적 사회'로 어떻게 변형시킬 것인지를 보여준다는 의미를 포괄하고 있다. 그 대표적인 의미로서 생태 전환, 에너지 전환, 정의로운 전환 등이다.

생태전환은 지속 가능한 사회를 구축하기 위해 인간과 자연의 관계를 재조명하고, 환경 보호와 생태계 보전을 중심으로 한 사회적, 경제적, 문화적 변화를 의미한다. 이는 기존의 경제 성장 중심의 발전 모델에서 벗어나, 자연과의 공생을 목표로 한 새로운 패러다임 도입을 의미한다.

생태전환은 다양한 분야에서 실천될 수 있다. 즉, 재생 에너지로의 전환, 순환경제의 도입, 친환경 농업, 생물 다양성 보전, 지속 가능한 도시 설계 등의 영역애서 생태전환이 실천될 수 있다. 또한, 생태전환은 단순한 환경 보호를 넘어, 인간의 삶의 방식을 근본적으로 변화시키는 것을 목표로 하며, 이는 교육, 문화, 경제, 정치 등 사회 전반에 걸쳐 영향을 미친다. 특히, 사회의 모든 구성원이 지속가능한 사회구축에 기여할 수 있도록 생태전환 교육이 중요하다.

에너지 전환(energy transition)은 화석 연료에 기반한 기존의 에너지 시스템을 재생 가능 에너지로 전환하는 과정을 의미한다. 이 과정은 기후 변화 대응, 에너지 안보 강화, 지속 가능한 경제 성장 등을 목표로 하며, 태양광, 풍력, 수력, 지열 등과 같은 재생가능 에너지의 확대를 중심으로 이루어진다.

에너지 전환은 다양한 측면에서 중요한 변화를 포함한다. 첫째로 기술적 변화인데, 에너지 생산 및 저장 기술의 발전, 스마트 그리드의 도입, 전기차와 수소차 같은 신기술의 개발 등이 포함된다.

두 번째로 정책적 변화이다. 정부의 에너지 정책과 규제 변화, 탄소 배출 규제, 재생 가능 에너지 지원 정책 등이 수반되어야 한다.

세 번째로 경제적 변화로서 에너지 산업의 구조적 변화, 새로운 비즈니스 모델의 등장, 재생 가능 에너지 투자 확대 등이다.

네 번째로 사회적 변화이다. 소비자들의 에너지 사용 패턴 변화, 에너지 절약 노력, 지역사회의 에너지 자립도 제고 등이 중요한 역할을 한다.

정의로운 전환(Just Transition)은 탄소중립 사회로 전환하는 과정에서 피해를 입는 지역이나 산업을 지원하는 한편, 일자리를 잃거나 낙오되는 이들이 없도록 하는, 공정하고 정의로운 지원을 제공해야 한다는 원칙을 강조하는 정책을 말한다. 기후변화에 대한 대응이 모두에게 '정의로운' 방식이어야 한다는 의미이다. 정의로운 전환(Just Transition)**은 기후 변화 대응 및 환경 정책 전환 과정에서, 노동자와 지역 사회가 불이익을 받지 않도록 공정하게 전환을 이뤄내기 위한 개념입니다. 주로 탄소 집약적 산업(석탄, 석유, 가스 등)에서 재생 가능 에너지와 같은 친환경 산업으로 경제 구조가 변화할 때, 이로 인해 발생할 수 있는 실업이나 경제적 불평등을 방지하고 완화하기 위한 정책과 제도적 노력을 의미한다.

정의로운 전환은 경제적 전환과 환경적 지속 가능성을 동시에 추구하며, 이를 통해 노동자들의 권익 보호와 지속가능한 일자리 창출을 목표로 한다.

정의로운 전환의 핵심 요소는 사회적 대화와 참여, 탄소 집약적 산업에서 일자리를 잃는 노동자의 보호 및 재교육, 전환으로 인해 경제적으로 타격을 입는 지역 사회에 대한 지원 등이다. 특히 저소득층, 소수자, 취약계층이 전환 과정에서 소외되지 않도록 하는 것이 중요하다. 탄소세와 같은 환경 정책이 소득 불평등을 악화시키지 않도록 재분배 메커니즘을 도입하는 것도 필요하다 하겠다.

정의로운 전환의 우수사례로는 독일의 탈석탄 정책과 스페인의 에너지 전환 및 재생에너지 전환 정책 등이 있다.

독일은 2038년까지 석탄 발전소를 완전히 폐쇄할 계획을 발표하고, 이를 위해 석탄 산업 종사자들을 위한 정의로운 전환 프로그램을 마련하였다. 이를 통해 재교육 프로그램, 고용 지원, 연금 제도 강화 등 다양한 지원책을 제공하고 있다.

스페인은 광부들을 위해 대규모 재교육 프로그램을 도입하고, 에너지 전환 과정에서 피해를 받는 지역사회에 대한 경제적 지원을 확대하였다. 특히 석탄 산업이 밀집한 지역에 재생에너지 산업을 유치하고, 일자리 창출을 통해 새로운 경제 기회를 제공하는 정책을 추진하고 있다.

이와 같이 정의로운 전환은 단순히 환경 보호를 넘어서, 사회적 정의와 지속 가능한 발전을 동시에 추구하는 접근방법으로, 에너지 전환이 모든 사람에게 이익이 되도록 하는 데 중점을 두는 정책이다.

5. 환경교육적 시사점

기후위기를 극복하고 지속가능한 탄소중립사회로의 전환을 위하여 인식 전환을 위한 교육이 필수적이다. 2050 탄소중립은 사회 전반적인 혁신과 변화가 요구된다. 국민적 공감대 형성과 참여가 필수적이다. 국가교육과정에 환경교육을 필수화하고 환경교육 프로그램의 개발과 지원방안 등을 강구하여야 할 것이다.

환경부(2022)는 탄소중립 홍보 및 교육콘텐츠를 마련하여 제공하고 있다. 또한 탄소포인트제를 확대하여 생활 속에서 실천을 유도할 수 있는 플랫폼을 구축하고 SNS 중심으로 기업 및 공공기관 등 대상별 환경교육을 강화할 계획이다. 이러한 정책적 의지를 바탕으로 환경교육 방향을 다음과 같이 제시할 수 있을 것이다.

첫째, 기후변화는 항상 불확실성(uncertainty)을 수반하는데 불확실성이 내재되어 있는 위험에 대해서는 위험에 대한 인식과 지식, 조사, 판단, 평가의 여러 차원에 다양한 주장이 야기될 가능성이 존재한다(윤순진, 2009). 그러므로 기후변화와 관련해서 인식에서부터 실천에 이르기까지 복잡하고 다양한 층위를 가질 수 밖에 없다. 따라서 다양한 층위를 대상으로 하는 기후위기 및 탄소중립 교육방안을 강구하는 것이 필요하다.

둘째, 2022 개정 교육과정 내의 기후위기 및 탄소중립 내용을 바탕으로 관련 교과서와 교재 개발이 활성화되어야 할 것이다.

셋째, 교사들의 탄소중립 환경교육의 전문성을 확보할 수 있도록 연수교육 확대 및 대학 내 커리큘럼의 재구성이 반드시 필요하다.

넷째, 대학의 역할의 지역에서의 탄소중립 실천 의지 및 시스템적 접근방안 강구도 반드시 동반되어야 할 것이다.

현재 코로나팬데믹과 더불어 발생되고 있는 지구상의 생태계 이변은 기후위기와 기후재난, 환경위기 등으로 분류되고 있다. 이러한 위기 및 지속불가능한 현상들을 해결하기 위하여 국제사회에는 2015년 지속가능발전 목표(SDGs)를 수립하고 ESG 경영을 요구하고 있는 실정이다. 이러한 세계적인 추이들을 환경교육에서 교육할 필요성을 갖고 있다.

대학의 역할을 강화하기 위하여 SDGs와 ESG를 연계한 대학의 역할 모색을 위한 개선 방안은 다음과 같다. 첫째, 기후위기 및 기후재난시대의 대학의 역할은 SDGs와 ESG를 토대로 미래세대를 위한 인력양성 및 연구 등에 힘써야 할 것이다. 둘째, 대학의 SDGs 및 ESG 이해교육을 위한 방안은 지속가능발전교육(ESD)을 바탕으로 추진하는 것이 바람직하다. 유엔의 지속가능발전교육 이행계획에 따르면, '지속가능발전교육'이란 모든 사람이 질 높은 교육의 혜택을 받을 수 있고, 이를 통해 지속가능한 미래와 사회 변혁을 위해 필요한 가치, 행동, 삶의 방식을 배울 수 있는 사회를 지향하는 교육을 말한다(UNESCO, 2005).

우리 사회의 지속가능발전을 위해서는 지속가능한 삶을 위한 근본적인 의식과 생활 습관이 오랜 시간에 걸쳐 형성되어야 하며 이를 위해서는 교육의 역할이 지대하다. 개인의 인식 변화를 꾀할 수 있는 방법은 교육과 제도 개선, 그리고 법적 강제에서 찾을 수 있는데 제도 개선과 법적 강제는 즉각적으로 효과를 볼 수 있다는 측면에서는 효과적이지만 지속적으로 강제성을 동원해야 한다는 문제점을 가지고 있다. 그러나 교육은 다른 방법들보다 지속적이고 자발적으로 지속가능발전을 실천하는 수단이 된다. 그러므로 교육과 지속가능발전은 밀접한 관계를 맺고 있고 지속가능발전을 위해서는 교육이 촉매적 역할을 하고 있다. 즉, 지속가능발전교육은 근본적으로 가치관을 변화, 증진하는 과정이며, '환경교육, 평화교육, 인권교육' 등 다양한 범교과 학습을 포괄하는 개념으로 문화적이거나 생태적인 다양성을 존중하면서 미래 세대를 존중하는 것을 핵심 가치로 하고 있다. 이러한 가치를 지녔다는 관점에서, 지속가능발전교육은 지속가능성과 관련된 쟁점, 특히 각 개인과 가정, 학교, 지역사회, 국가, 국제사회에 영향을 미치는 여러 쟁점을 이해하고, 이를 파악하여 해소하기 위해 노력하는 것이 핵심이 될 수 있으며, 그 쟁점들은 일반적으로 '사회문화적 관점, 환경적 관점, 경제적 관점'을 융·복합적으로 다루고 있다는 특징이 있다(김선재, 2017).

UN이 제시한 SDGs 교육의 목표는 첫째, 시민이 현재와 미래의 도전에 맞설 수 있게 하며, 둘째, 각 분야 리더들로 하여금 살기 좋은 세계를 위한 의사결정을 할 수 있게 하는 것이다. UN이 권고하는 리더들의 역할은 첫째, 사회활동에 적극적으로 기여하기 위한 비판적이고 창조적인 사고, 의사소통, 갈등관리와 문제해결 전략, 프로젝트 평가 등 여러 기술 획득. 둘째, 지속가능발전의 중요성에 대한 대중의 인식 고취. 셋째, 언론으로 하여금 지속가능발전 이슈를 정기적으로 심도 있게 다루게 하는 것이다. UN이 특히 강조하는 ESD, SDGs 교육의 중점 사항은 첫째, 교육의 질 향상. 둘째, 교육과정의 재정향. 셋째, 대중의 이해와 인식 구축. 넷째, 실제적 훈련의 제공이다(이흥연, 2020).

참고문헌

고아라, 남영숙(2023a). 2022 개정 교육과정에 근거한 지속가능발전교육 분석 및 교과서 개발 방향 제시. 학습자중심교과교육연구, 23(15), 897-912.

고아라, 남영숙(2023b). 인성교육과 지속가능발전교육 연계 방안. 학습자중심교과교육연구, 23(22), 209-222.

권영태, 안지훈, 이재희(2023). 학교 ESG 교육의 방향성-내용적, 영역적 방향성을 중심으로. 한국사회교과교육학회 하계학술대회 발표집, 99-118.

기상청(2021). "기후변동과 기후변화". https://terms.naver.com/entry. naver?docId=1001708&cid=42443&categoryId=42443에서 2021.12.13.일 인출.

길영재, 송현진, 박재경, 유동현(2014). 초등학생의 기후변화에 대한 인식 및 태도 분석, 에너지기후변화교육, 4(2), 81-89.

김선재(2019). 경제성장에 있어서 대학교육의 영향. 한국콘텐츠학회논문지, 19(2), 508-515.

김성희(2023). 대학 ESG 교양교육의 방향: 지역사회와 함께하는 학습자 참여형 ESG 교양교육 사례를 중심으로. 지식과 교양, 12, 307-326.

김원기, 김주희, 이도희(2022). 경영교육, ESG시대의 대학교과목 설계에 대한 고찰. 경영교육연구, 37(6), 213-235.

김지윤, 조지훈, 유준혁, 유지연, 이태욱, 김귀훈(2022). 대학의 지속 가능 경영을 위한 ESG 지수 측정 도구 개발. 한국컴퓨터정보학회 학술발표논문집, 30(1), 215-216.

김현수, 남유진(2023). "학급경영" 지식의 변천 양상에 대한 비판적 고찰. 교육사회학연구, 33(1), 1-30.

김혜경, 이형주(2023). 대학의 ESG 교육환경 구축 및 운영 실천방안 연구 - A 대학의 ESG 운영 사례를 중심으로 -. 문화와 융합, 45(5), 205-222.

김호석(2021). ESG 관련 국내외 동향 및 환경정책에 미치는 영향. 한국환경연구원.

남승완, 이종현, 이창수, 김경민, 이선영, 김승철(2022). ESG와 기업가정신을 접목한 교육프로그램 적용에 관한 탐색적 연구: 초 · 중 · 고 교육 프로그램 운영 사례를 중심으로. 벤처창업연구, 17(5), 117-13.

남영숙(2004). 학교 생태감사의 이론적 고찰과 도입방안 연구. 한국환경영향평가, 13(2), 41-55.

남영숙(2006). 생태감사를 이용한 지속가능한 학교에너지 관리 방안연구. 환경교육, 19(3), 102-113.

남영숙(2007). 지속가능한 에너지 관리를 위한 학교 에너지 생태감사 평가방안 개발 연구. 환경교육, 20(4), 1-11.

남영숙(2009). 한국교원대학교 그린캠퍼스 추진 현황 및 과제. 그린캠퍼스 확산을 위한 2차 사례발표집.

박기령, 신동훈(2020). 미래세대의 기후변화 인식조사 및 제도개선과제 연구. 한국법제연구원.

박재현, 한향원, 김나라(2022). 국내 ESG 연구동향 탐색: 2012~2021년 진행된 국내 학술연구 중심으로. 벤처창업연구, 17(1), 191-211.

산업통상자원부(2021). K-ESG 가이드라인.

서울대학교(2020). 2019 서울대학교 지속가능성 보고서.

유네스코한국위원회(2008). 지속가능한 미래를 위한 교육: 유엔 지속가능발전교육 10년을 향하여. 서울: 유네스코한국위원회.

유네스코한국위원회(2021). ESD 2030 로드맵. 서울: 유네스코한국위원회.

윤정구(2022). 초뷰카 시대 지속가능성 실험실. 서울: 21세기북스.

이근필, 김상수(2023). 기업의 ESG 교육니즈에 대한 탐색적 연구. 경영컨설팅연구, 23(3), 165-177.

이영면, 박준우, 신태중(2015). 대학의 지속가능경영 전략 수립을 위한 제언. 윤리경영연구, 15(2), 77-109.

이정기, 이재혁(2020). “지속가능경영”연구의 현황 및 발전방향: ESG 평가지표를 중심으로. 전략경영연구, 23(2), 65-92.

이지희(2022.1.21). ESG경영, 지자체와 협력하는 대학가.
한국대학신문. https://news.unn.net/news/articleView.html?idxno=523017에서 2023년 11월 28일 인출.

임병진(2023). 교육과 ESG의 상호 미치는 영향에 관한 실증적 연구. 상업교육연구, 37(2), 91-109.

임태종(2022). 대학에 부는 ESG 열풍과 대학의 역할. 경영컨설팅연구, 22(6), 353-365.

전종희, 한승훈(2022). 대학에서의 ESG(Environment, Social, Governance)교양교육 사례 및 재학생 인식 조사 연구. 인격교육, 16(4), 131-162.

전종희, 한승훈(2023). 대학 교양교육에서 ESG(Environment, Social, Governance) 교육 동향 및 실행 방안 연구: 해당 분야 전문가 인터뷰를 중심으로. 문화교류와 다문화교육, 12(1), 437-461.

정혜섭(2021). 공공기관에서의 ESG 실행을 위한 전략. 특별기고. 한국능률협회.

조상우(2021). ESG의 이해와 ESG 경영을 해야 하는 이유. 식품산업과영양, 26(2), 1-4.

지속가능발전위원회(2022). 국가지속가능성 보고서.

최부경, 곽동철, 방세린(2023). 대학 ESG 지표를 통한 대학의 ESG 경영에 대한 고찰: 대학 ESG 가이드라인 V1.0을 중심으로. 경영교육연구, 38(5), 149-169.

최유경, 정아름(2021). 공공기관의 ESG 지배구조(G) 추진 전략: 대한무역투자진흥공사 사례를 중심으로. 서비스 경영학회지, 22(5), 159-183.

탁진규(2022). 대학의 ESG 경영 사례. 융합경영리뷰, 37, 23-25.

한국 ESG 경영원(2023). 대학 ESG가이드라인 V1.0.

환경부(2021). 기후변화 대응 대국민 인식도 조사 결과보고서.

환경부(2022). 환경백서.

Association of University Leaders for a Sustainable Future. (1990). The Talloires Declaration 10 Point Action Plan.

Columbia University. (2021). Columbia 2020 Mid-Year Update.

Fernando, J. (2022). UN principles for responsible investment(PRI)? Definition. Principles for

Responsible Investment Initiative(PRI).

Haan, G. (2006). Building fuer nachhaltige Entwicklung-ein neues Lern – und Handlungsfeld In; UNESCO heute, 4-8.

Harvard University (2023). Harvard Sustainability 2022 Progress Report.

Intergovernmental Panel on Climate Change (2007). Climate Change 2007-The Physical Science Basis. IPCC.

IPCC (2021). IPCC Report 2022 AR6: Summary Part 1.

Kondo, J., Watanabe, T. (1992). Studies on the bulk transfer coefficients over a vegetated surface with a multilayer energy budget model. J. Atmos. Sci., 49, 2183-2199.

Liarakou, G., Gavrilakis, C., & Flouri, E. (2009). Secondary school teachers' knowledge and attitudes towards renewable energy sources. Journal of Science Education and Technology, 18(2), 120-129.

Peyton, R. B., & Miller, B. A. (1980). Developing an internal locus of control as a prerequisite to environmental action taking. In Curr Issues VI (pp. 173-192). ERIC.

Porter, M. E., Kramer, M. R. (2011). The Big Idea: Creating Shared Value. How to reinvent capitalism—and unleash a wave of innovation and growth. Harvard business review. 2011: 89(1-2).

UNESCO (2005). UN decade of education for sustainable development 2005~2014. International implementation scheme draft. Paris: UNESCO Publishing.

UNESCO (2010). Education for sustainable development lens: A policy and practice review tool. Paris: UNESCO.

UNESCO (2017). Education for sustainable development goals: Learning objectives. Paris: UNESCO.

Walter, L. F. (2018). Implementing sustainability in the curriculum of universities. In Implementing Sustainability in the Curriculum of Universities (World Sustainability Series) (pp. 1-16). Springer.

Ⅱ ESD의 발전과 변천

장호창

들어가기

지속가능성은 인류의 화두가 되었다. 인류 앞에는 많은 문제가 산적해 있고 그중 어떤 문제들은 인류의 존재 자체를 위협하는 문제로 등장하고 있다. 인류는 그동안 그런 수많은 문제를 해결해 왔다. 비록 지나고 보면 해답이란 것이 정답은 아니었고 수많은 부작용을 양산하기도 했지만 수많은 문제 해결 과정을 통해 어쨌든 지금까지 인류는 존재하고 있다.

과학기술이 발전하고 전 세계가 실시간으로 영향을 주고받는 시대가 되고 보니 전 지구적인 문제가 눈에 띄기 시작했다. 그것은 환경적 위기를 중심으로 하는 지속가능성의 문제였다. 이렇게 탄생한 지속가능성은 하나의 거대한 담론이 되어 여러 곳에서 자주 언급되고 있다. 아마도 지속가능성이 가지는 강력한 힘인 지속성이 사람들에게 문제 해결의 힌트를 주는 모양이다.

그렇다면 수많은 문제 해결의 힌트를 가지고 있는 지속가능성을 교육의 입장에서 어떻게 받아들이고 해석해야 할까? 눈치챘겠지만 지속가능발전교육이 바로 지속가능성에 대한 교육적 접근이다.

교육은 인간을 근본적으로 변화시키는 가장 부드러우면서도 강력한 수단이다. 교육이 지속가능성을 고려하여 변화한다면 많은 문제를 해결할 수 있는 강력한 수단이 된다. 물론 모든 문제가 일시에 해결된다면 좋겠지만 문제 해결의 과정은 늘 그러했듯이 힘든 도전과 극복의 연속이다. 이번 장에서는 인류 앞에 놓인 문제 해결의 유용한 안내자로서 지속가능발전과 지속가능발전교육의 개념과 의미에 대해 알아보고자 한다. 또한 지속가능발전교육의 변화 과정과 교육적 의의도 살펴보도록 하겠다. 이를 통해 지속가능발전과 지속가능발전교육이 어떻게 우리와 사회에 도움이 될지 고민해 볼 수 있으면 좋겠다.

1. 지속가능발전과 지속가능발전교육

가. 지속가능발전(SD: Sustainable Development)의 의미

산업화가 진행되고 대량 생산과 대량 소비의 시대가 20세기 들어 진행되었다. 1, 2차 세계대전은 기술과 과학의 발전을 촉진하였고 그 결과 인류는 역사상 가장 물질적인 시대로 접어들었다. 자본, 노동, 토지로 함축되던 경제적 발전은 인류가 상상하는 것 이상의 생산성을 통해 상상한 모든 것을 대량생산하게 된다.

무한히 번영할 것 같았던 산업화와 시장경제는 생각하지 못한 복병을 만난다. 바로 경제에서 이야기하는 외부효과, 즉 환경과 관련된 문제의 발생이었다. 대량생산의 시대는 자원의 고갈과 환경오염이라는 여러 가지 문제를 낳았다. 여기에 1962년에 출간된 레이철 카슨의 침묵의 봄은 1960년대와 70년대 서구사회를 중심으로 대두된 환경문제에 대한 관심을 촉발하게 되었고 로마클럽이 1972년 지적한 인구의 폭발적 증가는 인류에게 또 다른 위협으로 다가왔다. 환경오염과 자원고갈에 대한 위기감은 이에 대한 대응의 필요성을 낳게 되었다.

환경과 자원의 위기는 인류가 기존에 겪어왔던 문제와는 양상이 조금 달랐다. 바로 전 지구적인 인류의 문제가 된다는 점이다. 따라서 단순하게 개별 문제에 대한 접근보다는 미래성과 자원의 유한성에 근거한 발전된 개념이 필요하게 되었다.

1987년, 미래 세대의 필요를 침범하지 않는 범위 내에서의 현세대의 만족이라는 지속가능발전의 개념은 이렇게 탄생했다.

지속가능발전은 두 가지 정도의 개념을 아주 깊숙한 곳에 가지고 있다. 첫째는 지구 자원의 유한성에 대한 자각이다. 지구는 운석의 충돌과 같은 사건을 제외하면 기본적으로 외부와 출입이 자유롭지 못한 곳이다. 지구에서 무엇인가 벗어나기도 힘들며 지구로 무엇인가 들어오는 것은 가끔 일어나는 일이다. 그러므로 닫혀 있는 곳이다. 지구가 이렇게 닫혀 있는 곳이니 지구에서 일어나는 모든 사건은 무수히 많은 변화가 일어나지만 지구 질량의 변화를 일으키지 못한다. 이는 지구 자원이 한정되어 있음을 의미한다. 인간에게 유용한 자원, 예를 들어 석유, 철, 구리와 같은 천연자원은 고갈이 되면 지구에서 구할 곳은 없다. 지구라는 자원창고가 비었다는 의미이다. 그래서 지구 환경의 폐쇄성과 자원의 유한성을 따지다 보면 자원의 효율적 이용과 재활용은 당연하게 따라오는 개념이 된다.

두 번째로는 인류의 자연스러운 번성에 대한 각성이다. 인류가 지구에 끼친 해악은 결국 지구상의 다른 생물뿐만 아니라 인간 스스로에게도 멸망에 가까운 피해를 줄 수 있다. 인류라는 종이 지구에서 계속해서 인간답게 살아가기 위해서는 무엇인가 균형된 개념이 필요하다. 한쪽에 치우친 문제 해결은 당장의 문제를 해결할 수는 있을지 몰라도 긴 시간을 두고 보면 인류의 역사가 지속불가능한 방향으로 흘러갈 수 있다. 자칫하면 인간이라는 종만의 지속적인 번성을 생각할 수도 있다. 하지만 인류만 번성하는 것은 지속불가능하기에 다른 생명들에 대한 존중도 필요하다. 함께 공존해야 한다는 의미다.

나. 지속가능발전과 지속가능발전교육(ESD: Education for Sustainable Development)의 변화

지속가능발전의 개념이 대두됨에 따라 지속가능발전교육은 교육의 중요성을 인식한 국제사회의 노력으로 자연스럽게 발전되었다.

1972년 유엔인간환경회의에서는 지속적인 환경위기에 따른 해결 방법으로 환경교육이 세계 환경위기 해결의 중요한 수단이라고 보았다. 1차 및 2차 세계대전 이후 인류가 발전시킨 과학 및 산업은 서구사회를 중심으로 엄청난 결과물을 만들어 냈다. 이러한 발전은 전통적인 경제 발전의 모습으로 볼 수 있다. 토지, 노동, 자본의 결합은 과학적 진보를 바탕으로 한 물질적 풍요를 낳게 되었다. 물론 이 시기 우리나라는 산업화를 막 시작한 단계였지만 서구사회의 눈부신 변화를 궁극적인 발전의 목표로 삼았다.

하지만 레이철 카슨의 침묵의 봄에서 알 수 있듯 지구를 단순히 경제발전의 변수인 토지 정도로 인식한 서구 사회는 환경오염이 단순한 외부효과가 아님을 알게 되었다. 또한 대중들은 눈부신 발전의 이면에 지구 수용 한계를 넘어서는 자원의 채취, 오염 물질의 적절하지 못한 관리, 생태계의 파괴 등이 있다는 사실을 인식하기 시작했다.

1972년의 유엔인간환경회의는 이런 점에서 지구 환경 문제에 대한 세대의 고려, 그리고 환경교육의 중요성을 언급했다. 교육은 인류를 근본적으로 변화시킬 중요한 접근법이라는 것이 다시 한번 확인되었고 환경 이슈를 중심으로 한 환경교육이 중요함을 알 수 있었다.

교육은 개개인의 성장 욕구, 사회 변화, 다양한 문제의 해결 등을 복합적으로 반영하여 개인과 사회를 근본적으로 변화시키는 사회의 가장 중요한 행위라고 본다면 이 시기 환경교육의 중요성을 언급한 것은 매우 자연스러운 결과라고 볼 수 있다. 또한 이런 교육은 사회적으로 고르게 적용되어야 함도 빠트리지 않았다.

환경교육의 중요성은 1977년 지금의 조지아 트빌리시에서 발표된 트빌리시 선언으로 구체화 된다. 트빌리시 선언에서는 환경교육의 원칙이 나왔다. 자세히 살펴보면 〈표 II-1〉과 같다(Tbilisi Declaration, 1977).

〈표 II-1〉 환경교육에 관한 트빌리시 선언의 주요 내용

구분		내용
환경교육 목적		• 도시와 농촌지역의 경제, 사회, 정치, 생태적 상호의존성에 대한 인식 증진 • 모든 사람들에게 환경을 개선하고 보호하는 데 필요한 지식, 가치, 태도, 책임, 기술을 얻는 기회 제공 • 전체로서 환경에 대한 개인, 그룹, 사회의 새로운 행동 유형을 창조
환경 교육 목표	인식	사회집단과 개인이 전체 환경과 그에 따른 문제에 대한 인식과 민감성을 얻도록 돕는다.
	지식	사회 집단과 개인이 환경 및 관련 문제에 대한 다양한 경험을 얻고 기본적인 이해를 하도록 돕는다.
	태도	사회집단과 개인이 환경에 대한 일련의 가치와 관심을 갖고 환경 개선 및 보호에 적극적으로 참여하려는 동기를 얻도록 돕는다.
	기능	사회집단과 개인이 환경문제를 식별하고 해결하는 기능을 습득하도록 돕는다.
	참여	사회집단과 개인에게 환경문제 해결을 위해 모든 수준에서 적극적으로 참여할 수 있는 기회를 제공한다.

구분	내용
환경교육 기본원칙	• 자연과 건축, 기술과 사회(경제적, 정치적, 문화-역사적, 윤리적, 미적) 등 환경의 전체적인 관점을 고려함 • 유아 수준에서 시작하여 모든 공식 및 비공식 단계를 통해 계속되는 지속적인 평생 과정이어야 함 • 전체적이고 균형 잡힌 관점을 위해 각 학문의 구체적인 내용을 활용하여 간학문적 접근을 취해야 함 • 학생들이 다른 지리적 영역의 환경 조건에 대한 통찰력을 얻을 수 있도록 지역, 국가, 지역 및 국제 관점에서 주요 환경문제를 조사함 • 역사적 관점을 고려하면서 현재 및 잠재적인 환경 상황에 초점을 맞춤 • 환경 문제의 예방과 해결에 있어 지역적, 국가적, 국제적 협력의 가치와 필요성을 증진함 • 개발 및 성장 계획에서 환경적 측면을 명시적으로 고려함 • 학습자가 자신의 학습 경험을 계획하는 데 역할을 할 수 있도록 하고 결정을 내리고 그 결과를 받아들일 수 있는 기회를 제공함 • 환경 감수성, 지식, 문제 해결 기술 및 가치를 명확하게 모든 연령층과 연관시키되, 어린 시절 학습자 자신의 공동체에 대한 환경 민감성에 특히 중점을 둠 • 학습자가 환경문제의 증상과 실제 원인을 발견하도록 도움 • 환경 문제의 복잡성과 그에 따른 비판적 사고 및 문제 해결 기술 개발의 필요성을 강조함 • 실제 활동과 직접적인 경험에 중점을 두고 다양한 학습 환경과 환경에 대한 교육, 학습에 대한 광범위한 교육 접근 방식을 활용함

트빌리시에서 선언된 환경교육의 목적, 목표 및 원칙은 이후 환경교육의 중요한 기준이 된다. 특히 환경교육의 목표를 인식, 지식, 기능, 태도, 참여로 구분하여 각각의 목표를 설정한 것이나 전체적이고 균형 잡힌 시각을 중심으로 광범위한 부분으로 학습자의 교육 범위를 넓힌 부분은 주목할 만하다. 또한 위의 목적이나 목표에는 제시되지 않았으나 트빌리시 선언 중 주목할 만한 환경교육 기준이 있다. 그중 한 부분을 보면 다음과 같다.

> "생물학적, 물리적 특징이 인간 환경의 자연적 기반을 구성한다는 것은 사실이지만 인간 환경의 윤리적, 사회적, 문화적, 경제적 측면도 사람들이 그들의 필요를 충족하기 위해 천연자원을 더 잘 활용하고 이해하는 접근 방식과 도구를 결정하는 데 중요한 역할을 합니다."

이 기준에 비춰보면 환경교육은 단순히 환경문제만을 볼 것이 아니라 물리적 자연환경과 상호작용하는 인문환경에 대해서도 관심을 가져야 한다. 여기서 인문환경이란 다르게 말해 사회, 문화, 경제 등으로 풀어서 생각해 볼 수도 있다. 환경교육은 그래서, 아주 폭넓은 사고를 해야 하며 다양한 관점을 들여다볼 수 있어야 비로소 균형감을 가진 교육이 된다. 초기 환경교육에 대한 체계적인 내용이지만 현재 환경교육에도 많은 시사점을 줄 수 있는 내용이다.

교육이란 행위는 나이를 불문하고 전 세대에 걸쳐 일어나는 것이라고 볼 수 있지만 일반적으로는 자라나는 어린 세대를 중심으로 이뤄지는 경우가 많다. 환경문제도 마찬가지다. 현재의 환경문제는 미래 세대에게 영향을 미치게 되며 이런 측면에서 미래세대에 대한 고려도 중요하다. 이런 측면에서 1987년 선언된 지속가능발전의 개념은 교육과 환경에 있어 두 가지 면에서 중요하다.

하나는 미래 세대 개념에 대한 고려다. 교육의 대상 혹은 아직 존재하지 않는 미래세대를 고려하는 것은 현세대의 책임을 좀 더 명확하게 묻는다고 볼 수 있다. 다른 하나는 환경, 경제, 사회의 균형성에 대한 고려다. 환경문제에 대한 총체적, 시스템적 시각을 강조하는 것이라 볼 수 있다.

미래 세대에 대한 고려는 교육이 변화해야 함을 의미한다. 지금까지의 교육으로 인해 발생한 지속불가능은 미래 세대를 위협하게 되므로 이를 해결하기 위해서는 교육의 변화가 중요하다는 뜻이다. 미래 세대가 어떻게 현재와 미래로 이어지는 문제를 받아들이고 해결해야 할지를 제시하는 교육이 되어야 한다. 물론 여기에는 기존 세대도 포함된다. 어떻게 보면 미래세대는 단순히 아직 태어나지 않은 세대뿐만 아니라 미래에 존재하고 있는 현세대를 의미할 수도 있기 때문이다.

또한 총체적, 시스템적 사고의 강조는 간학문적, 융합이라는 용어를 통해 문제를 해결하기 위한 다각적 사고의 전환을 의미한다. 환경문제 해결도 그렇고 교육적 접근도 마찬가지다. 환경, 경제, 사회의 균형성 있는 고려는 문제 해결에 있어 근본적인 해결책을 내놓을 가능성을 높이고 교육에 있어서는 역량을 개발할 수 있는 계기가 된다.

지속가능발전에 대한 1987년의 개념은 1992년 유엔환경개발회의에서 논의된 의제 21에서 구체화 되었다. 의제 21의 제36장에서 교육의 중요성에 대해 논의하였다. 환경에 대한 중요한 논의에서 교육은 항상 중심적인 위치를 차지하며 의제 21에서는 그러한 점을 확인하였던 것이다. 지속가능발전을 위한 또는 지속가능발전 그 자체에 대한 교육으로 볼 수 있는 지속가능발전교육은 2002년 남아프리카공화국 요하네스버그에서 유엔지속가능발전교육 10년(UN Decade of Education for Sustainable Development 2005~2014)으로 이행이 강조되었다. 유엔지속가능발전교육 10년은 2005년부터 2014년까지 전 세계적으로 지속가능발전교육을 실행하는 것을 목표로 하고 중심기관으로는 유네스코를 지정하였다.

이후 2009년 독일에서 이뤄진 본(Bonn) 선언에서 지속가능발전교육에 대해 "지속가능발전교육은 모든 사람을 위한 교육과 학습에 대한 새로운 방향을 설정하고 있다. 이는 양질의 교육을 증진하고 모든 사람을 대상으로 포괄한다. 이는 현재와 미래의 도전에 효과적으로 대응하기 위해 필요한 가치, 원칙, 관행에 기반을 두고 있다(유네스코한국위원회, 2009)."라고 하며 지속가능발전교육이 인류의 미래에 있어 매우 중요한 분야임을 언급했다.

인류의 미래를 고려하는 것은 대부분 교육적 행위가 지향하는 바다. 하지만 지속가능성에 대해 광범위하고 체계적으로 접근하는 지속가능발전교육은 지속가능발전교육을 포함한 다른 많은 교육적 노력이 미래세대와 지구적 현실과 미래에 초점을 가질 수 있도록 해준다.

다시 말하자면, 지속가능발전교육은 기존 교육의 방향성을 지속가능성에 이르도록 재조정하고 인류에게 닥친 광범위한 문제를 해결하기 위해 필요한 교육적 노력을 하는 교육이라 할 수 있다. 그래서 교육현장에서는 지속가능발전교육을 익숙한 듯하면서 낯선 개념으로 생각하고 있다.

형식 혹은 비형식 교육에서 다루는 대부분의 교육은 개인과 사회의 지속가능성을 높이는 데 여러 형태로 기여를 한다. 이런 의미에서 지속가능발전교육은 기존 교육에서도 익숙한 듯하다. 하지만 지속가능발전교육은 지속가능성이라는 지향점을 향해 총체적이고 시스템적으로 접근하는 교육이라는 점에서는 낯설다. 이런 맥락에서 환경교육과의 개념적 혼선은 자연스럽다고 할 수 있다. 환경교육도 궁극적으로는 지속가능성을 지향하고 있기에 그렇다.

국제적으로 ESD 실천을 위한 프로그램은 '유엔 ESD 10년(DESD, UN Decade on ESD, 2005～2014)', 'ESD 국제 실천 프로그램(GAP, Global Action Programme on ESD, 2015～2019)'에 이어 새로운 실천 프로그램인 '지속가능발전교육2030(ESD for 2030, 2020～2030)'이 206차 유네스코 집행 이사회와 제40차 유네스코 총회에서 채택되었고, 제74차 유엔 총회에서 승인(UNESCO & 유네스코한국위원회, 2021)되어 진행되고 있다. 이러한 지속가능발전교육의 간략한 역사는 〈표 II－2〉와 같다.

〈표 II-2〉 지속가능발전교육의 역사(UNESCO & 유네스코한국위원회, 2021, pp.65-66 내용 표로 재구성)

연도	내용
1972	유엔인간환경회의(스웨덴 스톡홀름) • '유엔인간환경회의 선언'은 "현세대와 미래 세대를 위한 환경 보호 및 개선이 인류의 필수 목표가 되었다."라고 선언했다. • 1972년 스톡홀름 회의의 96번 권고안은 환경교육을 전 세계 환경 위기 해결의 중요 수단으로 보고 있다. '스톡홀름 선언'의 19번 원칙은 무엇보다 '소외계층을 고려하는, 그리고 성인과 청년 세대를 위한 환경 문제 관련 교육은 전적으로 인류 차원에서 환경을 보호·개선하는 개인·기업·공동체들이 깨어있는 생각과 책임 있는 행동의 토대를 확장하는 데 있어 필수적'이라고 명시하고 있다.
1977	환경교육에 관한 제1차 정부 간 회의(조지아 트빌리시) 이 회의는 환경 교육의 역할·목적·특성을 제시하고, 환경 교육 관련 몇 가지 목표 및 원칙을 제공했다. '트빌리시 선언'은 '전 세계 환경의 보전 및 개선은 물론, 국제 공동체의 건전하고 균형 있는 발전에 있어 환경교육의 중요한 역할'을 언급했다.
1987	우리 공동의 미래(일명 '브룬트란트 보고서'로 불리는 세계환경개발위원회 보고서) '지속가능발전'은 '미래 세대의 요구를 충족시킬 수 있는 능력을 훼손하지 않으면서 현세대의 요구를 충족시키는 발전'으로 정의된다.
1992	유엔 환경개발회의(일명 '리우 회의' 또는 '지구 정상 회의') 의제 21(Agenda 21) 36장에서는 지속가능발전 달성을 위한 교육, 훈련 및 대중 인식의 결정적 역할에 대한 국제적 논의를 통합했다. '지속가능발전을 촉진하고 환경·개발 이슈를 다룰 수 있도록 사람들의 역량을 향상시키기 위해서는 교육이 중요하다.' 기후 변화: 유엔 기후변화협약 제6조는 교육, 훈련, 대중 인식 및 기후 변화 관련 정보 접근에 대한 사항을 규정하고 있다.

연도	내용
	생물다양성: 생물다양성 협약 제13조는 '생물다양성의 보전 및 지속가능한 활용에 관한 교육 및 대중 인식 프로그램 개발'과 관련 활동(소통, 교육, 대중 인식) 프로그램, 특히 우선 활동 10(생물다양성 관련 형식·무형식 교육 강화)을 요청하고 있다.
2002	지속가능발전 세계정상회의(요하네스버그 회의) DESD 관련 제안이 '요하네스버그 이행 계획'에 포함되었다. 유엔 총회 결정문 57/254는 2005-2014년을 '유엔 지속가능발전교육 10년'(DESD)으로, 그리고 유네스코를 DESD의 선도 기관(lead agency)으로 지정했다.
2005	유엔 ESD 10년(2005-2014, DESD)은 '지속가능한 삶과 일하는 방식에 대한 학습'이라는 목표 달성을 위해, 전 세계 수십만 명의 사람들이 교육의 범세계적인 재정향(reorienting)에 참여하도록 촉진했다. 재해 위험 경감: '효고 행동 체계(2005-2015): 국가·지역사회 재난에 대한 회복성 구축' 및 '후속 재해 위험 경감을 위한 센다이 체계(2015-2030)'
2009	유네스코 ESD 세계회의(독일 본) '본 선언'은 개인의 변화를 촉진하는 '인명 구조의 수단'으로서 ESD를 강조하고, '미래에 대한 투자'로서 ESD를 인식할 것을 권고했다.
2012	유엔지속가능발전회의(리우+20) 'ESD를 촉진하고, DESD 이후 보다 적극적으로 교육에 지속가능발전을 통합시킨다.' 지속가능한 소비와 생산: '지속가능한 소비 및 생산에 관한 10개년 체계(2012~2021)' 내 지속가능한 생활 방식 및 교육 프로그램
2014	유네스코 ESD 세계회의(일본 아이치-나고야) GAP(2015~2019) 출범: GAP의 목표는 '지속가능발전을 위한 진전의 가속화를 위해 모든 수준 및 영역에서의 교육 및 학습 활동을 생성·확장하는 것'이다. GAP은 ESD 의제 진전에 필요한 핵심 사항(leverage point)으로 간주되는 5가지 우선순위에 중점을 둔다. 2014 유네스코 ESD 세계회의에서 채택된 '아이치-나고야 선언'은 ESD가 지속가능발전의 실현을 위한 중요 이행 수단임을 재확인한다.
2015	범세계적 변혁을 위한 SDGs와 2030 의제 세부목표 4.7은 '2030년까지 모든 학습자들에게 지속가능발전 증진을 위해 필요한 지식 및 기술 습득을 보장할 것'을 촉구한다. 세부목표 12.8은 '모든 곳에 있는 사람들이 지속가능발전을 비롯해, 자연과 조화를 이루는 생활 방식에 대한 정보 및 인식을 함양할 수 있도록 보장할 것'을 요청한다. 세부목표 13.3은 '기후 변화에 관한 교육, 인식 제고, 인적·제도적 역량의 증진'을 역설한다. 교육 2030 인천 선언: '우리의 비전은 발전의 주요 원동력으로서, 그리고 여타 SDGs 달성에 있어 중요한 교육의 역할을 인식하면서, 교육을 통해 삶을 변혁하는 것이다.'

연도	내용
	GAP(2015~2019): 'GAP은 DESD의 성과를 토대로 구축하면서, ESD에서 구체적인 활동을 실천·확대하는 것을 목적으로 한다.' 제21차 기후변화당사국총회(COP 21, 프랑스 파리). COP 21의 결과 문서인 파리 협정 제11조 및 제12조 제12조: '당사국들은 기후 변화 교육, 훈련, 대중 인식, 대중 참여, 대중의 정보 접근성 향상을 위해… 조치를 취하는 데 협력해야 한다…'
2016	지속가능한 도시 및 지역사회: '유엔 주택 및 지속가능한 도시 개발 회의'에서 채택된 신규 도시 의제(해비타트 III)
2017	유엔 총회 결정문 72/222 — '양질의 교육에 대한 SDGs의 필수 요소이자, 다른 모든 SDGs의 핵심 추동력'으로서 ESD의 역할이 분명하게 인정되었다. 해양: '유엔 해양회의 행동 요구' 및 '지속가능발전을 위한 유엔 해양과학 10년(2021~2030)' '해양 관련 교육 장려와 함께, 해양 문해력과 더불어 해양 보존 및 복원과 지속가능한 해양 활용의 문화를 촉진하기 위한 계획을 지원하기 위해'
2019	제40차 유네스코 총회: 2019년 이후 지속가능발전교육 2030(2020~2030) 이행체계 채택 유엔 총회 결정문 74/223 — 'ESD를 교육 부문 및 다른 유관 부문과 체계적으로 통합·제도화하기 위한 노력을 강화하도록 각국 정부를 장려한다.'

2021년 지속가능발전교육 베를린 선언문에서는 다음과 같이 지속가능발전교육의 가치와 역할에 대해 언급하고 있다(유네스코한국위원회, 2021). 내용을 간략히 살펴보면 ESD는 SDGs(Sustainable Development Goals)의 원동력이며 학습자에게 시민의 책임감과 권한을 부여하고 세계시민의식을 장려하는 역할을 한다는 내용이 중심이다.

> 우리는 SDG4.7에 기반을 두고 17개 SDGs의 원동력인 ESD가 모든 사람에게 지속가능한 발전을 위한 변화의 주체가 되기 위한 지식과 기술, 가치 및 태도를 제공하는 필수적인 전환의 토대라고 믿는다.
>
> ESD를 통해 학습자는 비판적 사고와 협업, 문제해결, 복잡성, 위기대처, 회복성 구축, 체계적이고 창의적인 사고, SDG4-교육 2030에 정의된 양질의 교육에 대한 자신의 권리를 실현하며 시민으로서 책임감 있는 행동을 취하도록 권한을 부여하는 등의 인지 및 비인지 역량을 개발할 수 있다.

우리는 ESD가 인권과 민주주의, 법치, 차별금지, 형평성과 성평등뿐 아니라 자연에 대한 존중을 기반으로 하고, 이를 촉진해야 한다고 믿는다.
더불어 ESD는 문화 간 이해, 문화적 다양성, 평화와 비폭력의 문화, 포용성, 책임감 있고 적극적인 세계시민의식을 장려해야 한다.

2. SDGs(Sustainable Development Goals)와 지속가능발전교육

가. 지속가능발전과 교육의 관계

지속가능발전의 전 분야에 있어 교육은 핵심적인 역할을 한다. 특히 SDGs의 목표 4번에서는 이런 점이 구체적으로 나타나고 있다. 그렇다면 지속가능발전과 교육의 관계는 어떠할까? 둘의 관계는 장호창(2018)의 글을 토대로 다음과 같이 정리하여 제시할 수 있다.

첫째, 교육은 사회적 합의이며 지속가능발전은 교육을 통해 다음 세대에게 전달된다.

지속가능발전은 미래 사회가 도달하고 이뤄야 하는 목표이다. 이러한 목표는 다양한 논의를 거쳐 전 세계적으로 합의를 한 바 있으며 우리 사회도 마찬가지다. 사회가 미래를 대비하고 어떠한 사회를 이룰지 정했다면 그다음 해야 할 일은 자라나는 세대와 미래세대, 변화해야 하는 기성세대에게 이러한 것을 전달하는 것이다. 교육은 바로 이런 역할을 할 수 있다.

교육은 사회적 합의물이기에 모든 세대에게 지속가능성이 전해질 수 있는 통로의 역할을 할 수 있어 그 역할이 막중해진다. 지속가능발전은 지속가능발전교육이라는 교육 행위를 통해 여러 세대에게 구체화된다.

둘째, 지속가능발전은 미래에 대한 전망을 중요하게 생각하고 있으며 이는 교육이 제 역할을 할 수 있는 기준이 된다.

지속가능발전교육은 미래를 전망하고 현재가 어떻게 변화되어야 될지 교육이라는 방법을 통해 고민하는 교육이라 볼 수 있다. 교육이 단지 교과교육의 틀에 갇혀 개별 목표 달성만 추구한다면 각 교과목이 가지는 특성상 단절이 발생하고 통합적인 관점을 가지기 어렵다. 모든 교육이 저마다 가지는 고유의 목표와 함께 각각의 교육이 함께 지향하는 지점이 있어야 하는데 그 지점이 바로 지속가능발전이다.

개별적인 각각의 교육이 인류를 위해 나름의 기여를 한다면 미래 전망은 지속가능성을 위해 각각의 교육이 초점을 맞추는 기준이 된다. 미래를 전망하고 각 교육이 교과의 전통에 따라 대응할 때 지속가능성은 기준점이 된다는 뜻이기도 하다. 개별 교과목의 논리적 흐름을 중요시하되 그런 노력들이 어떻게 지속가능성에 기여할지 생각할 수 있는 매우 중요한 사고의 틀이 된다.

또한 교육이 미래를 전망하는 것은 과거와 현재로 이어지는 다양한 문제를 인식하는 것이고 이를 통해 '지속가능한 미래를 위해 교육이 무엇을 할 수 있을까?'라는 의문에 해답을 찾는 것으로도 볼 수 있다. 교육은 늘 사회변화와 문제 대응의 중심에 서 있기 때문에 미래에 대한 전망은 교육이 사회적 기능을 충실하게 수행하고 있음을 나타낸다.

셋째, 지속가능발전과 교육이 합쳐진 지속가능발전교육은 복잡성, 체계성으로 대변되는 세상의 파악에 도움이 되며 역량을 기를 수 있다. 역량이란 흔히 무엇을 할 수 있는 능력으로 본다. 지속가능발전교육은 문제 중심적 사고와 체계적 사고, 실천을 매우 강조한다. 이러한 특성 때문에 지속가능발전교육은 흔히 교실의 수준을 쉽게 넘어서며 실생활 그대로를 해석하고 배울 수 있는 내용과 방법을 갖춘 교육이다. 그래서 지속가능발전교육은 실제 생활과 배움이 일치되는 교육이며 학습자가 역량을 기를 수 있는 교육이 된다. 실제로 지속가능발전교육의 영역을 모두 열거해 보면 한 사람을 둘러싼 환경, 경제, 사회적 요건을 모두 포함하여 보여주며 이는 교과교육의 분절성을 극복한다. 다만 개인 내면에 관한 사항은 예외이다.

넷째, 지속가능발전목표들은 교과목뿐만 아니라 다양한 개별 주제 교육(인성교육, 평화교육 등)이 가질 수 있는 분절적 교육 경험을 보완할 수 있다. 개별 주제 교육은 흔히 이슈가 되는 문제를 해결하기 위해 등장한다. 사회의 문제점을 해결할 수 있는 노력은 문제 해결뿐만 아니라 그 이후도 생각할 수 있는 목표점을 가져야 한다. 이런 의미에서 지속가능발전은 폭넓은 사고와 시야를 가질 수 있게 하며 개별 주제 교육이 가지는 한계를 극복할 수 있는 틀이 된다.

나. SDGs와 교육

지속가능발전과 교육의 필요성에 대해 지속가능발전목표(SDGs: Sustainable Development Goals)의 측면에서 관련성을 찾을 수 있다. 이희수(2018)는 〈표 II-3〉에서와 같이 SDGs의 달성을 위해 교육이 할 수 있는 역할을 세부적으로 설명하고 있다. SDGs를 달성하기 위해서 교육이 광범위하게 관여할 수 있음을 보여주고 있는 것이며 교육이란 삶과 떨어질 수 없음을 나타낸다.

전 지구적으로 교육은 지속가능발전을 증가시키는 역할을 한다. 교육을 받으면 기존과 다른 관점과 생각을 가지게 되고 이는 알지 못해 실천하지 못했던 것을 이루게 한다. 물론 이는 KAB(Knowledge Attitude Behavior) 모형이 아니다. 지식을 가진다고 반드시 실천하는 것은 아니지만 알게 되면 인식을 하게 되기에 일차적인 교육의 성과는 나타난다고 볼 수 있다.

또한 이러한 교육 역할에 대한 세부 설명을 보면 대부분 저소득국가에서 두드러지게 나타난다는 점이다. 저소득국은 절대적인 교육의 질과 양이 부족하기에 기본적인 교육도 효과가 크게 나타난다고 추측해 볼 수 있다. 하지만 선진국, 특히 우리나라와 같이 저소득국을 벗어난 나라에서는 교육의 내용과 사람들이 바라는 교육의 역할이 저소득국과는 다른 점이 있다. 〈표 II-3〉에 제시된 SDGs가 전 지구적인 현실과 교육이 할 수 있는 역할을 알려준다면 우리나라는 이를 바탕으로 우리 현실에 적합한 SDGs와 교육의 역할에 대해 생각해 봐야 한다. 나라마다 처한 현실과 문제점이 다르기 때문이다.

〈표 II-3〉 SDGs와 교육의 역할(이희수, 2018)

SDGs 세부목표	교육의 역할	세부설명
SDG1 지구상 모든 형태의 빈곤 종식	교육은 빈곤을 감소시키는 가장 효과적 방법 중 하나	저소득국의 모든 학생이 기초 수준의 읽기 능력을 향상시킨다면 전 세계 빈곤율이 12%(171백만 명) 감소학교 재학기간이 1년 증가하면 개인의 소득이 10%까지 향상, 1년 GDP 0.37% 향상
SDG2 기아의 달성, 식량 안보 확보, 영양상태 개선 및 지속가능 농업 장려	어머니 교육은 자녀의 영양 상태를 개선	전 세계적으로 약 47백만 명의 아동들이 유아기 적절한 영양 미공급으로 인한 성장발달 저하를 겪고 있음모든 어머니들이 초등교육을 이수할 수 있다면, 1.7백만 명, 중등교육을 이수할 수 있다면 12.2백만 명의 아동들이 정상적으로 성장할 수 있을 것으로 보임
SDG3 모든 연령대의 모든 이의 건강한 생활을 보장하고 웰빙을 증진	교육 수준이 높을수록 건강 관련 위험 상태에 놓일 가능성이 줄어듦	교육을 받은 어머니들은 다양한 질병에 대해 알고, 이를 예방하는 조치를 취함 어머니 교육 수준이 1년이 증가하면 영아사망률이 10% 감소하며, 글을 읽을 수 있는 어머니 자녀의 5세 이후 생존율은 50% 증가전 세계적 여성 교육률 향상으로 지난 40년간 4백만 명의 아동이 사망에 이르지 않은 것으로 조사
SDG4 포용적이고 공평한 양질의 교육 보장과 모두를 위한 평생학습 기회 증진	교육은 타인을 교육하고 학습의 가치를 인정하는 문화를 향유시킴으로써 그 자신을 발전시킴	교육은 모든 연령의 학습자들이 세계시민으로서 역할을 하는 데 필요한 기술과 가치, 즉 인권, 양성 평등, 환경적 지속가능성 존중 등을 갖출 수 있게 함
SDG5 성 평등 달성 및 여성·여아의 역량 강화	교육은 소녀와 여성들이 그들의 가정, 지역사회, 직장 등에서 자신의 잠재력을 충분히 발휘할 수 있도록 함	여성의 교육연한이 1년 증가할수록 소득은 20% 증가. 여성과 남성의 교육 격차가 발생한 일부 국가에서는 연간 10억 불의 손실이 발생. 여성과 남성 출산율 격차가 줄어듦에 따라 소득과 고용의 성별 격차 감소
SDG6 모두가 깨끗한 물과 위생설비를 이용할 수 있고 지속가능한 관리 확립	지역공동체 구성원들이 위생과 건강 간의 상관성에 대해 더 잘 이해함에 따라 위생시설 개선이 이루어짐. 경제적 여건 개선이 이루어짐에 따라	소녀들은 가족들을 위한 식수를 길어 오는 데 주당 15시간을 소비, 학교에 갈 시간이 없음. 안전한 위생시설 미비로 아동들이 질병에 시달림에 따라 학교에 결석하게 됨

SDGs 세부목표	교육의 역할	세부설명
	현대화된 식수 및 위생 시설 및 관리시스템 개선이 이루어짐	
SDG7 모두가 적정 가격의, 신뢰할 수 있고, 지속가능하며, 현대적인 에너지를 이용할 수 있도록 보장	교육과 함께 깨끗하고 이용 가능한 에너지는 국가의 사회, 경제, 환경발전의 필수 요소임	교육받은 시민들은 그들 자신과 그들의 사회의 번영을 이끌어낼 새로운 기술과 이의 적용의 필요성을 인식하고 이를 활용하고자 함. 교육과 함께 시민들은 국가의 지속가능성을 보장하는 에너지 인프라를 구축하고 이를 운영
SDG8 지속적 · 포용적 · 지속가능한 경제성장 및 완전하고 생산적인 고용 촉진과 양질의 일자리 창출	교육은 경제 발전과 번영을 이끌어내는 가장 강력한 동인 중 하나. 교육 연한이 1년 증가할수록 연간 GDP 성장률이 0.37% 증가	1965년 동아시아의 성인들은 사하라 사막 이남 지역 성인보다 평균 2.7년 학교교육을 더 받았으며 45년 후 동아시아 지역의 1인당 평균 소득 증가율은 3.4%인 반면 사하라 사막 이남 지역은 0.8%에 불과. 교육 수준의 격차는 경제 성장률 격차의 약 50%를 설명
SDG9 복원력 있는 사회기반시설 구축, 포용적이고 지속가능한 산업화 촉진 및 혁신 장려	교육을 통하여 국가들은 진보, 건강, 안전을 위한 물리적 인프라 집합체를 만들고 이를 운영할 더 나은 역량을 갖춤	국민의 교육 수준이 높아질수록 국민의 삶을 개선시키고 풍요롭게 할 수 있는 인프라를 구축하고 유지하는 데 반드시 필요한 중요 기술과 창의적 문제해결력을 갖출 수 있음. 잘 계획되고 운영되는 인프라를 통하여 더 많은 아동들, 특히 고립지역의 아동들이 필요한 교육기회를 가질 수 있음
SDG10 국가 내 · 국가 간 불평등 완화	다양한 인구, 지역, 문화적 특성을 가진 보다 많은 아동들이 교육받음에 따라, 국가의 임금 불평등 개선이 이루어짐	국가의 교육 형평성이 0.1% 향상된다면 40년에 걸쳐 1인당 소득이 23% 높아질 수 있음. 파키스탄의 경우, 교육 형평도가 베트남의 절반 수준으로 2005년 베트남의 GDP가 파키스탄의 GDP를 상회. 전통적으로 소외계층 출신의 사람이 더 나은 교육을 받음에 따라 자신의 권리와 요구를 정확히 주장할 수 있게 되며, 더 나은 경제, 사회적 위치에 오름에 따라 전 사회적 불평등 해소에 기여
SDG11 도시 및 인간 거주지를 포용적이고, 안전하며, 복원력 있고, 지속가능한 곳으로 조성	교육을 통하여 사람들은 지속가능한 도시와 공동체를 만드는 데 필요한 창의적	훌륭한 도시계획, 효과적인 에너지 활용, 훌륭한 수도 및 위생관리, 사회적 포용 등과 같이 제대로 작동하는 커뮤니티를 구축하기 위해서는 그 구성원

SDGs 세부목표	교육의 역할	세부설명
	방안을 이해하고, 지원하며, 만들어낼 수 있게 됨	들의 지식과 기술이 필요하며, 이는 오직 양질의 교육을 통해서만 가능. 이를 위해서는 초등수준의 교육이 아니라 그 이상의 교육이 필요
SDG12 지속가능한 소비와 생산 방식 보장	교육은 사람들이 에너지와 물을 보다 효율적으로 활용하고 쓰레기를 재활용할 수 있는 가능성을 증대시킴	에티오피아의 한 연구에서 농부들이 6년간의 교육을 받았을 때, 토양 보존, 곡물 종류의 다양성 등과 관련된 기술을 적용, 기후 변화를 이해할 가능성이 20% 높아짐. 가구주의 교육 연한이 1년 증가할수록 1가구당 성숙목을 베는 비율이 연간 4%에서 21.5%까지 낮아짐. 개발도상국 사례에서는 교육수준이 올라갈수록 에너지 효율 기술에 대한 인식이 높아짐
SDG13 기후변화와 그 영향을 대처하는 긴급 조치 시행 SDG14 지속가능발전을 위한 대양·바다·해양자원 보존과 지속가능한 이용 SDG15 육상생태계 보호·복원하고 지속가능한 방식으로 이용, 산림을 지속가능한 방식으로 관리, 사막화 및 토지 황폐화 방지, 생물다양성 손실 중단	교육수준이 높아질수록 환경에 대한 인식이 증가	29개 국가 연구에서, 중등교육 미만 이수자의 25%가, 중등교육 이수자의 37%, 고등교육 이수자의 46%가 환경에 대한 우려가 있다고 응답. 환경교육은 기후변화, 해양 및 육지생태계 보존을 위한 국가 및 지역의 노력에서 매우 중요한 부분을 차지. 환경교육이 목표하는 바를 달성하기 위해서는 초등 및 중등교육 수준에서 환경 보존과 관련된 기초기술을 학습함으로써 국가 및 지역사회 구성원 대부분이 이를 갖출 수 있도록 해야 함
SDG16 지속가능발전을 위해 평화롭고 포용적인 사회를 조성하고, 모두가 사법제도를 이용할 수 있도록 하며, 모든 차원에서 효과적이고 신뢰할 수 있는 포용적 제도 구축	교육은 평화, 관용, 건강한 시민사회 건설의 선도자	초등교육을 받은 사람보다 중등교육을 받은 사람들이 다른 언어, 이민자, 성소수자, 타 종교, HIV 보균자, 타 인종에 대하여 관용적인 것으로 나타남. 문해자들이 민주주의 과정, 시민으로서의 권리 행사에 더 많이 참여하며, 중등교육 취학률이 10% 높아지면, 전쟁의 위험성은 3% 낮아짐
SDG17 이행수단 강화 및 지속가능발전을 위한 글로벌 파트너십 구축	파트너십은 개발목표를 달성할 수 있는 가장 효과적인 방법임이 증명됨	

지속가능발전은 여타 다른 개념들과 다르게 구체적이다. 이 점이 지속가능발전의 특징이기도 하다. 지속가능발전의 현실적용의 구체성은 지표(indicator)라는 도구(tool)을 가지고 있다는 점이다. 이런 면에서 실용성이라는 지속가능발전의 특징을 찾을 수도 있다. SDGs를 이루기 위해 세부 목표를 세우고 다양한 지표로써 목표 관리를 한다는 점이다.

국내에서도 우리나라 여건에 맞는 K-SDGs(국가 지속가능발전목표, Korean Sustainable Development Goals)를 〈표 II-4〉와 같이 세부 목표로 구현하여 제시하고 있으며(관계부처합동, 2021) 여기에 저자가 K-SDGs 세부목표에 알맞은 교육 내용을 추가하였다. 교육을 단순하게 SDGs 달성의 수단으로 보더라도 교육이 기여할 일은 무척 많음을 알 수 있다. 여기에 개인의 행복, 성장 등을 더한다면 지속가능발전교육은 교육의 많은 부분을 설명하고 있음을 알 수 있다. 흥미로운 것은 K-SDGs의 세부 목표를 이루기 위한 모든 요소들이 교육의 내용이 된다는 것이다. 지속가능발전교육의 광범위성과 체계성, 여러 개념들과의 관계성을 찾아볼 수 있는 지점이 된다. 또한 이런 내용을 사람들에게 전달하여 이해를 구하고 목표 달성의 동력을 얻기 위해서는 K-SDGs의 세부목표를 바탕으로 한 교육이 필요할 수 있다. 이는 지속가능발전교육 내용 체계의 기준이 될 수 있다.

〈표 II-4〉 K-SDGs 세부목표와 교육 내용

SDGs 세부목표	K-SDGs 세부 목표	교육 내용
SDG1 빈곤층 감소와 사회안전망 강화	1. 남녀노소, 장애여부 등과 관계없이 빈곤인구 비율을 OECD 평균 이하 수준으로 줄인다. 2. 사회보장제도의 사각지대를 최소화하고, 빈곤층과 취약계층에 대한 실질적 보장을 달성한다. 3. 빈곤층과 취약계층에 사회서비스 제공을 강화한다. 4. 빈곤층과 취약계층의 경제 · 사회 · 환경적 충격 및 재난에 대한 노출을 감소하고, 회복력을 강화한다.	• 빈곤 감소 • 사회보장제도 • 재난 대비
SDG2 식량안보 및 지속가능한 농업 강화	1. 취약계층에 대한 식량 접근성을 안정적으로 보장한다. 2. 농가 소득원을 다각화하고, 경영 안전망을 확충하여 농가 소득 증대를 도모한다. 3. 지속가능한 식량 생산 체계를 구축한다.	• 안정적 식량 공급 • 농가 소득 증대 • 식량 생산 체계 • 품종 유지 및 개발

SDGs 세부목표	K-SDGs 세부 목표	교육 내용
	4. 종자, 작물, 가축의 유전적 다양성을 유지하고 신품종을 개발한다. 5. 식량작물의 가격 변동성을 줄여 식량 접근성을 보장한다.	• 식량 가격
SDG3 건강하고 행복한 삶	1. 만성질환의 위험 요인 관리와 건강보장을 확대한다. 2. 정신건강을 증진하고 약물 오남용을 예방한다. 3. 교통사고 등 각종 인명사고로 인한 사망과 신체 손상을 예방한다. 4. 감염병의 예방과 관리를 위해 노력한다. 5. 모성의 건강을 보호하고 증진한다. 6. 아동 · 청소년의 건강을 보호하고 증진한다. 7. 기후 · 환경 오염물질로 인한 사망과 질병을 줄인다. 8. 대한민국의 저출생 극복과 인구 고령화를 대비한다. 9. 공공 보건 의료 서비스를 확대하여 보편적 의료 보장을 달성한다.	• 건강 유지 • 약물 • 인명사고 • 감염병 예방 • 기후 및 환경 재해 • 저출생 • 공공의료
SDG4 모두를 위한 양질의 교육	1. 모든 아동이 성별과 장애 유무에 관계없이 적절하고 효과적인 학습 성과를 거둘 수 있도록 양질의 무상 초 · 중등교육의 평등한 이수를 보장한다. 2. 모든 아동에게 양질의 영유아 보육 및 교육 서비스의 이용 기회를 보장하여 초등교육에 대비한다. 3. 모든 학습자들에게 성별과 장애 유무에 관계없이 적정 비용으로 가능한 양질의 기술교육, 직업교육 및 대학교육을 포함한 고등교육에 대해 평등한 접근을 보장한다. 4. 디지털화, 기술변화에 따라 취업, 양질의 일자리, 창업 활동에 필요한 전문기술 및 직업기술 등 적절한 기술을 가진 청소년 및 성인의 수를 실질적으로 증대한다. 5. 교육에서의 성불평등을 해소하고, 장애인, 이주민, 취약 상황에 처한 아동 등 취약계층이 모든 수준의 교육과 직업훈련에 평등하게 접근할 수 있도록 한다. 6. 모든 청소년과 다수의 성인이 문해 및 산술 능력을 갖추도록 한다. 7. 지속가능발전, 지속가능한 생활방식, 인권, 성평등, 평화와 비폭력문화 확산, 세계시민의식, 문화 다양성 존중과 지속가능발전을 위한 문화의 기여 등에 대한 교육을 통해 모든 학습자들이 지속가능발전을 증진하기 위한 지식과 기술을 습득할 수	• 양질의 평등 교육 • 초등교육 기회 보장 • 고등교육 접근 기회의 평등한 제공 • 기술인 육성 • 취약계층 교육 기회 • 지속가능발전 증진 • 교육시설 및 교사

SDGs 세부목표	K-SDGs 세부 목표	교육 내용
	있도록 한다. 8. 아동, 장애인, 성별을 고려한 교육시설을 건립·개선하고, 안전하고 비폭력적이며, 포용적이고 효과적인 학습환경을 제공한다. 9. 포용적이고 양질의 교육을 위해 모든 교육단계에서의 충분한 교육재정을 확보한다. 10. 모든 교육단계에서 양질의 교육을 제공하기 위한 교사를 충분히 확보한다.	
SDG5 성평등 보장	1. 여성과 소녀를 대상으로 하는 모든 형태의 차별을 철폐한다. 2. 모든 여성과 소녀에 대해 모든 영역에서의 인신매매, 성적 착취 등의 폭력을 철폐한다. 3. 무보수 돌봄과 가사노동에 대해 인정하고 가치를 부여한다. 4. 정치·경제·공적 생활의 모든 의사결정 수준에서 여성의 완전하고 효과적인 참여와 리더십을 위해 평등한 기회를 보장한다. 5. 성·재생산 건강과 재생산 권리에 대한 보편적 접근을 보장한다, 6. 여성 권한 강화를 위해 핵심 기술, 특히 정보통신기술에 대한 접근을 확대하고 여성인력을 양성한다. 7. 모든 수준에서 성평등 및 모든 여성과 소녀의 권한 강화를 위한 견실한 정책과 법을 채택하고 증진한다.	• 성평등 • 여성에 대한 폭력 • 가사 노동 인정 • 여성인력 • 제도적 성평등 강화
SDG6 건강하고 안전한 물관리	1. 모두를 위한 안전한 식수를 공평하게 공급한다. 2. 모두에게 편리한 하수도 서비스를 제공한다. 3. 수질오염 물질의 수계 유입을 최소화하여 수질개선을 담보한다. 4. 물 공급 안정성 도모를 위해 수자원을 효율적으로 사용한다. 5. 수생태계의 건강성을 회복하고 다양성을 확대한다. 6. 건강하고 안전한 물 관리를 위해 지역공동체 참여를 지원하고 강화한다.	• 안정적 물공급 • 수질 오염 • 수자원 효율화 • 수생태계 • 물관리
SDG7 에너지의 친환경적 생산과 소비	1. 에너지 서비스에 대해 안정적이고 적정한 접근을 보장한다. 2. 국가 에너지원에서 청정에너지 공급을 증대한다. 3. 에너지를 절약하고 에너지 효율을 향상시킨다. 4. 운송 분야의 에너지소비로 인한 대기오염을 최소화한다.	• 안정적 에너지 공급 • 청정에너지 • 에너지효율 • 대기오염

SDGs 세부목표	K-SDGs 세부 목표	교육 내용
SDG8 좋은 일자리 확대와 경제성장	1. 모두가 행복해지는 경제성장을 한다. 2. 좋은 일자리 창출을 위한 정책을 강화한다. 3. 중소기업 및 소상공인의 성장을 촉진한다. 4. 동일한 가치노동에 대해 동일한 임금을 지급한다. 5. 이주노동자, 연소근로자 등 취약그룹 노동자들의 권리 보호를 확대한다. 6. 모든 근로자의 권리를 보호하고 안전하고 건강한 근로 환경을 조성한다. 7. 지속가능한 관광진흥정책의 개발과 이행을 통해 일자리 창출에 기여한다.	• 실질적 경제성장 • 좋은 일자리 • 노동 임금 • 취약그룹 노동자 • 근로환경 • 지속가능한 관광
SDG9 산업혁신과 사회기반시설 확충	1. 대다수 국민에게 정보 접근이 안정적으로 제공될 수 있도록 노력한다. 2. 산업의 다양성을 추구하고 지속가능한 기업 활동의 기반 마련을 통해 산업경쟁력을 확보한다. 3. 기술 역량을 구축하고 혁신을 촉진하여 국제 경쟁력을 강화한다. 4. 국가 연구 인력과 자본을 확충하고 적절한 연구의 기획과 실행을 통해 국가 경제 성장에 기여한다. 5. 환경친화적인 산업 활동과 기술 혁신을 통해 자원 효율성이 높은 산업화를 추구한다.	• 정보접근권 • 산업경쟁력 • 국제 경쟁력 • 연구 인력 확충 • 친환경 산업활동과 기술
SDG10 모든 종류의 불평등 해소	1. 하위 40% 인구의 가처분소득 증가율을 국가 평균보다 높은 수준으로 달성하고 유지한다. 2. 나이, 성별, 장애 여부, 지위 등과 관계없이 모든 사람에 대한 사회 · 경제 · 정치적 포용성을 확대한다. 3. 나이, 성별, 장애 여부에 따른 차별적 대우를 철폐하여 공정한 기회를 제공한다. 4. 재정정책, 임금정책, 사회보호 정책을 강화하여 더 높은 수준의 평등을 달성한다. 5. 내 · 외국인권익을 균형적으로 보장하는 이민정책을 통해 상호문화 이해 환경을 조성한다.	• 소득불평등 • 각종 차별 방지 • 공정한 기회 부여 • 평등 달성 • 권익의 균형적 보장
SDG11 지속가능한 도시와 주거지	1. 적절하고 부담가능한 가격의 주택과 기본 서비스에 대한 접근성을 보장하기 위한 노력을 지속적으로 강화한다. 2. 안전하고 부담가능한 가격의 교통시스템을 제공하고, 특히 여성, 아동, 장애인, 노인 등 취약계층을 고려한 대중교통을 확대한다. 3. 도시의 포용성과 지속가능성을 제고하며, 주거지	• 안정적 주택 공급 • 교통시스템 • 지속가능한 주거지 • 세계문화유산 • 도시 재난 • 대기 및 폐기물 관리 • 공공녹지공간

SDGs 세부목표	K-SDGs 세부 목표	교육 내용
	에 대한 참여적, 통합적 계획 및 관리역량을 강화한다. 4. 세계 유산을 보호하고 보존하기 위한 노력을 강화한다. 5. 재난으로 인한 인명피해와 경제적 손실을 현저히 감소시키며, 통합적 도시재난 위기관리를 개발, 이행한다. 6. 대기질 및 폐기물 관리 등 도시가 가지는 부정적인 환경 영향을 감소시킨다. 7. 여성, 아동, 장애인, 고령자를 포함한 모든 이에게 공공 녹지공간으로의 안전하고 용이한 접근을 보장한다. 8. 도시, 도시 근교 및 농촌지역 간 경제, 사회, 환경적 연계를 지원하기 위하여 국토 및 도시계획을 강화한다.	• 국토 및 도시계획
SDG12 지속가능한 생산과 소비	1. 지속가능한 소비와 생산에 관한 통합적인 국가 정책을 수립하고 이행한다. 2. 모든 자원을 지속가능하게 관리하고 효율적으로 사용한다. 3. 식품의 생산·유통과정에서 발생하는 식품 손실과 소비과정에서 발생하는 식품 폐기물을 감소시킨다. 4. 화학물질과 유해 폐기물의 친환경적 관리를 통해 인간의 건강을 보호하고 환경오염을 예방한다. 5. 폐기물의 원천 예방과 감량, 재사용과 재활용을 통해 폐기물 발생을 감소시킨다. 6. 기업의 지속가능 경영활동을 관리하고 지원을 확대한다. 7. 녹색 제품 인증 및 녹색구매의 확대를 통해 지속가능한 녹색 소비를 촉진한다. 8. 모든 국민이 지속가능발전에 대한 의식을 갖도록 환경교육 참여 기회를 확대한다. 9. 플라스틱이 선순환하도록 플라스틱의 재활용을 증가시키고, 친환경재료 개발을 통해 플라스틱의 환경 유출을 방지한다. 10. 지속가능한 관광의 확대를 통해 환경보전에 기여한다. 11. 화석연료 보조금을 단계적으로 철폐한다.	• 지속가능한 생산과 소비 • 자원 관리 • 식품폐기물 • 화학물질, 유해 폐기물 관리 • 폐기물 감량화 • 지속가능경영 • 녹색소비 • 환경교육 • 플라스틱 • 지속가능한 관광 • 화석연료 보조금
SDG13 기후변화와	1. 기후변화로 인해 예상되는 위험을 감소시키고, 자연재해에 대한 회복 및 적응 능력을 강화한다.	• 기후변화와 자연재해 • 기후변화 대응

SDGs 세부목표	K-SDGs 세부 목표	교육 내용
대응	2. 기후변화에 대한 조치계획을 지방정책 등에 반영하도록 노력한다. 3. 기후변화 대응에 관한 역량을 강화한다. 4. 지구의 온도 상승을 산업화 이전 수준에 비하여 2℃보다 아래로 유지하고 더 나아가 온도 상승을 1.5℃까지 제한하도록 노력한다.	
SDG14 해양생태계 보전	1. 육상과 해상의 오염물질로부터 해양환경 보전을 위한 관리 체계를 확립한다. 2. 바다의 생태환경과 수산자원의 서식처를 적극적으로 관리한다. 3. 과학 기술 협력 강화 등을 통한 해양 산성화에 의한 영향을 최소화한다. 4. 수산자원을 지속가능하게 관리하고 과도한 어업을 지양한다. 5. 해양생태계의 체계적인 보전과 현명한 이용을 위해 해양보호구역 지정 면적을 확대한다. 6. 해양자원의 지속가능한 이용을 통해 경제적 이익을 확보한다. 7. 해양과학 연구역량 제고와 해양과학기술 이전을 확대한다. 8. 소규모 영세어업인의 안정적 어업행위를 지원한다. 9. 해양과 해양 자원의 보전과 지속가능한 이용에 대한 국제법을 국내 법적으로 수용함으로써 해양과 해양자원의 보전 및 지속가능한 이용을 강화한다.	• 오염물질 관리 • 해양생태계 관리 • 해양 산성화 • 수산자원 • 해양보호구역 • 해양자원 이용 • 해양과학연구 및 기술 • 소규모 어업행위 • 해양 및 해양자원 보전, 이용
SDG15 육상생태계 보전	1. 육상과 내륙담수의 생태계 다양화를 위해 보전과 복원 활동을 활성화한다. 2. 산림파괴 중단, 황폐화된 산림복원 등 지속가능한 산림경영을 강화한다. 3. 가뭄 · 홍수 · 개발 등으로 황폐화된 토지를 복원하기 위해 노력한다. 4. 생물다양성손실을 예방하고 멸종위기종을 보호한다. 5. 야생생물과 인간 사이 접촉점에 대한 관리를 강화하고 야생생물 밀거래를 근절한다. 6. 침입외래종의 유입을 예방하고 이들이 육지 및 수중 생태계에 미치는 영향을 줄이기 위한 조치를 취한다. 7. 개발사업 등 인간활동으로 단절된 생태축의 복원과 생태네트워크 유지 · 관리를 위해 노력한다.	• 육상 및 내륙담수 생태계 • 지속가능한 산림 경영 • 토지 복원 • 생물다양성 • 야생생물 밀거래 • 침입외래종 • 생태축 및 생태 네트워크

SDGs 세부목표	K-SDGs 세부 목표	교육 내용
SDG16 인권 · 정의 · 평화	1. 모든 형태의 폭력 및 폭력으로 인한 사망률을 대폭 감소시킨다. 2. 아동에 대한 학대, 착취, 매매 및 모든 형태의 폭력과 고문을 종식한다. 3. 내 · 국제적 차원에서 법치를 증진하며, 모두가 평등하게 사법제도의 보호를 받도록 보장한다. 4. 불법 자금 및 무기거래를 감소시키고, 불법 취득 자산의 환수와 반환 조치를 강화하며, 모든 형태의 조직범죄를 퇴치한다. 5. 부정부패와 뇌물수수를 감소시킨다. 6. 효과적이고 책임감 있는 정부정책과 제도를 수립 · 이행한다. 7. 포용적이며 사회 각계각층의 시민참여도가 높은 의사결정을 보장한다. 8. 모든 사람에게 출생 등록을 포함하여 법적 지위를 부여한다. 9. 국내법과 국제협정에 따라 정보에 대한 대중의 접근을 보장하고, 기본적 자유를 보호한다. 10. 개도국 내 폭력, 테러 및 범죄 퇴치를 위한 공공기관의 역량 강화를 위해 국제협력을 강화한다. 11. 차별을 지양하기 위한 법과 정책을 수립하고 시행한다. 12. 디지털 인권을 보호하고 증진한다. 13. 평화와 번영을 위한 남북한 협력을 증진한다.	• 비폭력 • 아동학대 • 평등한 사법제도 • 범죄 • 부정부패 • 정부정책 수립과 이행 • 시민참여 의사결정 • 정보접근권 및 기본적 자유 • 테러 및 범죄방지 국제협력 • 차별 방지 법과 정책 • 디지털 인권 • 남북한 협력
SDG17 지구촌 협력 확대	1. ODA를 확대하고 개발 재원을 다양화한다. 2. 다자무역체제를 촉진하고 개도국의 교역 및 투자 증대를 지원한다. 3. 개도국의 과학 기술 혁신시스템 강화를 지원한다. 4. 전략적 개발 협력을 추진한다. 5. 지속가능발전을 위한 정책 일관성을 강화한다. 6. 개도국의 지속가능발전을 위한 다양한 글로벌 파트너십을 강화한다. 7. 효과적인 공공, 공공-민간 및 시민사회 간 파트너십을 권장하고 촉진한다.	• ODA 확대 • 다자무역체제 • 개도국 과학 기술 지원 • 지속가능발전을 위한 정책 일관성 • 개도국 지속가능발전을 위한 파트너십 강화 • 효과적인 민관, 민민 파트너십

지속가능발전 목표에 따른 교육 내용은 지속가능발전교육의 내용이 될 수 있다. 물론 학교급별의 수준에 따라 조절을 할 필요는 있지만 우리나라의 지속가능

발전을 위해서는 반드시 알아야 하는 내용이 되는 것이다.

다만, 내용이 너무 방대하고 많아 단일 교과목에서 다루기가 쉽지 않다. 또한 이러한 내용을 교육할 때는 다양한 가치와 기능, 교육적 접근 방법이 필요하다. 현실적으로는 각 교과목을 다루면서 지속가능발전의 관점을 이해하여 교과의 특성에 맞게 적용하는 것이 하나의 안이 될 수 있다. 형식적, 비형식적 교육의 모든 장면에서 이뤄지는 교육에 지속가능성을 각 교육 내용의 흐름에 알맞게 포함하여 적용한다는 의미다.

앞서 잠깐 언급하였지만, 이런 거시적인 내용 체계에서 놓칠 수 있는 부분이 있다. 바로 개인의 내면과 문화에 대한 고려다. 지속가능성은 전 지구적인 현상에 대한 노력이다 보니 당연히 개인에 대해 설명을 할애할 여력이 없다. 하지만 지구상의 수많은 개인이 이것을 어떻게 받아들이고 생각하느냐의 문제는 매우 중요하다.

성경희, 배주경(2023)은 개인에 대한 지속가능발전교육의 관심을 내용체계에서 건강하고 행복한 삶이라는 중영역으로 반영하였고 정예원, 남영숙(2024)의 연구처럼 놀이라는 개인적 사회적 교육적 방법을 도입하여 지속가능발전교육을 접하는 개인을 고려하였다. 내용체계나 교육방법 등과 같은 접근은 다른 유사한 교육적 접근과 마찬가지로 개인을 고려하는 중요한 요소이긴 하지만 개인 전체에 대한 고려 중에서 지속가능성에 접하는 일부분만 설명했을 가능성이 크다. 지속가능성이라는 큰 개념은 전 지구적인 문제를 해결하기 위해 나타난 개념이지만 지속가능발전교육이라는 '교육'의 영역으로 접근할 때는 '개인'에 대한 고려는 필수적이다. 이는 앞으로 지속가능발전교육이 좀 더 생각해 봐야 할 주제이기도 하다.

3. 환경교육적 시사점

환경교육과 지속가능발전교육의 관계는 보는 위치에 따라 여러 가지 형태로 나타난다. 그중 가장 강력한 공통점은 바로 '환경'에 중심을 두고 있다는 점이다.

환경문제로 인해 발생한 다양하고도 복잡한 문제를 해결하려 하다 보니 교육이 필요하게 되었고 자연스럽게 환경교육이 나타났다.

환경문제가 여러 사회적 여건, 예를 들어 경제나 사회적인 문제와 깊게 얽혀 있으며 환경 문제 해결책으로만 문제를 근본적으로 해결할 수 없다는 생각들이 모여 지속가능성이라는 개념을 만들었고 지속가능성에 대한 교육적 접근을 위해 지속가능발전교육이 나타났다.

최근에는 환경교육의 변화와 더불어 지속가능발전의 개념이 전 사회적으로 다양하게 사용됨에 따라 환경교육이 지속가능발전교육을 포함하는 경우도 나타나고 있다. 두 개념 중 누가 더 옳으냐의 문제는 닭과 달걀의 문제와 유사하다. 다만, 지속가능성이라는 깊은 생각이 환경교육을 비롯한 다양한 여러 교육에도 널리 퍼져 다양한 관점에서 지속가능성을 논의한다면 교육을 통한 좀 더 근본적인 사회 변화의 가능성이 높아질 것이다.

교사 개인의 지속가능성에 대한 진지한 성찰은 교사 개인뿐만 아니라 학생, 학부모에게 사회와 자연, 인류와 지구라는 관계성에 대해 깊은 안목을 제공한다. 이런 개인의 성찰과 노력이 학교 구성원의 입장과 가치관 등 긍정적 상호작용을 일으킨다면 더 큰 변화가 일어난다. 교육의 변화는 사회 전체 변화의 원동력이 되고 이는 지구에 얹혀 사는 인류 전체의 변화를 이룰 수 있다. 지속가능성을 위한 교육은 지속불가능한 사회에서 지속가능한 사회로의 변화에서 매우 중요한 역할을 담당하고 있으며 개인 내면에서부터 학교, 나아가서 국가 수준의 교육에 이르기까지 좋은 나침반이 될 수 있다. 이러한 교육적 노력에 대한 논의는 지속가능성을 중심으로 다양한 수준과 영역에서 다룰 수 있으며 다음과 같이 논의할 수 있다.

첫째, 관점에 대한 논의다. 지속가능성을 위한 교육은 넓은 시야와 관계성에 대한 이해가 필요하다. 이는 넓게는 전지구적 영역에 대한 이해에서부터 좁게는 개인의 실천에 이르기까지 매우 다른 범위의 이해를 요구한다. 지속가능성에 대한 이해와 지속가능발전, 지속가능발전목표에 대한 논의와 이해는 교육이 어떻게 개인, 사회, 자연 등과 관계를 가져야 하는가에 대한 연관성에 대한 이해로 이어진다.

지속가능성이라는 생각의 방식이 교육이라는 추상적이고 개인적이며 사회적인 행위와 함께 목표를 달성할지는 매우 중요한 문제가 된다. 이는 교육이라는 행위에 대한 근본적인 물음과 더불어 각 교육의 영역에서 이뤄지는 부분적인 노력이 지속가능성을 중심으로 일정한 방향을 지향할 수 있다는 의미다. 따라서 교육은 전망과 노력이 다양한 관계성 안에서 이뤄져야 하는 행위이며 지속가능발전은 중요한 사고의 틀이 될 수 있다.

둘째, 적용에 대한 논의다. 지속가능발전교육이 현장에서 적용하기 위해서는 교사 개인 수준 자각과 노력에서부터 학교, 교육청, 사회교육, 나아가 국가 수준에서 어떤 방식으로 적용할 수 있을지 고민해야 한다. 이는 교사 개인의 각성에서부터 조직 문화, 수업 방식, 학습, 다양한 수업 주제에 이르기까지 매우 광범위하다.

적용에 대한 각각의 영역은 다른 영역과 관계를 이루며 상호작용을 하며 발전한다. 구체적인 이런 노력은 교육 활동이 직접 학습자들에게 적용되는 형태로 나타나며 매우 다양한 방식이 존재한다. 유아기부터 초등, 중등, 대학, 성인 수준에 이르기까지 생애주기에 따라 필요하거나 교육을 수행하는 방법이 달라지는 것처럼 말이다. 다양한 수준에서 적용에 대한 고려는 미래의 지속가능성을 이루는 직접적인 활동이라는 점에서 의의를 가지며 앞으로도 다양한 수준에서 연구와 발전이 이뤄져야 한다.

참고문헌

관계부처합동 (2021). 제4차 지속가능발전 기본계획: 2021~2040, 제2부.

성경희, 배주원(2023). 초·중등학교 지속가능발전교육의 영역 및 내용 요소 탐색. 교육과정평가연구, 26(1), 31-56.

유네스코한국위원회 (2009). 독일 지속가능발전교육 세계회의 선언(Bonn Declaration).

유네스코한국위원회 (2021). 베를린 선언문. https://esd.unesco.or.kr/

이희수 (2018). 한국교육과 SDG4-교육 2030(pp.7-20). 유네스코한국위원회.

장호창 (2018). 지속가능발전과 지속가능발전교육의 정당성. 브런치스토리. https://brunch.co.kr/@k-esd/7

정예원, 남영숙(2024). 놀이와 지속가능발전교육: 지속가능발전교육 역량을 중심으로. 학습자중심교과교육연구, 24(2), 697-710.

Tbilisi Declaration (1977). THE GLOBAL DEVELOPMENT RESEARCH CENTER.(2024.4.23.) URL: https://www.gdrc.org/uem/ee/tbilisi.html.

UNESCO & 유네스코한국위원회 (2021). 지속가능발전교육(ESD) 로드맵. https://unesco.or.kr/

Part 02

김희진, 김 호

무엇이 지속가능발전교육을 가능하게 하는가?: 학교 환경 행동 실천 문화의 전환

Ⅲ 지속가능발전교육과 학교 문화

김희진

들어가기

지속가능발전교육을 위한 학생 및 학교 공동체의 참여는 학교 전체의 문화의 지속적인 성장이 가능하도록 한다. 이를 위해 교사들은 교실 수업에서부터 학생들의 삶의 장으로 이어지는 교육을 구현하고자 끊임없이 고민하며, 시행착오를 겪고 연구한다. 더불어 지속가능발전교육의 실천 과정에서 자기 자신과 공동체의 참여와 성장, 변화를 인식하고, 그 과정에서 유의미한 참여 경험을 통해 지속가능발전교육에 대한 전문성을 자발적으로 확장해 나갈 수 있다. 이 장에서는 학교 차원의 지속가능발전교육에 대한 접근과 이를 위한 교사들의 참여에 대해 논의하고자 한다.

1. 학교 차원의 지속가능발전교육 접근[1)]

학교 차원의 지속가능발전교육에 대한 접근은 학교 건축, 교과 내용, 교수-학습활동뿐만 아니라 학생, 학부모, 지역주민의 생활방식(Lifestyle), 나아가 지역사회, 국가, 지구적으로 지속가능한 생활을 전망하는 방향으로 확대되고 있는 상황이다. 즉 학교의 목적과 기능을 지속가능성의 실천에 초점을 두고 재편하는 작업이 체계적으로 전개되고 있다. 따라서 ESD는 지속가능발전을 위한 교육이면서 교육의 근본을 지속가능하게 유지하려는 시도이며, 기존 교육의 성격과 내용을 재구조화하려는 시도(허양원, 2010)에서 더 나아가 전 사회, 교육시스템의 전반적인 변화와 실천을 촉구한다.

1) 이 절은 김희진 외(2020)의 초록학교 운영 가이드북 개발 연구의 내용을 담고 있다.

가. 지속가능발전교육과 학교의 역할

교실에서 지식 습득과 지적 성장에 중점을 두는 일반적인 교육과 달리, 환경교육에서 개인적 실천과 사회적 참여는 학교와 사회가 통합된 실제적 삶의 상황 속에서만 실현될 수 있다(최돈형, 2005). 이에 따라, 지속가능발전교육(ESD)을 위한 학교 차원의 접근에 관한 연구는 지속적으로 이루어져 왔다. 특히, 학교는 한 사회를 대표하는 공식적 교육기관으로서, 지속가능성 논의가 학교와 어떻게 결합되는지를 살펴보는 것은 학교의 기능과 역할뿐만 아니라 사회가 지향하는 교육의 비전을 종합적으로 드러낼 수 있는 중요한 과제이다. 또한 학교는 배움의 공간이자 장소적 특성을 지닌 공간으로서, 이러한 장소성(sense of place)에 대한 이해는 지속가능성 실천의 구체적 통찰을 제공할 수 있다(신나민, 이선희, 2011).

지속가능한 학교는 현재와 미래를 위한 교육 자원과 환경을 보존하고 이를 향상시키는 동시에, 전문성을 갖춘 교사들이 공동체적 참여를 통해 모든 구성원의 더 나은 삶을 위한 깊이 있는 학습을 지속적으로 이끌어내는 학교로 개념화할 수 있다(박철웅, 2020).

우리가 직면한 기후 위기, 팬데믹, 미세먼지, 생물 멸종 등의 환경 재난은 산업문명에 내재된 시스템적 한계와 오류에서 비롯된 구조적 재난으로 이해된다. 특히 코로나19를 경험하면서 자본주의 산업 문명과 삶의 양식에 대한 반성이 급속히 확산되었다(이홍연, 2020). 이러한 흐름 속에서, 서울특별시교육청은 2019년 9월 서울특별시와 함께 '생태문명 전환 도시 서울' 공동 선언을 발표하였으며, 이를 토대로 교사와 전문가의 의견을 수렴하여 2020년부터 2024년까지 시행되는 '생태 전환 교육 중장기 계획'을 수립하였다.

비전

기후위기 시대, 지속가능한 삶을 위한 생태전환교육

목표

삶의 전환을 실천하는 생태시민 육성

중점과제 1

생태문명을 지향하는 학교 교육과정 전환

[생태전환교육과정 강화]
- 생태전환교육 의무화(연 2시간 이상)
- SDGs 연계 생태전환교육 프로그램 개발
- 생태전환교육 교과서 개발
- 학교로 찾아가는 생태전환교실 운영
- 생태전환교육 협력지원단 운영

[교육주체 역량 강화]
- 생태전환교육 전문교사단(프론티어단) 운영 및 교원 연구 지원
- 교원연수 강화
  - 교원 직무연수 확대 및 내실화
  - 30시간 이상 직무연수 및 자격연수 시 생태전환교육 개설 의무화
- 학부모 교육 및 동아리 운영

중점과제 2

생태시민 육성을 위한 교육환경 구축

[탄소배출제로학교]
- 탄소배출제로학교 시설 구축
  - 햇빛발전소 연계 온실가스 감축
- 탄소배출제로학교 운영
  - 환경친화적 생활태도 함양

[생활양식의 생태적 전환]
- 채식선택제 도입
- 지속가능한 삶을 위한 생태전환 실험교실(리빙랩) 운영
- 청소년 생태전환활동 지원
  - 청소년 생태전환지원단

중점과제 3

생태전환교육을 위한 추진체계 및 협력기반 구축

[지역사회 협력 강화]
- 지역순환경제 연구지정과제 운영 및 우수사례 발굴을 통한 확산
- 지역사회 연계 생태전환교육 확대
- 민·관·학 협력 체제 강화

[생태전환교육 기반 구축]
- 생태전환교육을 위한 법제적 기반 구축
- 생태전환교육 실무체제 구축
- 생태전환교육 심화, 확산 체계 조성
  - 생태전환교육 포럼 정례화

[그림 III-1] 서울시교육청의 생태전환교육 비전

출처: 서울시교육청; 정건화(2020)

생태전환교육 시작은, 학교의 지속가능성 제고와 관련한 강력한 메타포가 되었다. 지속가능성과 지속가능발전이 교육의 내용과 시설적 측면에서 분리되어 논의되는 측면을 넘어, 이 사회와 교육계의 주류적인 패러다임으로 작용하기 시작했다는 것을 시사한다.

이러한 학교 차원에서의 지속가능성 접근에 대해 신나민과 이선희(2011)는 공간-환경적 접근에 대한 연구가 가장 활발하였으나, 지속가능한 학교 논의와 실천이 학교 건축, 교과내용, 교수-학습활동뿐만 아니라 학생, 학부모 지역주민의

생활방식, 나아가 지역사회, 국가, 지구적으로 지속가능한 생활을 전망하는 방향으로 확대되고 있다고 하였다. 또한, 지속가능성에 대한 학교 전체적 접근은 교사 중심이 아닌 학교 구성원 전체의 참여를 강조함으로써, 학교가 지속가능한 사회를 위해 기여하는 매개체로 인식될 수 있다(조은정 외, 2006).

〈표 III-1〉 지속가능한 학교에 관한 세 가지 논의(신나민과 이선희, 2011)

분류	내용
공간-환경적 논의 접근	학교의 물리적 환경을 환경 친화적으로 조성하고 건축하고자 하는 노력으로 에너지절약 및 자원보존의 실천을 위한 친환경건축인증제 등이 있음
교육 과정적 접근	지속가능성에 대한 이해와 그 이해에 기반한 실천의 확산을 위하여 학교에서 가르치는 내용 및 방법에 초점을 둠
통합적 접근 (학교 전체적 접근)	학교 건축, 교과 내용, 교수-학습활동뿐만 아니라 학생, 학부모, 지역주민의 생활방식, 나아가 지역사회, 국가, 지구적으로 지속가능한 생활을 전망하고자 함

나. 지속가능한 학교의 목표와 특징

지속가능발전교육의 학교의 전체적 접근(Whole-school approaches)은 학교 교육과정에서 환경교육을 수행하는 것뿐 아니라 학교의 교수학습적 접근, 자원이용, 거버넌스, 지역사회와의 협력, 학교 관리 등의 영역을 모두 포함한다(Henderson & Tilbury, 2004). 따라서 학교 수준의 지속가능발전교육은 교사가 혼자 운영할 때와는 달리 다양한 관련 요소들이 영향을 미친다..

이와 관련하여 국외의 지속가능한 학교와 관련된 사업의 특징은 대부분 학교-지역사회-정부기구와의 파트너십을 토대로 하고 있으며, 좁은 의미의 환경 관리나 학교 옥외환경 녹색화에서부터 지속가능성을 위한 교육과 관련된 참여적인 학습과 의사 결정 능력 개발을 중시하는 보다 총체적인 접근으로 다루어진다는 점이다(조은정, 2006).

〈표 Ⅲ-2〉 국가별 생태학교 관련 사업에 제시된 학교 환경교육의 특징(조은정, 2006에서 수정)

	학교 환경교육의 목적
그리스	자신이 속한 영역에서 경제, 사회 활동을 해나갈 뿐만 아니라 정치에 있어서도 능동적인 구성원이 되며 지구 행성, 민주주의, 평화와 지속가능성에 대한 쟁점에 관심을 갖는 환경적으로 책임 있는 시민 형성하는 것을 목적으로 함
남아프리카	지역사회 자원관리뿐만 아니라 보건과 공중위생 등 아프리카의 쟁점에 중점을 둠
뉴질랜드	다양성 존중, 문화 이해, 평화와 평등의 가치를 포함함. 이를 위해 마오리족의 관점을 프로그램에 포함하고 있음
스웨덴	생태적, 경제적, 사회·문화적 관점에서의 지속가능발전을 위한 교수-학습방법을 격려하고 지원함
이탈리아	미래는 미리 예정되어 있지 않기 때문에 관점과 충돌의 다양성에 강조점이 주어져야 함. 환경 문제의 원인과 대안, 지속가능한 미래를 위한 전망과 가능한 행위가 환경교육 지식의 중요한 요소로 고려함
일본	지구 규모의 환경 문제가 사회적 이슈가 되면서, 학교 시설에 대해서도 환경에의 부하 저감 및 새로운 교육과제에 대응한 시설 만들기가 요구되는 사회적 분위기를 수용하여 친환경적으로 학교를 정비하고자 함
호주	학교가 교육부와 환경부와의 파트너십을 통하여 학교 환경관리계획(School Environmental Management Plans: SEMP)을 마련, 실행, 검토함으로써 보다 지속가능한 실천들로 전환하도록 지원하고 장려함

한편, 학교에서 이루어지는 교육의 지속성은 계속과 확산(Hargreaves & Goodson, 2006: 35)의 개념이 포함되며, 깊이, 길이, 넓이, 정의, 다양성, 자원충족, 보존 등의 원칙(Hargreaves & Goodson, 2006: 18)이 중심이 된다. 학교 교육의 지속성 개념은 학교 혁신이 목표 달성 이후에도 그 상태가 지속되며, 점차 발전을 증대시키는 것이라고 할 수 있다(이미경, 2013). 또한, 지속가능한 교육 발전은 '현재와 미래에 교육에 필요한 자원을 보존하고 향상시키면서, 모든 사람이 참된 학습을 통해 성장의 기회를 공정하게 누릴 수 있도록 하는 방식으로 이루어지는 지속적인 교육 개선'으로 정의될 수 있다(허병기와 이정화, 2016). 박철웅(2020)은 이러한 지속가능한 학교 발전의 여섯 가지 원리로 성과 진실성의 원리, 연속성의 원리, 자원 충족성의 원리, 자발성의 원리, 공동체성의 원리를 제시하였다.

〈표 III-3〉 지속가능한 학교발전의 여섯 가지 원리(박철웅, 2020)

분류	내용
성과 진실성의 원리	지속가능한 학교발전은 강한 가치지향성 아래, 교육의 목적에 부합하는 참된 성과를 창출한다.
연속성의 원리	지속가능한 학교발전은 교육 운영과 학교의 개선이 장기적이고 안정적인 접근방법에 의해 계속적으로 추진되도록 한다.
자원 충족성의 원리	지속가능한 학교발전은 교육에 필요한 자원의 낭비나 고갈이 없도록 하며, 그것들을 보존하고 개선한다.
전문성의 원리	지속가능한 학교발전은 교사들의 자기 혁신과 전문적 능력 확보를 적극 장려하고 지원한다.
자발성의 원리	지속가능한 학교발전은 교사의 자발적 참여와 헌신을 중시한다.
공동체성의 원리	지속가능한 학교발전은 교사들의 공동체적 협력과 문화에 기초하여 학교를 개선한다.

다. 학교 전체적 차원의 교육적 접근

지속가능발전 교육은 지속가능발전교육을 위한 방안으로서의 도구적 접근 관점 외에도, 참여와 공동창조, 사회 비평을 토대로 대안적인 삶의 방식을 창조하고자 하는 교육적 과정으로서의 접근에 대한 중요성도 강조한다. 따라서 지속가능발전교육 프로그램 및 활동에서는 기능과 역량인 비판적, 시스템적 사고, 미래지향적 사고, 불확실성을 고려한 의사결정, 자기표현과 의사소통, 가치명료화, 전통과 혁신 등을 중요한 교육 역량으로 다루고 있다. 이렇게 교육적 접근으로서의 ESD에 대한 접근 방식은 다음과 같이 수단적 접근으로서의 방법과 비교를 통해 이해할 수 있다(UNESCO, 2010).

〈표 III-4〉 지속가능발전교육의 역할(UNESCO, 2010)

	수단적 접근	교육적 접근
교육내용	지속가능하게 사는 방법을 가르치고 행동을 훈련시키는 주제 교육에 주력함	지속가능한 삶을 위한 자질 및 역량강화 등 학습하는 방식에 대한 교육에 중점을 둠

	수단적 접근	교육적 접근
교육방법	사람의 행동을 변화시키는 데 중점을 두는 수단적 방법	사회학습, 참여, 역량강화와 같은 교육학적 방법
성격	계급적 · 수단적	과정 중심적
교육방식	가르치는 수업형태 지속가능한 삶에 대한 지식 전달 중심	높은 참여도, 자기결정, 자율적 사고, 지식의 공동창출에 의존. 대안적인 교수학습 전략 구안 및 이해관계자들의 참여를 통한 상호 관계적 방법
지속가능한 삶에 대한 동의 수준	높은 수준의 동의와 확신을 필요로 함	지속가능한 삶에 대한 사회적 동의 수준이 낮음을 인정함 바람직한 일과 과정에 대한 도덕적 의무에 대한 동의는 존재함

ESD의 교육적 접근방법은 교수법 및 학습 경험을 통해 교과과정을 혁신하는 과정과 활동 및 참여 학습의 과정을 통한 새로운 형태의 교수학습법과 전 시스템이 참여하는 과정 및 다양한 이해관계자들 및 문화 간 소통을 포함한 협력과 소통의 과정을 기반으로 한 이해관계자들 간의 상호관계를 중요시한다(김희진, 2014). 그래서 학습자의 삶과 영향을 주고받는 ESD의 질적 제고를 위해서는 교수학습과정, 학교 정책과 조직, 학교 외부와의 관계 등의 포괄적인 고려가 필요하다(Breiting et al., 2005).

Breiting 등(2005)은 생태학교, 녹색학교, 환경 학교 등 학교 전체의 생태화, 녹색화를 지향하는 학교들의 사례를 중심으로 고찰하여, 지속가능발전교육을 지향하는 학교들이 보여주는 질적 준거를 제시하였다. 이는 교수학습영역, 학교의 정책과 관리, 학교와 외부와의 연계 등의 영역을 포함한다. 이는 향후 지속가능발전교육을 수행하거나 평가를 위한 성찰에 있어 준거가 될 수 있다. 최종적인 정답으로서가 아니라 학교 자체의 비전과 계획을 위한 하나의 자극으로서의 역할을 한다. 또한 연구의 기반을 이루는 목적은 발전을 이뤄가는 지속가능발전교육학교의 변화 과정을 엄밀하게 평가하는 것이다. 여기서 제시하는 질적 기준은 ESD에 초점을 두면서 활용하기를 원하는 학교에 출발점으로서의 역할을 한다. ENSI(Environmental and School Initiative)에서 제공하는 이 자료의 ESD 질적 준거는 크게 세 가지 영역에 초점을 두고 15개 하위영역으로 구분되어 다양한 기준을 제시하고 있다. 이 연구는 구성 요소를 확정하기보다는 추후 학교들이 자신들의 맥락에 맞는 구성요소나 지표를 새롭게 추가할 것을 요구한다.

〈표 III-5〉 ESD-Schools를 위한 질적 준거

교수학습과정의 질에 대한 질적 준거	학교 정책과 조직체계에 대한 질적 준거	학교의 대외적 관계에 대한 질적 준거
1. 교수-학습 접근 2. 학교 및 지역사회의 가시적인 성과 3. 미래를 위한 관점 4. '복잡성의 문화' 5. 비판적 사고와 가능성의 언어 6. 가치명료화와 개발 7. 실행 중심 관점 8. 참여 9. 과목	10. 학교 정책과 계획 11. 학교 풍토 12. 학교 운영 13. 학교 차원의 지속가능발전교육 사업에 대한 반성과 평가	14. 지역사회 협력 15. 네트워킹과 파트너십

NRM(Natural Resources adelaide and Mt Lofty Ranges, 2016)은 남호주의 지속가능한 학교 선도모델을 운영하는 과정에서 지속가능한 학교와 지역사회를 만드는 데 필요한 가치와 요소들이 무엇인지 분석하여 요소별 핵심 지표를 개발하였다. 이를 학교급별 교사연수를 통해 현실을 직시하고 준비하고 계획할 수 있도록 돕고 있다. 이는 협의체 직원들로 하여금 학교 구성원과 협의할 수 있는 루브릭[2)]형태로 제시되어 있으며, 각기 학교는 제시된 요소들의 균형적인 발전을 위해 루브릭을 통해 현실을 파악하고, 다음 단계로 나아갈 수 있는 조언을 얻을 수 있다. 이 루브릭은 문화, 이해, 학습, 지역사회, 관리의 5개 상위요소와 15개 하위요소로 이루어져 있으며, 각 요소별로 4단계의 발전과정과 달성지표를 함께 제시

2) 루브릭은 수행 정도를 평가하기 위한 평가 척도로서, 수행 과정과 결과를 분석할 수 있도록 도움을 준다(한지영, 2004). 루브릭은 평가 항목에 맞추어 각 수준에 따라 자세하게 기술하고 정확하게 설명해서 학생들에게는 학습 수행과 자기 평가를 통한 학습에 자신감을 획득하게 하며, 교사들에게는 학습자의 수행과정과 결과에 관한 객관적인 평가에 도움이 된다(김정덕 외, 2011).

하여 진행 상황을 확인할 수 있도록 하고 있다. 이 연구는 기존의 요소별 나열식 지표와는 달리, 발전 과정을 단계적으로 나타내고 있어 실제 현장에서 활용하기에 유용하며, 각 요소들은 각기 분리되지 않고 연계되어 있음을 가정하고 있다.

〈표 Ⅲ-6〉 NRM(2016)의 지속가능한 학교의 지속가능성 자가진단 지표 예시

구성 요소	하위 요소		
문화	비전과 가치	상호연관성3)	학교 전체적 접근
이해	학습과 변화	지속가능 실천 학습	지속가능성 탐구
학습기회 제공	교육과정 수립	학습환경 조성	학습 방법
지역사회 협력	관계 형성 및 협력	역량 강화	협력관계의 발전
학교운영 시스템	리더십	협의체 구성	계획과 운영

문화: 우리 학교는 보다 넓은 공동체와 함께 지속가능성 문화를 발전시킨다.
핵심 지표를 읽고 학교 공동체가 있다고 생각하는 위치를 가장 잘 나타내는 상자를 선택해 보세요.

⇨	시작	도전	책임	전환 단계
비전과 가치	우리 학교의 지속가능성 비전과 가치 검토의 필요성을 확인하였다.	우리 학교는 지속가능성 비전과 가치의 발전을 위해 공동체를 포함한 과정을 시도한다.	학교생활 전반을 통해 비전과 가치를 위한 노력의 증거가 있다.	더욱 지속가능한 생활 방식을 구축하기 위해 핵심 비전과 가치는 실천 및 리뉴얼되고, 공동체와 함께 공유된다.
핵심 지표	학교 공동체(학생, 교직원, 학부모)는: 현재의 비전과 가치 검토를 실시하였다. 예: 지속가능성교육(EfS*)을 포괄하기 위해 이를 중요시하고 배려해야 한다.	학교 공동체(학생, 교직원, 학부모)는: 지속가능성교육을 포함하기 위해 현재 함께하고 있는 파트너, 그리고 잠재적인 파트너와 함께 우리의 비전과 가치를 개발하였다.	학생, 교직원, 학부모, 공동체 일원들은: 일상생활에서 지속가능성 비전과 가치를 시행하고 소통하였다. 예: '대화의 산책'	공동체들은: 비전, 가치, 지속가능성 있는 생활방식을 거듭 강조하고 공유한다.
Check	아니요□ 시작□ 네□	아니요□ 시작□ 네□	아니요□ 시작□ 네□	아니요□ 시작□ 네□
상호 연관성	우리 학교는 지속가능성의 사회적, 환경적, 경제적 요소를 통합하기 위한 방법을 고려한다.	우리가 실시하고 있는 절차의 일부분은 사회적, 환경적, 경제적 요소들의 균형을 반영한다.	우리 학교는 의사결정을 할 때, 사회적, 경제적, 환경적 요소들에 동일한 가치를 부여한다.	지속가능성 문화를 통해 사회적, 환경적, 경제적인 요소들이 통합된다.

핵심 지표	학교 공동체(학생, 교직원과 학부모)는: 지속가능성의 범위 및 지속가능성이 교육 목적과 어떻게 부합되는지 고려하였다.	학교 공동체(학생, 교직원과 학부모)는: 우리의 의사결정과 정책수립 과정에 지속가능성 요소를 통합하기 위한 전략을 적용하였다. ex) 회의 안건	학교와 지역사회 공동체 구성원은: 학교 정책 기록을 검토하였다. ex) 반드시 지속가능성 요소를 고려하여 구매 결정	공동체들은: 모든 의사 결정에 지속가능성을 우선순위로 둔다.
Check	아니요□ 시작□ 네□	아니요□ 시작□ 네□	아니요□ 시작□ 네□	아니요□ 시작□ 네□
학교 전체적 접근	개개인은 지속가능성을 위한 교육에 있어서 각자의 역할을 인지한다.	각 단체들은 학교의 지속가능성 비전을 위한 노력을 조직화하고 통합하기 위한 방법을 고려한다.	지속가능성 비전을 달성하기 위해 학교 전체가 노력한다.	우리 학교는 지속가능성 있는 지역사회 공동체의 일원이다.
핵심 지표	학교 공동체(학생, 교직원과 학부모)는: 지속가능성 교육에 어떠한 방법으로 기여할 수 있는지 검토하기 위해 폭넓은 사람들을 초청하였다.	학교 공동체(학생, 교직원과 학부모)는: 지속가능성 비전이 어떻게 우리의 지속가능성 활동을 안내하는지 논의하고 문서화하기 시작하였다.	학교와 지역사회 공동체 구성원은: 학교 안팎에서 이루어지는 우리의 활동이 지속가능성을 위한 비전과 가치를 꾸준히 반영한다고 입증하였다.	공동체들은: 혁신적인 활동을 개발하고, 지속가능성 목적을 이루기 위해 함께 노력한다.
Check	아니요□ 시작□ 네□	아니요□ 시작□ 네□	아니요□ 시작□ 네□	아니요□ 시작□ 네□

지속가능한 학교로의 여정은 다양하고 광범위하다. 따라서 지속가능한 학교의 형성은 관련 구성요소와 질적 수준을 통한 지표적 접근으로 체계화하려는 연구가 되어왔다. 위와 같은 접근 방법에 대한 연구는 직・간접적으로 ESD 학교정책사업의 프레임워크로서 작용하고 있다.

2. 지속가능발전교육과 학교 교육 실천[4)]

학교의 변화와 그 지속성은 정책 추진 환경에 많은 영향을 받기에(김성천, 2018),

3) 환경적, 사회적, 경제적 요소의 연관성과 균형
4) 이 절은 김희진(2022)의 박사학위논문과 김희진과 남영숙(2024, 게재예정)의 내용을 담고 있다.

특히 지속가능발전교육이 학교 현장의 수용에 대한 관심이 필요하다. 따라서 지속가능발전교육 실천과 더불어 학교 공동체와 함께 변화가 가능하기 위해서는 변화를 위한 굳건한 토대 구축이 중요한데, 교사 리더들과 다양한 인프라, 재정적·행정적 지원이 필수적이다(이현정, 2016). 학교는 교사와 학생이 수용하지 않으면, 그 변화는 유지되기 어렵기 때문이다(권순형, 허주, 2021).

가. 지속가능발전교육과 교사전문성

환경교육 교수역량에는 수업을 잘하는 것뿐만 아니라, 교육에 대한 깊은 이해를 바탕으로 학생의 성장과 발달에 기여하는 교육의 실천가로서 특별한 전문성이 요구되기에, 환경교육 실천가로서의 교사는 폭넓은 역할과 능력이 필요하다. 이성희와 최돈형(2007)은 환경교육자는 학생의 발달 단계에 대한 이해, 학생들의 생활 습관 및 생활 지도와 학급 경영, 다양한 교과의 이해와 더불어 통합적인 교과 교육을 할 수 있는 능력, 초등학생의 발달 단계에 적합한 수업 기술 및 기능, 교육학 전반에 대한 이해, 교직에 대한 사명감과 봉사 정신이 깃들어있는 개인의 인성, 학교가 가지고 있는 특성을 이해하고 교사의 역할이 무엇인지 이해하고 노력하는 자세, 끝으로 일반적이며 폭넓은 교양을 갖추고 동료 교사 및 타인과 자연스러운 협력을 할 줄 알아야 한다고 하였다.

이렇게 환경교육을 실시하는 교사는 다양한 능력이 요구되며, 이는 교사가 학교와 환경교육과 관련된 사회 전체적인 맥락에서 담당하는 역할에 대해 체계론적 입장에서 분석해볼 필요성이 있음을 시사한다. 교사는 주로 교실 내에서 수업에 많은 시간과 노력을 할애하지만, 교육의 현장은 교실 안 환경으로만 이루어지는 것이 아니다. 즉, 다양한 체계의 범위 내에서 교사의 역할이 해석될 수 있는 것이다.

교사들은 교수–학습행위의 본질 외에도 학교, 교과, 지역사회 등의 다양한 맥락에 의한 영향을 받으며, 특히 자원, 정책, 교육과정, 규범 등과 밀접한 관련을 맺게 된다. 특히 정책은 다양한 층위에서 교사와 영향을 주고받는다. 공공정책의

한 종류인 교육정책에 의해 학교가 형성되고 운영되는 특성을 감안하였을 때, 교사는 정책에 의하여, 정책을 위하여, 정책 안에서 교수학습 활동을 전개해 나간다고도 볼 수 있는 것이다. 따라서 교사와 학생의 교수학습 관계는 교육정책의 실행 측면에서도 해석될 수 있다.

교육정책의 실행은 단순히 가치 전달의 역할만을 하는 것은 아니다. 전환이나 변혁적 관점의 교육을 통해서도 가능하다. 사회적 맥락을 통해 지식을 구성한다는 전달적 관점과 더불어, 근래에는 이러한 환경에 적극적으로 참여하고 지식의 구성에 참여하는 교실을 추구하는 변혁적 관점의 교육이 중요하게 여겨지고 있다. 지식이 사회적 맥락을 통해 구성되며 새로운 학습은 사전 지식과 문화적 관점의 확산으로 형성된다는 입장(Jickling & Wals, 2008)에서 더 나아가 참여적, 구성적 교육이 복잡한 상황 해결에 도움을 준다(Sterling, & Huckle, 2014).

이와 연결하여 Ciera 등(2019)은 에코스쿨 프로그램 시행에 대한 학생과 교사의 서로의 인식 차이에 관한 연구에서, 교사들이 직접적으로 환경 행동에 대해 통제하고 내용을 전달하는 것보다 참여적, 구성적 교육에 대한 학교 구성원과 문화의 변화로 인해 학생들의 환경 행동이 더 독려된다고 하였다. 따라서 교사는 교실 내의 수업과 더불어 학생을 다양한 상황으로 이끌어내어 주도적인 행동을 시도할 기회를 제공하는 것이 교육적일 수 있기에 이러한 맥락과 상황에 대한 의미를 재정립할 필요가 있다. 이는 지속가능발전이라는 목표를 달성하기 위한 도구로서의 환경교육의 기능적 측면에서, 정의, 형평성, 관용, 책임 등의 가치나 돌봄, 성실 등의 덕목 등 교육의 내재적 관점에 초점을 두고자 하는 교육적 의미에 집중하고자 하는 측면과도 닿아있다(김희진, 2014; 임효진, 이두곤, 2016; 김찬국 등, 2012; 김찬국, 2017).

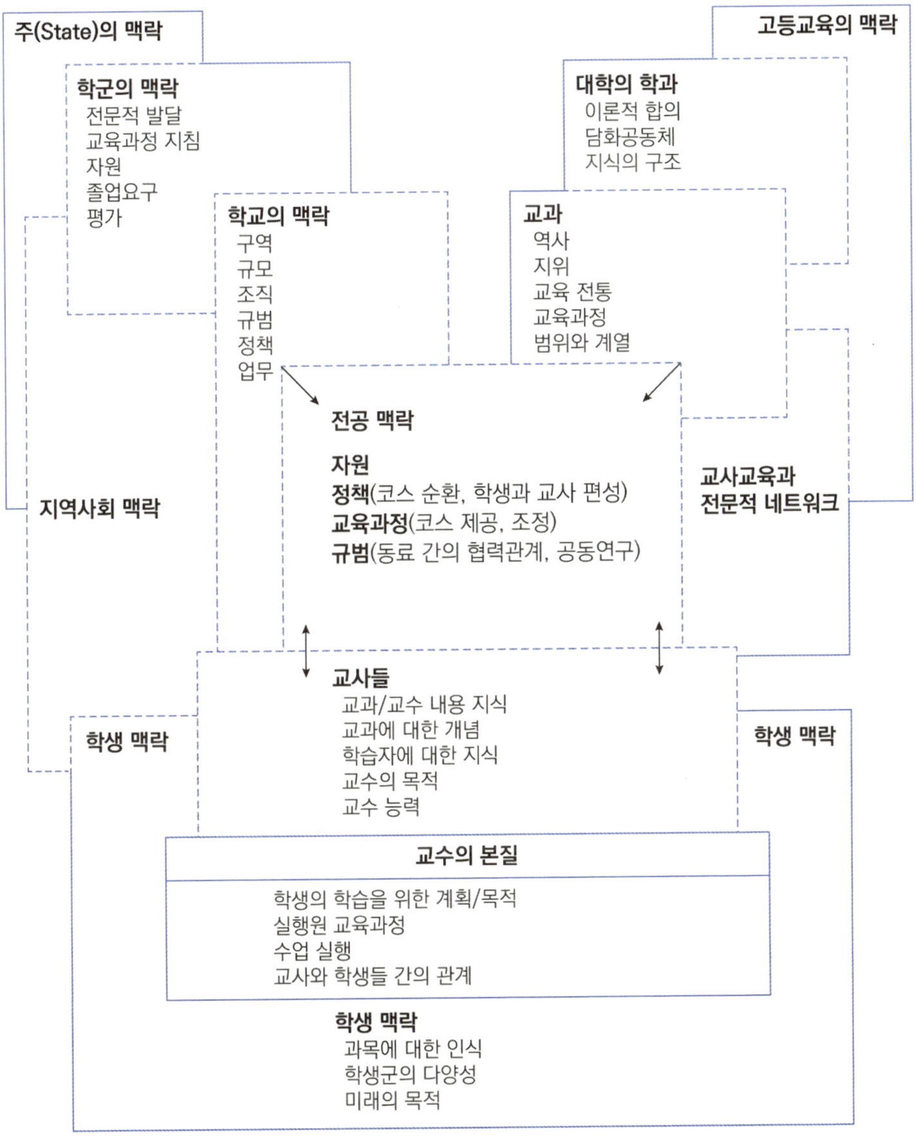

[그림 III-2] 내용을 고려하는 교실 수업 연구의 틀

출처: Stodolsky & Grossman, 1994: 김혜숙, 2006 재인용

나. 지속가능한 학교와 교사의 참여

'무엇이 더 교육적인가?'를 고민하고, 실현하는 교사들은 교실수업 안에서의 전달자로서의 역할과 더불어 학교 생태계가 더욱 교육적으로 기능하도록 하기 위해

참여하고, 실천한다. 그 한계로는 학교 규모의 부적절성, 정규 교과와의 시간표 배치 문제, 주체 간의 의사소통 문제, 불충분한 재정, 과다한 문서작성 등이 제시되었다. 이러한 한계는 주로 사업 참여로 인해 발생하는 교원(교사)의 업무 부담 및 운영과 관련된 어려움과 관련된 것이라고 볼 수 있다. 학교의 변화는 결국 당사자들이 부여한 의미를 통해서 구현되기 때문에, 현장 교원들의 인식과 목소리는 중요하게 여겨질 필요가 있다. 이와 관련하여 Fullan(2016)은 학교 변화의 지속성을 위해 교사들에 대한 연구가 필요함을 논의하였다.

첫째, 학교의 전체적인 변화는 교사들이 핵심적인 역할을 한다. 학교 외부의 개혁가들의 학교 혁신을 위한 시도들이 교사들의 현실, 신념, 불만, 만족 등을 정확하게 이해하지 못하고 이루어지면 뚜렷한 성공을 이루지 못할 수 있다(Tyack & Cuban, 2011). 둘째, 교사의 행복감은 지속가능한 학교 발전에 있어 매우 중요한 가치임에 주목하여야 한다(박철웅, 2020). 교사의 소진이 높아지면, 교사의 교직 사회생활에 어려움을 초래할 뿐만 아니라, 학생들에게 영향을 미쳐 학교 부적응, 학업 문제와 같은 학습 성과에 부정적인 영향을 미치게 되기 때문이다(Maslach & Jackson, 1981; Farbern, 1991; Maslach & Leiter, 1999). 셋째, 학교 환경교육 정책이 성공적으로 정착하기 시작한 시점에서 그 동력을 유지하기 위해서는, 사업 운영의 핵심 주체인 교사들이 겪는 실질적인 현황을 파악하여야 한다(김동선, 홍창남, 2020). 외부의 지원으로 거둔 변화를 지속하려면 구성원들을 설득하고 변화의 과정으로 이끌 수 있는 역량을 갖춘 리더가 꼭 필요하기 때문이다. 따라서 학교 차원의 환경교육 사업이 학교 문화 안에서 지속되기 위해서는 교사들의 문제를 예방하여 리더 교사의 유출을 막고, 리더십의 분산과 재생산에 노력을 기울여야 한다(Huberman & Miles, 1984; Apple & Beane, 2007).

한편 학교 차원의 지속가능발전교육에 대한 교사의 참여를 어렵게 하는 현실 요인 또한 살펴볼 필요가 있다. 교사들이 환경교육 사업 운영 과정에서 직면하는 현실에 주목하는 것은 정책의 효과를 파악할 수 있는 방안이 될 수 있기 때문이기도 하다(배은주, 2014; 이승호, 박대권, 2016). 환경학교 운영 담당 교사들은 일반 교사들에 더 많은 업무를 담당하게 되기도 하고, 그 과정에서 피로감을 겪는다. 대부분의 학교 차원의 지속가능발전교육 사업은 예산 지원 및 교육자료 제공 등을 통해 학교의 자발적인 참여에 의해 이루어졌기 때문이다. 그러나 연구학교를 제외하고는 교사들은 부가되는 업무에 비해 직접적인 보상이 부재하기에, 관리자 등에 의해 참여하게 되는 경우가 많다. 교사의 소진을 동반한 사업운영은 외부의 지원으로 인해 단기간에 변화를 이루고, 이는 학교 차원의 환경학교활동을 지속하기 어렵게 하기도 한다. 수업과 각종 업무들로 포화된 하루를 보내는 교사들에게 끊임없이 새로운 업무를 더해 변화를 유지하는 것은 어려운 일이기 때문이다.

〈표 III-7〉 교사의 교육정책 참여의 지속과 방해 요건(김희진, 2022)

지속	방해
• 교직원의 자발성 • 구성원과 상호작용 • 변화를 위한 굳건한 토대 구축(인프라, 재정적 행정적 지원) • 실현가능한 성장의 확인 • 장단기 목표의 높은 연결성 • 인사 혁신 • 확산 속도 조절과 질 관리 요구 • 학교 내에서의 의견 개진과 수용(변화 이해) • 교사 소진 주의(성장 기회 확대) • 누구든지 리더십을 발휘하는 학교문화 구축	• 과다한 학급당 학생 수 • 업무 배분과 역할 모호 • 많은 수업 시수로 인한 근무여건 악화 • 단기간에 성장하기 위한 과도한 투자 • 외부의 특정 전문가에 대한 과도한 의존 • 구성원을 소진하게 만드는 정책집행 • 학력을 둘러싼 이데올로기적 논쟁 • 정책 중점의 변화와 맞물린 예산 감축 • 확산을 위한 동원과 소진 • 주도 교원 전출 및 교원 구성 변화 • 과도한 집단주의 • 권력관계 변화

다. 지속가능한 학교문화의 성장

앞장에서 살펴본 여러 어려움에도 불구하고, 지속가능교육이 활성화된 학교문화는 생태적 다양성이라는 개념을 담고 있으며, 이는 개인 사이의 구조적 또는 기능적 차이가 아니라 개인이나 관행의 개방성과 불완전성 및 서로에 대한 상호지원으로 실현 가능하다. 그리고 생태적 발전은 완벽을 향한 변화가 아니라 더 높은 수준의 상호 간의 성과 개방을 향한 전체 공동체 구성원의 변화로 동력을 얻는다. 누구든지 리더십을 발휘하고, 개인의 성장이 공동 동반되는 공동체가 지속할 수 있다고 본 Matusov(1999)는 학습 커뮤니티가 스스로 지속하는 방법에 대한 모델로 다음과 같은 생태학적 공동체 모델을 제시하였다.

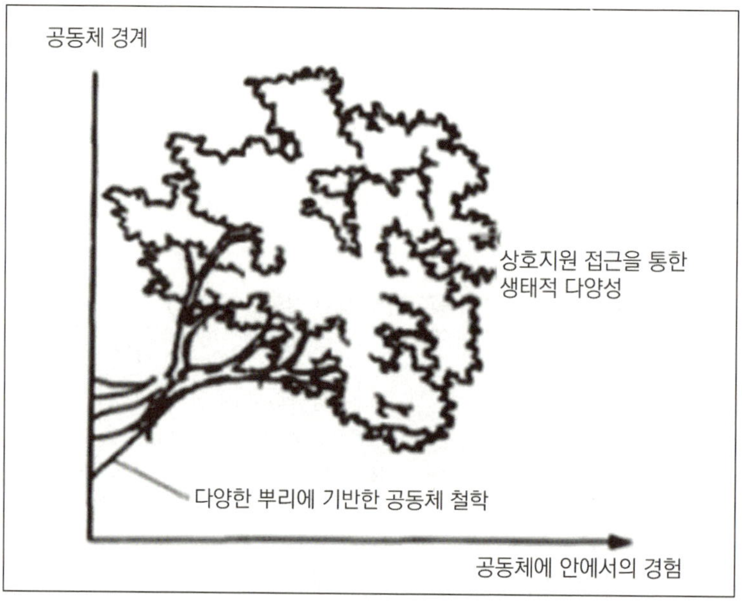

[그림 III-3] 생태적 다양성 과정을 통한 공동체 유지 모델

출처: Matusov, 1999

생태학적 모델에 의한 공동체의 지속적인 성장은 공동체 구성원 각자의 편안함이 있어야 정서적으로 지지받으면서 다양한 접근, 다양한 뿌리에서 뻗어난 다양한 공동체 경험이 탄생한다는 것이다. 실천하는 공동체 내부와 외부에서 상호작용을 성장시키는 과정은 커뮤니티 유지, 철학, 다양성 및 개발을 촉진하고, 공동체의 변화를 위한 협동을 통해 공동 추진력을 강화하며, 더욱 확산적이고 생산적이게 된다.

공동체의 지속적인 성장은 공동체 구성원 각자의 편안함이 있어야 정서적으로 지지받으면서 다양한 접근, 다양한 뿌리에서 뻗어난 다양한 공동체 경험이 탄생한다. 실천하는 공동체 내부와 외부에서 상호작용을 성장시키는 과정은 커뮤니티 유지, 철학, 다양성 및 개발을 촉진하며, 공동체의 변화를 위한 협동을 통해 공동 추진력을 강화하며, 더욱 확산적이고 생산적일 수 있기 때문이다. 이러한 참여 과정에서 공동체의 구조가 변화되고 자기 변화 등을 통해 자신감을 획득한다면, 교사 개인은 공동체의 변화에 헌신할 수 있는 가능성을 확보할 수 있다(박진우, 2012).

이와 같은 생태학적 지속가능교육 문화가 학교 차원에서 자리 잡기 위해서는 다음과 같은 발전 제고 방안이 필요하다(이현정, 2016).

첫째, 교사들의 인사 정책 혁신의 필요성이다. 교사 리더들의 이동으로 혁신의 동력을 상실하는 것을 막기 위해 교사 리더들이 한 학교에 오래 머무르면서 혁신을 지속할 수 있는 바탕을 마련해주어야 한다는 것이다. 둘째, 지속가능한 학교 변화의 확산 속도 조절과 질 관리 요구이다. 학교 문화 혁신에서 가장 중요한 것은 학교의 구조와 문화의 혁신, 구성원들의 혁신 마인드이다. 무늬만 혁신학교라는 오명을 씻기 위해서는 혁신학교에 대한 지정이 좀 더 엄정하게 이루어질 필요가 있다는 것이다. 셋째, 학교 내에서 다양한 의견이 개진되고 받아들여져야 한다는 것이다. 혁신이 몇 사람의 고집이나 아집으로 유지되어서는 안 되며, 변화를 고정되어 있는 것이 아니라 움직이고 변화되는 것으로 이해하여야 한다. 또한 구성원에 따라서 유연성 있게 변화하려는 노력도 필요하다. 넷째, 교사의 소진을 주의해야 한다고 하였다. 혁신학교의 특징으로 교사학습공동체가 있다. 이런 공동체를 통해서 다양한 교사들이 리더로 서고 성장할 기회가 확대되어야 한다. 그래서 몇 명의 교사 리더들만 책임을 모두 감당하도록 하는 학교 구조가 되지 않도록 애써야 하며, 누구든지 리더십을 발휘할 수 있는 학교 문화가 구축되어야 한다고 하였다.

따라서 교사들의 지속가능성을 확보하기 위해 인적, 물적 토대가 체계적으로 수립되어야 한다. 그렇지 않으면 혁신은 일부 교사들의 헌신에 기반할 가능성이 매우 높기 때문에 지속가능성을 보장할 수 없기 때문이다. 김홍주 등(2005)은 학교 전체적인 변화와 혁신이 일부 교사들의 헌신에 기반할 가능성이 매우 높기 때문에 지속가능성을 보장할 수 없어 교사의 동아리 수준이나 단위학교 차원의 적절한 지원체제가 필요하다고 하였다.

Fullan(2016)은 특정 지역을 포괄하는 리더십의 불안정성과 이에 따른 정치적 문제에서 교사의 지속을 논하였다. 즉 안정적인 리더십을 통해서 교육이 정치의 시간과는 무관하게 독자적인 목표와 시간표를 가지고 작동할 수 있는 여건이 갖추어질 때 혁신은 지속가능하다는 것이다(Fullan, 2010; Salberg, 2015). 특정 시기를 주도하던 리더십에서 강조했던 혁신의 목표와 방향이 리더십의 교체에 따라 달라지는 경우가 매우 많으며, 이와 같은 상황에서 교사들은 현재의 혁신이 지속될 것이라는 확신을 갖지 못한 채 방관적 태도 혹은 형식적 열정으로 학교 변화를 대하게 되기 때문이다(Fullan, 2016; Hargreaves & Shirley, 2009). 따라서 학교 차원의 지속가능발전교육 계획을 마련하고 적용하는 과정에서는 교사의 참여를 보장할 수 있는 인프라와 프로세스와 교수-학습에 관한 새로운 접근이 깊이 있는 의미에 대한 마련이 필요하다(Fullan,2016).

구성원들이 혁신의 성과에 대해 확신할 수 있어야 한다는 점도 중요하다. 환경학교를 만들어 간다는 것은 익숙해진 관행을 벗어나 추가적인 노력과 수고가 지속적으로 필요한 일이다. 따라서 이러한 과정에서 요구되는 자신들의 노력과 수고가 의미 있는 일임을 확인함으로써 변화의 가치에 대한 신념을 강화해 나갈 수 있다(백병부, 2019). 이와 관련하여 여러 연구자들은 교사의 혁신적 태도와 신념의 내면화는 혁신을 통한 구체적인 성과를 목격한 이후에 나타난다고 주장했다(백병부, 성열관, 2011; Clake & Hollinsworth, 2002; Holt-Reynolds, 2000).

학교 변화의 목표와 관련해서는 장기적인 목표와 단기적인 목표를 구분하고 구성원들이 인식할 필요가 있다(Hargreaves et al, 2014). 장기적인 성과는 다가올 변화를 예측하면서 문제를 예방하는 것과 관련되며, 단기적인 성과는 즉각적으로 제기되는 문제를 발견하고 해결하는 것과 관련된다. 예를 들면 교사들이 환경교육 전문성이 부족한 상황을 해결하기 위해서 외부 전문가와 협력할 수 있는 인력풀을 구성하는 것이 단기적 성과라면, 환경교육의 수요를 예측하면서 교과교사를 충원하거나, 전반적인 학교 환경교육 인프라 구축 등을 통해 전체 교사의 환경교육 전문성을 강화할 수 있는 방법을 찾는 것은 장기적인 성과와 연관이 있다. 더불어 Hargreaves 등(2014)은 단기목표와 장기목표에 대해, 구성원들이 두 목표 사이의 관계를 명확하게 이해하고 있어야 한다고 주장한다. 그래야만 참여자들이 단기적 성공을 장기적 목표 달성을 위한 과정으로 인식할 수 있으며, 단기적 성공을 지렛대로 삼아 장기적 목표 달성을 위한 혁신에 성공할 수 있다.

3. 지속가능한 학교와 환경교육의 적용 사례: 학교 생태감사

가. 학교 생태감사의 의미

생태감사란 어떤 한 기관의 환경 관련 과정을 조사하고 개선하기 위해 스스로 설정한 목적을 달성하는가를 평가하는 기법으로, 학교 생태감사란 학교 지속가능한 발전을 위한 교육의 포괄적 전략 구성요소로서 교사, 학부모, 학생 외에도 지자체의 환경부서, 시민단체 운동가 등 학교 구성원들이 학교생활 및 활동이 환경에 미치는 영향을 객관적, 체계적, 주기적으로 분석하고 관리하는 것을 의미한다.(남영숙, 2004).

생태감사는 환경제도에 대한 적극적인 참여를 홍보하고, 균형 있는 환경경영제도를 완성시키며, 모든 사람들이 참여와 문제 대응의 차원을 넘어 예방 대책까지를 마련하는데 목표를 두고 있다. 즉, 생활 또는 작업하는 공간에서 직접 일하는 사람들의 참여로 이루어진다는 것이 핵심이다.

따라서 생태감사와 관련된 주체들은 환경문제의 사후 관리를 벗어나, 미연에 방지하고, 보다 쾌적한 환경을 위해 경영인과 고용인, 학교장과 구성원들 간의 의사소통이 지속적으로 이루어져 전체적 시스템으로 접근할 필요가 있다(남영숙, 2004).

학교 생태감사의 효과는 학생들의 환경소양 함양과 동시에, 직접적인 환경 개선이 가능하다는 점이다. 또한 학생 또는 학교 집단이 대기, 수질, 폐기물, 에너지 분야의 환경문제를 직접 조사 분석하고, 분석된 문제점을 해결하기 위해 적절한 의사결정과 태도를 마련하는 과정에서 환경문제에 대한 책임감과 절박감을 계발할 수 있다. 우정애와 남영숙(2007)은 중학생을 대상으로 한 생태감사 프로그램을 개발 및 적용하였고, 학생들의 환경인식 개선, 의사결정능력과 문제해결능력, 환경의식과 책임감을 향상시킨다는 효과를 확인하였다. 또한 독일 슈베르테(Schwerte) 종합학교의 생태감사 성과를 살펴보면, 1999년 프로그램 투입 이후 1998년 대비 에너지 사용량 30%, CO_2 배출도 30%가량 감소한다는 환경 개선의 효과를 확인하였다(슈베르테종합학교, 2001; 남영숙, 2006 재인용).

나. 학교 생태감사의 절차

위와 같은 생태감사의 과정은 아래와 같이 4단계 절차로 구분할 수 있다(Haan & Harenberg, 2000; 남영숙, 2004; Haan, 2006).

1) 사전 환경 조사

사전 환경 조사 단계에서는 학교의 환경문제에 대한 포괄적인 조사가 중요하다. 학교에서 어떤 변수가 생태학적·경제학적 관점에서 중요한 변수로 평가되고 어떤 변수가 학생들의 조직적, 방법적, 전문적 방법으로 추진될 수 있는지에 대한 고찰이 선행된다. 사전환경감사목록으로 선정될 수 있는 부분은 열에너지 및 전기에너지 소비량, 전자제품의 수명 및 효율성, 공간의 에너지 분포, 에너지 낭비 구조 등이다. 목록 선정에 있어서는 학생들에게 어떠한 제약을 가하거나 압력을 주어서는 안 되며 자유로운 분위기 속에서 토의될 수 있도록 진행한다. 단, 교사와 환경 전문가는 제외되기 쉬운 내용에 대한 조언자의 역할을 담당한다.

2) 환경 프로그램

현재 환경 현황 및 상태를 평가한 자료를 근거로 하여 가능한 목표를 명확하게 설정한다. 확인된 문제점을 근거로 하여 수립한 목표를 달성하기 위한 적합한 대안을 찾아 제시하여 운영한다.

3) 환경보고

생태감사의 결과들은 환경 프로그램상에서의 중요한 목적과 대책들과 함께 환경 보고 단계에서 포괄적으로 제시된다. 학생들에 의해 지금까지 실행된 대책들을 간략히 서술하고, 지속적인 목적과 방향 설정에 있어서 중요한 자료로 활용된다. 또한 이러한 자료들은 학교 교육과정 속으로 통합되어 장기간 운영된다. 이러한 자료는 문서화되어 학교 공동체(예를 들어 학부모, 지방자치단체, 학교)에 보고 시에 사용된다.

4) 교육과정 속의 통합

앞에서 언급된 사전 환경 검사, 환경 프로그램, 환경 보고의 전체적인 순환은 단기간에 끝이 나는 것이 아니고 계속된 목표 수정과 목표 유도를 위해 사용되어진다. 그리고 이러한 흐름은 학교 교육과정 속으로 통합되어 장기간에 걸쳐 운영된다. 특히 이러한 과정 속에서는 환경과 관련된 자료들과 환경 프로그램 변화를 매년 이해, 수정, 추진하고 학교에 보고하는 것이 기본적인 준수사항이다.

이러한 학교 생태감사의 4단계 절차를 중심으로 남영숙(2004)에서는 〈표 Ⅲ-8〉과 같이 학교 생태감사의 과정을 10단계로 제시하고 있다. 생태감사는 환경적 개선 결과와 더불어 구성원들의 참여를 강조한 프로그램이므로 과정적 절차 등도 매우 중요하다고 볼 수 있다.

〈표 III-8〉 School Ecological Audit Procedure and Content (남영숙, 2004)

생태감사	단계	단계별 내용
사전환경조사	1	개시
	2	목적의 설정
	3	환경 조사
환경 프로그램	4	계획
	5	결의
	6	관리시스템 설계
환경보고	7	환경보고서 작성
	8	유효성 승인
교육과정 속의 통합	9	집행
	10	생태감사 순환주기

다. 초등학교 학교 생태감사 프로그램 개발 사례

초등학생들은 스스로 자신의 생활 습관에 대한 성찰과 더불어 문제를 해결하는 데 민주적인 절차를 수행할 수 있고, 학교의 환경을 모니터링하고, 개선 방향을 제시하며, 달성 목표를 명확한 수치로 설정하고 일련의 활동을 설명하고 평가할 수 있는 능력을 지니고 있다. 따라서 김희진과 남영숙(2020)은 우리나라 학교 현실과 교육과정 연계를 고려하여, 초등학교 생태감사 프로그램을 개발하였다.

초등학교 생태감사 프로그램의 내용은 생태감사의 절차를 중심으로 7단계로 이루어지며, 프로그램의 흐름과 주요 내용과 관련 성취기준은 아래와 같다.

〈표 III-9〉 초등학교 학교 생태감사 프로그램 개발 결과

절차	단계	시기 (차시)	주요 내용	비고
사전 환경 조사	개시	3월 3주 (2차시)	환경교육에 관한 관심이 있는 교사가 학생 생태감사팀을 구성, 가용 자원 파악 및 공지 생태감사의 목적 및 안내와 사례 제시	
			환경이란 무엇일까? 환경과 환경문제에 대한 개론 학습 우리 주변의 환경 및 환경문제에 관한 내용 학습	
	환경 조사	3월 4주 (2차시)	가이드라인에 학교환경관리를 위해 필요한 사항(공간, 환경문제의 종류) 등을 자유롭게 생각 나눔하고, 학교 환경문제 조사하기	
		4월 1주 (1차시)	조사한 결과를 토대로 설문을 통해 문제 해결의 우선순위를 파악해 보고 결과를 알맞은 표나 그래프로 그려보기	수학
환경 프로그램	목표 및 계획 수립	4월 초 (2차시)	환경 조사 및 설문에서 나타난 문제 해결을 위한 개인, 모둠별, 학급 단위 행동계획, 전략, 대책 작성 목표는 구체적으로 제시할 것	사회
	결의	4월 말	생태감사팀이 제안한 해결 방안을 위한 내용이 학교 전체적으로 시행될 수 있도록 어린이 자치 회의나 학교운영위원회에 제안, 교육과정 반영	학생회, 자치활동 활용
환경 보고	환경보고서 작성	5월 초 (2차시)	모둠별 환경보고서(홍보 책자, 홈페이지 등) 작성	국어
집행 및 모니터링	집행 및 모니터링	5~12월 (모니터링: 각 월 1회 6차시)	학교 환경교육 정책 개선 및 학생 해결 방안 실천 진행 상황을 문서화하고, 정기적으로 담당 교사 및 학생들과 진행 상황 및 변동사항을 공유함	학교운영위원회 학생 참여/건의 교사에게 인증
평가	효과 검증 및 반성 (2차시)	12월 (1차시)	목표 달성도 확인 및 반성, 그리고 효과에 대한 보고서 작성	전문가 협조

단계	교과	관련 2015 개정 교육과정 성취기준
2	수학	[6수05-04] 자료를 수집, 분류, 정리하여 목적에 맞는 그래프로 나타내고, 그래프를 해석할 수 있다.
2~7	사회	[6사05-03] 일상생활에서 경험하는 민주주의 실천 사례를 탐구하여 민주주의의 의미와 중요성을 파악하고, 생활 속에서 민주주의를 실천하는 태도를 기른다. [6사05-04] 민주적 의사결정 원리(다수결, 대화와 타협, 소수 의견 존중 등)의 의미와 필요성을 이해하고, 이를 실제 생활 속에서 실천하는 자세를 지닌다. [6사08-05] 지구촌의 주요 환경문제를 조사하여 해결 방안을 탐색하고, 환경문제 해결에 협력하는 세계시민의 자세를 기른다. [6사08-06] 지속 가능한 미래를 건설하기 위한 과제(친환경적 생산과 소비방식 확산, 빈곤과 기아 퇴치, 문화적 편견과 차별 해소 등)를 조사하고, 세계시민으로서 이에 적극적으로 참여하는 방안을 모색한다.
5	국어 쓰기	[6국03-02] 목적이나 주제에 따라 알맞은 내용과 매체를 선정하여 글을 쓴다.

운영 과정은 학기 초(3~4월 초)에 사전환경조사, 환경 프로그램 운영, 환경 보고 시행으로 시작된다. 학교의 환경은, 학교의 공기, 폐기물, 물, 생태, 인간, 공간, 철학, 교통, 지역사회 등 다양한 분야에서 논의될 수 있다. 6학년 정도의 학생이 되면 지금까지 배운 환경의 범위에 대해 충분히 생각하고 의문을 가질 수 있는 시기이다. 또한 무엇이 친환경적인지, 어디서 반환경적인 행위가 일어나고 있는지에 대한 환경적 문제 발견 능력이 충분히 있다. 이러한 능력을 확장하고 체계화하기 위해서 교사는 프로그램 시작 초기에 다양한 환경의 다양한 영역과 환경적 상황 예시를 제공하여야 한다. 그리고 해를 거듭할수록, '더 지속 가능한 학교'를 만들기 위해 교사와 학생이 모두 끊임없이 공부하고, 새로운 방안을 모색해야 한다.

학교 생태감사를 통한 환경 개선은 교육적 의미를 지니고 있어서 활동의 결과뿐만 아니라 활동 계획 수립에 이르는 과정이 매우 중요하다고 볼 수 있다.

환경 감사는 광범위한 범위를 대상으로 실시될 수 있으나, 조사를 통해 발견된 학교 환경 개선은 한꺼번에 모두 해결하기는 어렵다. 장단기 실행계획 수립과 우선순위를 정하는 것 또한 학생들의 손에서 이루어질 수 있도록 위원회의 모든 구성원은 상호 지원하여야 한다. 학생들이 제안하는 내용이 다소 비효율적이고, 어른들의 시각에서는 부족해 보일 수 있다. 그러나 학교 환경 감사에 학생들이 직접 참여한다는 것은 자신들이 학습한 내용을 실제 상황에서 직접 실현해 보고 참여해 보는 교육적 과정이기 때문에, 적극적인 협의를 진행하되 그들의 의견을 충분히 경청하고, 교사가 너무 많은 사전적 개입을 하지 않는 것이 좋다. 그래야만 성공과 실패에 대한 폭넓은 경험도 함께 제공할 수 있으며, 현재의 한계를 극복하는 방안을 모색해보는 활동도 더 적극적으로 진행할 수 있다. 이러한 교육적 경험에 가치를 둔 활동은 장기적으로 학생의 수준 높은 환경 개선 참여를 가능하게 한다.

5~11월에는 실제 환경 활동을 실천하고 활동 내용을 모니터링한다. 계획 집행과 모니터링은 환경 조사를 토대로 자신들이 마련한 목표와 관련해서 추적 관찰하는 과정이다, 모니터링이 내실 있게 이루어지기 위해서는, 목표를 시기별로 세분화하고, 실질적인 목표 달성에 이르는 과정을 학생들이 체험할 수 있도록 지원한다.

학년 말에는 활동에 관한 결과를 도출해 보고 반성의 시간을 마련하였다. 생태감사의 시작과 조사, 결과는 학생들의 주도로 한 해 동안 이루어진다. 그리고 그러한 활동의 결과를 보고서로 작성해 보는 활동은 그 자체로 교육적 의미가 있다. 그러나 과연 그 활동들이 어떤 점에서 유의미했고, 어떤 개선점이 필요할지에 대해 체계적이고 전문적인 컨설팅을 받아봄으로써, 지속적인 개선을 위한 동기를 부여받고, 새로운 시작의 첫걸음으로서의 평가 활동을 진행할 수 있다.

4. 환경교육적 의의 및 소결

이 장은 교사로서의 우리의 고민이 향하는, 또 학교공동체가 함께 걸어갈 방향을 고찰해 보는 것에 의미를 두고자 한다. 교사의 입장에서 생각해 볼 때, 학교 차원에서 이루어지는 각종 활동은 때론 업무 부담을 초래하는 것이기도 하다. 또한 수업 연구, 생활 지도, 각종 범교과 학습들이 혼재하는 가운데 지속가능발전교육이 별개의 교육으로 여겨질 수 있다. 그러나 미래 사회를 살아가는 학생들에게 꼭 필요한 지속가능발전교육을 학교 교육을 내실 있게 다루는 일은 학생과 지역사회, 학부모의 중심에서 고군분투하는 교사들의 치열한 고민 끝에 가능할 수 있다.

지속가능발전교육은 수업뿐만 아니라 학생들의 배움이 삶으로 이어지는 공간인 학교가 교육적 공간으로 작용하기 위해 필요한 가치이기도 하다. 그러나 교과서에서 폐기물 관리 등과 관련하거나 세계의 환경오염 등과 관련된 환경문제가 자주 언급됨에도 불구하고, 학생들의 생활세계인 학교 주변에 어떤 환경이 있는지, 환경문제는 어떤 것이 있는지 등에 대해 알고 공감하기 위한 교육적 방안 마련은 지속적으로 필요한 실정이다.

학교 환경교육 문화는 학생들이 발견하고 제안하는 의견에서 시작되어, 교사와 학부모, 지역공동체가 함께하는 활동으로 확산되는 과정을 통해 지속적으로 교육적 의미를 더해나갈 수 있다. 그렇기에 학생들의 참여 과정을 함께하고, 지원하는 교사의 역할을 필요로 한다. 학교 차원에서 이루어지는 교육적 활동에서 교사의 역할이 어디까지인지, 또 참여의 의미를 어떻게 지속적으로 발견해 나갈 수 있을지에 대한 논의는 실제 사례 속에서 생생하게 이루어져야 할 것으로 보인다.

참고문헌

권순형, 허주(2021). 행위자기반모형을 활용한 혁신학교의 지속 요인 분석. 학습자중심교과교육연구, 21(15), 421-439.

김성천(2018). 혁신학교 정책의 여섯 가지 차원의 딜레마. 교육문화연구, 24(2), 33-55.

김찬국, 이선경, 김남수, 주형선, 장미정, 권혜선(2012). 우리나라 초·중등학교에서의 지속가능발전교육 교사 인식과 실천 사례. 환경교육, 25(3), 358-373.

김찬국(2017). 우리나라 지속가능발전교육 연구 동향과 연구 방향: 1994~2017년 [환경교육] 게재 논문을 중심으로. 환경교육, 30(4), 353-377.

김혜숙(2006). 사회과 교실수업연구를 위한 교실생태학의 가능성 탐색. 사회과교육, 45(2), 25-48.

김희진(2014). 지속가능발전교육을 위한 심의적 의사결정 구성요소 도출 및 평가도구 개발. 한국교원대학교 대학원 석사학위논문.

김희진(2022). 환경학교 지속성에 대한 근거이론 연구: 충청북도교육청의 환경교육 정책사업 "초록학교" 참여 교사의 경험을 중심으로. 한국교원대학교 대학원 박사학위논문.

김희진, 남영숙(2020). 지속가능성 교육을 위한 초등학교 생태감사 프로그램 개발 방안. 교육녹색환경연구, 19(3), 26-37.

남영숙(2004). 학교 생태감사의 이론적 고찰과 도입방안 연구. 환경영향평가, 13(2), 41-55.

남영숙(2006). 생태 감사를 이용한 지속가능한 학교 에너지 관리 방안 연구. 환경교육, 19(3), 102-113.

박진우(2012). 공무원 노조활동의 지속경험에 관한 근거이론적 접근. 한국행정논집, 24(1), 131-160.

박철웅(2020). 지속가능한 학교발전의 관점에서 본 교사 행복의 가치. 한국교원대학교대학원 박사학위논문.

배은주(2014). 혁신학교 운영의 특징과 갈등 탐색. 교육사회학연구, 24(2), 145-180.

백병부, 성열관(2011). 교사의 혁신적 태도 및 신념의 내면화 결정 요인 분석: 경기도교육청 혁신학교 관련 연수를 중심으로. 한국교원교육연구, 28(3), 101-125.

신나민, 이선희(2011). '지속가능한 학교'논의의 국내외 신동향: 공간-환경적, 교육과정적, 통합적 접근. 한국교육, 38(4), 198-215.

우정애, 남영숙(2007). 학교 생태 감사의 학교 환경교육 적용 및 효과 분석. 환경교육, 20(4), 97-105.

이미경(2013). 혁신학교 지속가능성 연구: 경기도 혁신학교 교직원의 효능감 분석으로. 한국교원대학교 교육정책전문대학원 석사학위논문.

이성희, 최돈형(2007). 초등환경교육의 전문성 신장을 위한 교사 연수 프로그램의 구성 요소 탐색. 환경교육, 20(2), 54-66.

이승호, 박대권(2016). 혁신학교 운영에 관한 질적 메타분석. 교육행정학연구, 34(3), 129-158.

이현정(2019). 학교혁신의 저해요인 분석. 광운대학교 교육대학원 석사학위논문.

이흥연(2020). 대학의 지속가능발전교육(ESD)과 SDGs 교육의 필요성과 과제. 교양학연구, 12, 257-284.

임효진, 이두곤(2016). 교육의 내재적 가치 관점에서 지속가능발전교육의 교육적 고찰과 발전 방향 연구. 환경교육, 29(4), 384-399.

조은정, 김남수, 김수연, 이선경(2006). 지속가능한 사회를 위한 생태 학교 관련 사업의 국제적 동향. 환경교육, 19(3), 114-122.

최돈형(2005). 지속가능한 미래와 학교환경교육. 한국환경교육학회 전반기 발표논문집, 24-42.

허병기, 이정화(2016). 지속가능한 교육 발전의 의미와 원리 탐색, 교육행정학연구, 34(5), 97-123.

허양원(2010). 학교에서의 지속 가능한 발전 교육을 위한 연구학교 경험 이해와 평가 준거 개발 연구. 한국교원대학교 대학원 석사학위논문.

홍우림(2015). 초등학교 초임교사의 심리적 소진에 대한 연구. 초등교육연구, 28(3), 255-280.

Apple, M. & Beane, J. A.(2007). Democratic schools: Lessons in powerful education. NH: Heinemann.

Breiting, S., Mayer, M., & Mogensen, F.(2005). Quality criteria for ESD-schools: Guidelines to enhance the quality of education for sustainable development. 이선경, 김남수, 곽임정난 공역(2017). ESD학교를 위한 질적 준거. 오스트리아 교육·여성부.

Cincera, J., Boeve-de Pauw, J., Goldman, D., & Simonova, P.(2019). Emancipatory or instrumental? Students' and teachers' perceptions of the implementation of the EcoSchool program. Environmental Education Research, 25(7), 1083-1104.

Clake, D. & Hollingsworth, H.(2002). Elaborating a model of teacher professional growth. Teaching and Teacher Education, 18, 947-967.

Cunningham, W. G.(1983). Teacher burnout-solutions for the 1980's: A review of the literature. The Urban Review, 15(1), 37-51.

Farberm, A.(1991). Crisis in Education: Stress and burnout in the American teacher. San Francisco: Jossey-Bass.

Fien, J. & Parker, J. (2010). Education for sustainable development lens: a policy and practice review tool.

Fien, J. & Parker, J. (2010). Education for sustainable development lens: a policy and practice review tool. 유네스코한국위원회 역(2013). 지속가능발전교육 렌즈.

Freudenberger, H. J.(1974). Staff burn-out. Jounal of Social Issues, 30(1), 159-165.

Fullan, M.(2016). The new meaning of educational change (5th Ed.). New York: Teachers College Press.

Haan, G. & Harenberg, D. (2000). Neue Indikatoren für Schulqualität-Das Beispiel „Nachhaltigkeitsaudit “.

Haan, G. (2006). The BLK '21'programme in Germany: a 'Gestaltungskompetenz'-based model for Education for Sustainable Development. Environmental education research, 12(1), 19-32.

Handerson, K. & Tilbury, D.(2004). Whole school approaches to sustainability: An international review of Sustainable School programs. The Department of the Environment and Heritage, Austrian Government.

Hargreaves, A. & Goodson, I.(2006). Educational change over time? The sustainability and nonsustainability of three decades of secondary school change and continuity. Educational administration quarterly, 42(1), 3-41.

Hargreaves, A. & Shirley, D.(2009). The Fourth way: The inspiring future for educational change. Thousand Oaks, CA: Corwin.

Hargreaves, A., Boyle, A., & Harris, A.(2014). Uplifting leadership: How organizations, teams, and communities raise performance. San Francisco: Jossey-Bass.

Holt-Reynolds, D.(2000). What does the teacher do? Constructivist pedagogies and prospectiveteachers' beliefs about the role of a teacher. Teaching and Teacher Education, 16, 21-32.

Huberman, A. M. & Miles, M. B. (1984). Rethinking the quest for school improvement: Some findings from the DESSI study. Teachers College Record, 86(1), 34-54.

Jickling, B. & Wals, A. E. (2012). Debating education for sustainable development 20 years after Rio: A conversation between Bob Jickling and Arjen Wals. Journal of Education for Sustainable Development, 6(1), 49-57.

Maslach, C. & Jackson, S.(1981). The measurement of experienced bournout. Jounal of Occupational Behavior, 2, 99-113.

Maslach, C. & Leiter, M.(1999). Teacher burnout: A research agenda. In R. Vandenberghe & A. M. Huberman (eds.), Understanding and preventing teacher burnout(pp.295-303). New York: Cambridge University Press.

Matusov, E.(1999). How does a community of learners maintain itself? Ecology of an innovative school. Anthropology & Education Quarterly, 30(2), 161-186.

NRM(Natural Resources adelaide and Mt Lofty Ranges)(2016). Education for Sustainability: rubrics and core indicators review tool for staff.

Sahlberg, P.(2015). Finnish lessons 2.0: What can the world learn from educational change in Finland?. New York: Teachers College Press.

Sterling, S. & Huckle, J. (2014). Education for sustainability. Routledge.

Tyack, D. & Cuban, L.(2011). Tinkering toward utopia. MA: Harvard University Press.

Ⅳ 지속가능한 사회를 실현하는 환경 행동

김 호

들어가기

교육은 언제나 인류의 더 나은 미래를 보장하는 개인과 국가, 세계의 가장 훌륭한 수단이다. 그러나 현대 사회는 기후위기로 인해 미래의 존재 자체를 위협받고 있다. IPCC(2023)는 그들의 6차 보고서에서 이러한 기후위기가 인류의 활동으로 인하였음을 밝혔고, 전 세계는 지구의 기후변화를 줄이기 위해 탄소배출량을 줄이려는 노력을 하고 있다. 다시 말해 기후위기는 교육의 위기인 것이다.
인류의 지속가능한 미래를 말하지 못하는 시대에 우리는 학생들에게 무엇을 이야기하고 어떤 행동을 어떻게 이끌어 내어야 할까? 우리의 방식으로 학생들을 가르친다면, 기성세대가 가져온 지구의 기후위기는 멈추지 않을 가능성이 크다. 기존의 교육은 그레타 툰베리의 이야기처럼 우리 후손들의 미래를 훔치는 결과를 가져올 가능성이 크기 때문이다. 따라서 지속가능한 사회를 위해서는 교육의 목적과 방법이 바뀌어야 한다. 지금은 교육의 전환의 필요성이 아닌 생태 환경으로의 효과적 전환을 위한 구체적인 교수법이 다루어져야 할 시기이다.

1. 2022 개정교육과정과 생태전환교육

가. 2022개정교육과정에서 생태전환교육은 어떻게 나타나는가?

2022 개정교육과정의 개정과 더불어 떠오른 단어가 있다면 '생태전환'일 것이다. 2010년대부터 IPCC 등의 연구 결과 등을 통해 지구의 기후위기가 현실화되고 있음이 계속적으로 인지되었고 세계 각 나라에서는 지구의 기후위기에 대처하기 위한 여러 가지 방안들이 제시되고 있다. 이러한 세계적인 추세에 대응하기 위하여 우리나라도 2022개정교육과정에서 생태전환교육에 대해 언급하고 있다.

생태전환교육이라는 용어를 먼저 사용한 교육기관은 서울시교육청이다. 서울시교육청은 2020년에 생태전환교육에 대해 언급하였으며 생태전환교육에 대해 '기후위기 비상시대, 인간과 자연의 공존과 지속가능한 삶을 위해 개인의 생각과 행동 양식뿐만 아니라 조직문화 및 시스템까지 총체적인 전환을 추구하는 교육(서울시교육청, 2021)'으로 정의하고 있다. 이후 교육부에서도 교육분야에서 생태전환교육이 실행되어야 함을 밝히며 '기후변화와 환경재난 등에 대응하고 환경과 인간의 공존을 추구하며, 지속 가능한 삶을 위한 모든 분야와 수준에서의 생태적 전환을 위한 교육(교육부, 2021)'이라고 정의를 내렸고, 2022 개정교육과정 전반에 걸쳐 생태전환을 위한 교육을 실시할 수 있도록 압박을 가하고 있다. 이에 전국 교육청에서는 생태전환을 위한 부서의 설치, 담당 장학사 배치 등을 통해 교육부와 함께 발을 맞추어 나가고 있다.

전국의 교육청과 산하 교육지원청, 그리고 각급 학교에서 생태전환교육이 전방위적으로 실시되고 있음에도 불구하고 많은 교사들은 생태전환교육이 무엇을 의미하는지 헷갈려 하는 경우가 많다. 이에 '생태'라는 말이 갖는 의미에 대해 함께 나누어 보고자 한다. 장석길(2022)은 생태 개념을 [그림 Ⅳ-1]과 같이 설명한다. 자연은 생물과 비생물을 통합하는 말, 환경은 자연과 인간의 이분법적 구분, 생태는 생물과 비생물을 분류하는 용어이다. 이때 생태라는 용어 속에서 인간은 생물에 포함되며 존재로 생물이라는 범부에 포함되어 다른 생명을 가진 여러 가지 동식물과 동등한 입장에 위치한다. 기존의 자연과 인간의 이분법적 구분아래서의 인간은 자연은 생육하고 번성하여 땅을 정복함으로 바다의 하늘과 땅에 움직이는 모든 생물을 다스리는 사명을 수행하는 상위의 존재로서 그 역할을 담당하였다면, 생태전환의 시대에 인간은 지구상의 모든 생물 속에서 함께 살아가는 존재로 지구 생태계 시스템을 지속가능하게 유지하는 속 한 부분으로 그 위치가 바뀌었다.

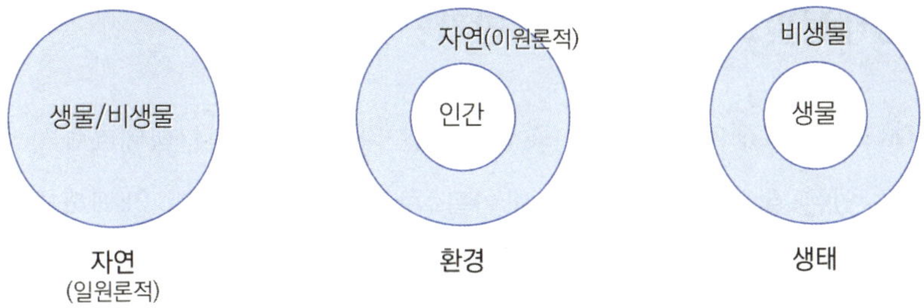

[그림 IV-1] 자연, 환경, 생태의 개념적 구분(장석길, 2022)

이러한 변화는 생태교육의 흐름에서도 나타난다. 김찬국 외(2021)는 생태교육에 대한 환경교육의 흐름이 기존에는 보다 과학으로서의 생태학 교육 중심이었고 그 연구대상이 자연의 식물과 동물, 그리고 그 시스템 등에 대한 내용들이 주를 이루었으나, 최근의 흐름에서는 생태영성, 교육 생태학, 생태 시민성 등 인간과 생물에 대한 내용의 빈도가 높아지고 있다고 말한다(표 IV-1). 과거에는 생태소양이 지구상의 생태계의 구조와 흐름을 이해하는 말이었다면, 최근의 생태 소양은 생태적으로 생태 군집의 조직 원리를 이해하고, 지속가능한 인간사회를 창조하기 위해서 생태계의 원리를 이용하는 것을 의미하는 것(Orr, 1992; Capra, 1996)까지를 포함하고 있다. 인간이 자연과 구분된 것이 아닌 지속가능한 지구 생태계를 위해 노력하는 지구공동체의 일원으로 존재해야함을 교육하는 시기가 된 것이다.

〈표 IV-1〉 생태교육을 중심으로 수정한 환경교육 흐름(김찬국 외, 2021)

환경교육의 오랜 전통을 가진 흐름	환경교육에서 보다 최근에 나타난 흐름
• 자연주의 흐름: 자연(생태체험)학습, 숲해설 등 • 시스템 흐름: 지구시스템, 생태시스템 • 과학적 흐름: (과학으로서의)생태학 교육 • 가치-중심 흐름: 생태주의 교육	• 홀리스틱 흐름: 생태 영성 • 생태지역주의 흐름 • 전통문화 흐름: 전통생태 • 생태교육 흐름: 교육생태학 논의 • 지속가능성 흐름: 생태시민성

나. 생태전환교육은 왜 필요한가?

김기대(2014)는 생태학 지식이 갖추어지면 다음 단계로서 생태계에서 인간이 살아갈 수 있는 삶의 방법과 실천 방안을 찾을 수 있게 되고, 생태학과 교육의 융합을 통해 생태계와 환경의 위기를 해결할 수 있는 방안을 찾을 수 있을 것이라고 말한다. 지속가능한 사회를 만들기 위해 원초적 자연이 가진 공생과 상생의 시스템을 이해하는 생태교육의 효과에 대한 기대로부터 시작되는 생태전환교육은 IPCC의 발표에서와 같이 인간의 행위로 인해 발생된 기후 위기, 그로 인한 지구상의 많은 생태계의 파괴와 생물의 멸종, 심지어 인류의 종말이 예상되는 현대에 반드시 필요한 교육 패러다임 시프트라고 볼 수 있다.

생태전환교육은 인간과 자연을 구분하여 인간이 생태계를 지배하는 존재로서의 자기인식에서 벗어나, 인간과 자연의 생물들을 동일 그룹에 둠으로써 그 존재의 동등함을 추구하는 것, 그리고 공존과 상생을 기반으로 하는 교육을 통해 현대의 기후 위기, 인류 멸망 위기를 벗어나기 위한 노력이라는 것은 대강적으로 정의할 수 있다.

다. 생태전환교육으로의 변화가 왜 느껴지지 않는가?

'생태전환교육이 다른 환경교육 등과 다른 점은 무엇일까?' 〈표 IV-2〉에서 생태전환교육의 정의 및 목적을 살펴보면 앞에서 말한 바와 같이 "단순한 환경교육 측면을 넘어서 기후 위기 시대, 지속가능한 삶을 위한 교육과정부터 조직문화, 삶의 양식 변화를 다루는 것으로 시스템적 사고를 하고 사회적 실천을 추구하는 교육"이며 그 내용은 기후변화, 에너지, 미세먼지, 해양오염, 생명공학에 대한 내용으로 기존의 환경교육이나 지속가능발전교육, 그리고 한때 강조되었던 세계시민교육, 혹은 민주시민교육과 그 내용이 상당한 부분에서 중복이 된다. 이러한 지난 교육 패러다임과의 내용 중복 등의 문제에 대해 안종복 외(2021)는 생태전환교육을 〈그림 IV-2〉의 렌즈원리를 활용하여 설명하고 있다.

〈표 IV-2〉 생태전환교육 및 여러 교육 패러다임의 정의와 목적

	정의 및 목적	내용
생태 전환 교육	• 단순한 환경교육 측면을 넘어서 기후 위기 시대, 지속 가능한 삶을 위한 교육과정부터 조직문화, 삶의 양식 변화를 다루는 것으로 시스템적 사고를 하고 사회적 실천을 추구하는 교육	• 기후변화, 에너지, 미세먼지, 해양오염, 생명 공학 • 교육과정 연계 생태전환교육 강화 • 생태전환교육 프로그램 • 생태전환교육 협력 네트워크 구성 • 교육주체 생태 전환교육 역량 강화 등
환경 교육	• 생활환경(수질, 대기, 쓰레기, 소음, 악취)과 자연 생태(숲, 강, 바다, 습지, 생물들) 그리고 지구환경 등의 체험으로 친환경 행동하고 생태적 감수성을 높이는 교육	• 생활환경(수질, 대기, 쓰레기, 소음, 악취) • 자연생태(숲, 강, 바다, 습지, 생물들) • 자연환경, 인공환경, 인구, 산업화·도시 화, 자원, 환경오염, 환경 보전과 대책 • 환경위생, 환경윤리 등
지속 가능 발전 교육	• 미래 세대가 자신의 필요를 충족시킬 수 있는 능력을 훼손하지 않으면서 현재의 필요를 충족시키는 것으로 경제의 성장, 사회의 안정과 통합 및 환경의 보전이 지속적 균형을 이루는 발전시키는 교육	• 유엔과 연계 • 생태공원 • 평생학습도시 • 인재육성 • 도시 간 교류사업 등
민주 시민 교육	• 민주사회의 지속 발전을 위한 지식·가치·태도 등 민주시민으로서 요구되는 자질과 소양을 함양하고 행동으로 이어지도록 하는 교육	• 민주주의의 기본원리 이해 • 영토, 역사, 정통성, 전통문화, 사회통합, 평화통일 • 지방자치분권의 가치와 내용 • 권리와 의무, 참여와 책임, 합리적 의사결정, 갈등조정 • 자유, 자율, 공정, 준법, 배려·나눔
세계 시민 교육	• 인종, 성별, 국적, 종교, 계급의 차이에 상관없이 지구촌 사회의 구성원이라는 정체성과 책임감을 가지고 실천 및 행동하는 '세계 시민(global citizen)'으로서 교육	• 핵심 가치로 지구촌 이슈와 경향 • 인권교육, 반편견교육, 지속가능발전교육, 국제이해교육, 문화 간 이해교육 등을 모두 포괄

[그림 IV-2] 생태전환교육과 유사 개념 간의 관계(안종복 외, 2021)

안종복 외(2021)는 생태전환교육은 지난 오랜 기간 학교교육과정에서 실행되었던 환경교육, 지속가능발전교육, 인성교육 등의 수많은 교육과정의 패러다임들을 생태적 관점에서 재해석하여 접근해야 한다고 렌즈의 원리를 사용하여 설명하고 있다. 렌즈의 원리를 활용한 개념에 대한 설명은 지속가능발전교육의 개념을 설명하는 데에서도 활용된다.

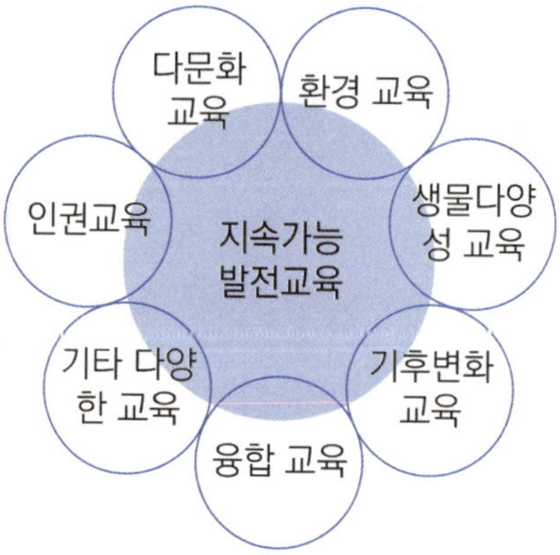

[그림 IV-3] 기존 교육들과 지속가능발전교육의 관계(조성화 외, 2015)

조성화 외는 2015년 〈그림 IV-3〉과 같이 설명한 지속가능발전교육과 기존 교육 패러다임들과 관계를 살펴보면 생태전환교육 렌즈와 비슷하다. 이 때, 지속가능발전교육은 다른 교육 목적 도달을 위한 접근 방법이자 주된 패러다임이지 지속가능발전교육을 위한 새로운 교육 과정을 의미하지는 않는다고 설명되어진다. 2015년에는 지속가능발전교육이 학교환경교육의 핵심 방향을 차지하고 있었고, 2022 개정교육과정에서는 생태전환교육이 그 위치를 차지한 것일 뿐이다. 다시 말해 환경교육이 이전에는 지속가능발전교육에 포함되었지만 현대에는 생태전환교육에 포함된다는 의미가 아닌, 2015년에는 지속가능발전교육이, 2022년에는 생태전환교육이 다른 교육들을 연결하고 아우르는 포괄적인 용어로 사용된다는 의미로 받아들여야 한다. 다시 말해 2022 개정교육과정에서는 새로운 교육적 패러다임으로 생태전환교육, 즉 지구촌의 다양한 생물과 인간의 공존과 상생함을 통해 지속가능한 사회를 지향하는 교육이 등장하게 된 것일 뿐이다.

그런데 문제가 있다. 이러한 패러다임의 변화가 많은 교사들에게 공유되고 전달되기 위해서는 많은 시간이 필요하다. 2021년부터 시작된 교육계의 생태전환교육의 바람은 3년이 지난 이제서야 체감할 수 있는 정도가 되었다. 각 교육청마다 기후위기, 생태·환경교육을 전담하는 부서가 생기기 시작하였고, 또 많은 예산이 이러한 생태전환교육의 실행을 위해 투자되고 있다. 서울시교육청과 전라남도교육청이 생태전환교육의 정의에서 제시하고 있는 조직의 변화가 이루어지고 있는 것이다. 그러나, 이에 대한 교사들의 경험, 그리고 생태·환경교육의 이해가 부족하다. 아직도 생태감수성을 기르기 위해 진행되고 있는 환경체험은 미래의 작물을 기르는 텃밭교육이나 혹은 주변 생태계 조사를 하는 생물교육에 머물러 공존이 아닌 다스리는 대상으로 타생명체를 대하고 있는 경우가 많다.

방윤영(2022)은 생태전환교육에서 생태시민은 그 책임의 범위를 현대의 시민만이 아닌 인간 이외의 동물이나 식물의 존재, 그리고 앞으로 이 지구를 살아갈 미래 세대에까지로 확장시켜야 한다고 이야기하고 있으나(그림 IV-4 참조) 우리는 아직 현재의 환경문제를 인식하고 쓰레기 분리배출, 줍깅 등의 단일된 환경보호 행동을 함으로 빨리 해결하고자 노력하는 공해교육 수준에서 벗어나지 못하고 있다.

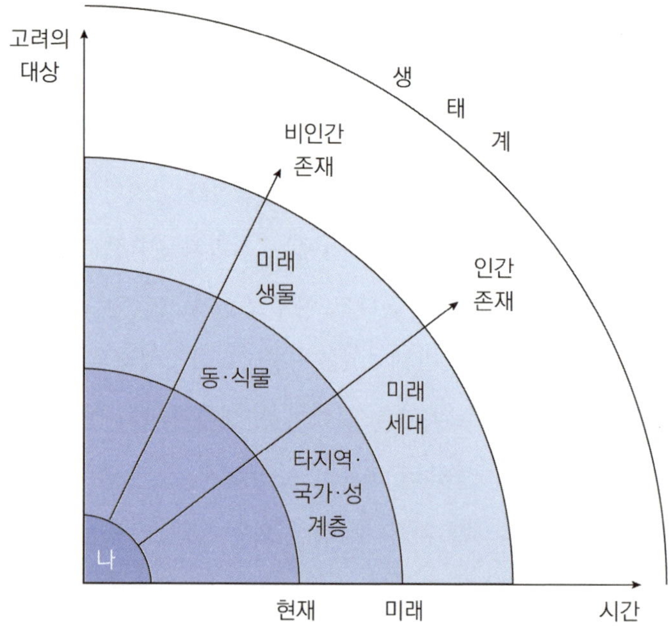

[그림 IV-4] 생태시민성에 기반한 안목의 확장(김찬국 외, 2021)

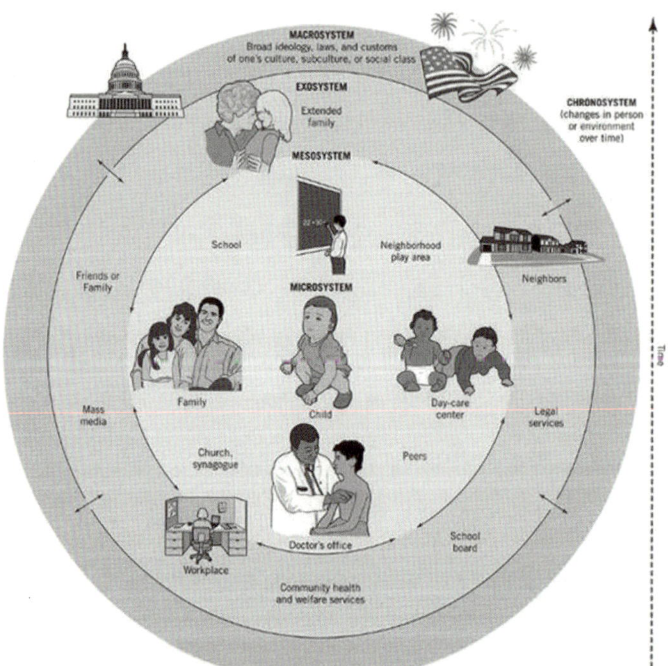

[그림 IV-5] Bronfenbrenner's bioecological diagram(1979)

생태전환교육이 제대로 이루어지기 위해서는 우리가 바라보는 세상, 즉 교류의 대상과 범주가 달라져야 한다. 생태전환교육에서의 대상의 확대는 기존의 학교교육의 중심이 되었던 Bronfenbrenner(1979)의 인간 사회라는 단 하나의 기준을 중심으로 일어나는, 현재의 그리고 개인의 삶의 맥락 속에서의 관계와 공간의 확대(그림 IV-5)와 다른, 대상과 시간이라는 기준이 포함된 보다 입체적인 확대가 일어나야 한다. 이러한 우리의 관계에 대한 인식의 확대가 생태전환교육에서 요구하고 있는 관점의 변화일 것이다.

인간의 행동에 영향을 받는 대상의 입체적인 확대를 기반으로한 인류의 행위와 책임에 대한 교육으로 실행될 때, 우리는 학생들과 미래 지구에서 다양한 생명체들과의 공존하는 방안에 대한 탐구를 할 수 있을 것이다. 이러한 생태전환교육으로 나아감은 세계적인 환경교육과 지속가능발전교육의 방향이라는 것을 알고 학생 뿐 아니라 모든 국민의 인식 전환을 위해 노력해야하겠다.

2. 꿈꾸는 미래를 통한 환경 행동 코칭

가. 학생은 어떤 미래를 꿈꾸는가?

OECD 2030 학습나침반(2019)과 2022 개정교육과정 중학교 환경 교육과정에 제시된 환경교육의 목적은 지구 생태계와 인간 사회의 지속가능성을 위해 적극적으로 실천하고 참여할 수 있는 시민을 기르는 것이다. 현대 사회의 교육의 목적은 지속가능한 사회를 만들어 갈 수 있는 소양을 갖춘 시민을 기르는 것으로 해석된다. 그렇다면 우리가 꿈꾸는 지속가능한 사회는 어떤 모습을 말하는 것일까?

미래를 상상하는 많은 영화들이나 애니메이션들이 나오고 있지만 그 속에 등장하는 지구의 미래는 그리 환영할 만한 모습은 아니다. 기후 이변을 소재로 사용하여 기후 위기에 대한 경각심을 일으켰던 투모로우(The Day After Tomorrow, 2004)나 수많은 쓰레기로 인해 지구에 살 수 없어 인간들은 쓰레기가 처리되는 수백 년 동안 지구를 떠나 우주를 떠돌고, 지구 폐기물 수거·처리용 로봇만 혼자 남아 지구의 쓰레기를 치우는 월-E(WALL-E, 2008), 지구 에너지 고갈 문제 해결로 이야기가 시작되는 아바타(Avatar, 2009), 가난한 노동자들과 부자들의 삶이 구분되어 제시된 승리호(2021) 등의 내용에 등장하는 미래의 모습들은 매우 부정적인 모습이다. 그러한 영상물을 보며 우리는 사회, 경제, 환경의 균형이 모두 무너져버린 미래 지구 환경에서 어떻게 지속가능할 수 있을까에 대한 고민을 하게 된다.

영화와 애니메이션, 심지어 뉴스에서까지 불안한 미래를 제시하고 있는 현재, 우리의 학생들이 상상하는 미래는 어떤 모습일까? 학생들에게 '어떤 미래에서 살고 싶어?'라고 물어보면, 많은 학생들이 '의사가 되고 싶어요', '잘 살고 싶어요', '돈을 많이 벌고 싶어요' 등의 자신의 꿈이나 삶을 이야기하는 경우가 많다. 그들은 미래를 앞으로 자신이 무엇을 할지에 대한 질문으로 받아들인다. 직업이 아닌 미래 사회의 모습은 어떠할지를 다시 물어보면 '자동차가 날아다닐 것 같아요', '모든 것이 해저에서 사람들이 살 것 같아요'와 같은 과학기술이 발전을 통해 달라진 삶의 모습이나, 혹은 '쓰레기가 많을 것 같아요', '지구가 물에 잠겨 멸망할 것 같아요' 등의 불안한 미래 모습에 대한 응답을 하기도 한다.

이후, '여러분이 원하는 미래의 모습을 설명해 볼까?'라고 질문을 다시 하면 학생들은 어떠한 답을 하지 못하는 경우가 많다. 이러한 현상은 비단 학생들에게서만 나타나는 현상은 아니다. 같은 질문을 들은 어른들도 답을 하지 못하는 경우가 많다. 미래에 대한 예상을 할 수 있는 능력이 없는 것이 아니라 자신이 살기 원하는 미래의 환경을 구체적으로 생각해 본 경험이 없기 때문이다. 정확히 말하면 꿈꾸는 환경이나 지속가능한 사회의 형태가 없는 것이다. 학교에서 쓰레기를 줍고, 분리배출을 위해 우유팩을 씻으며, 텃밭이나 화분에서 작물 또는 반려 식물을 기르지만 그들의 미래에 살아가고 있는 자신의 모습은 그들에게 의미있게 언급된 적이 없다. 미래에 가질 직업과 그 직업을 통해 벌어들일 돈, 그리고 그 돈의 사용처 만이 그들이 상상하는 미래의 삶의 한계였을 지도 모른다.

나. 학생에게 지속가능한 사회를 어떻게 꿈꾸게 할까?

나는 환경교육을 시작하기 전에 학생들에게(혹은 교사들에게) 자신들이 원하는 환경을 구체화시키는 활동을 먼저 한다. 구체적이지 못한 꿈에 대한 이야기는 대강적일 수밖에 없기 때문이다. 내가 수업시간에 실시하는 '내가 꿈꾸는 지속가능한 미래 이야기'는 여러 가지 이미지 중에 20년 뒤에도 혹은 그 이상의 시간이 지난 후에도 지속되었으면 좋을 것 같은 이미지를 고르는 활동이다. 32개의 이미지들을 〈그림 IV-6〉과 같이 토너먼트 형태로 제시한 후 20년 뒤에 자신과 가족, 인류, 혹은 지구가 이렇게 존재했으면 하는 모습을 선택하도록 하는 것이다(이상형 월드컵이라고 말하기도 한다).

[그림 IV-6] 내가 꿈꾸는 미래 모습 고르기

이 활동에서 학생들은 자신이 원하는 미래의 모습을 선택한 후, 자신이 그것을 선택한 이유에 대해 이야기하게 된다. 학생들은 자신들이 그리는 미래에 대해 최종 선택을 한 후에 그러한 이미지를 선택한 이유에 대해 '미래에도 건강하고 맛있는 먹을거리가 계속 있었으면 좋겠어요', '미래에도 계속 결혼과 출산으로 행복한 삶을 살았으면 좋겠어요'라고 설명한다. 이 활동을 통해 학생들은 전보다 구체적인 지속가능한 사회를 그려보게 된다. 자신이 꿈꾸는 지속가능한 사회를 상상해 보았다면, 이제 그 사회를 좀 더 구체적으로 이야기 하도록 한다. "네가 꿈꾸는 사회의 공기는 어때? 물의 상태는? 그리고 땅은 어떤 상태야?"라는 질문을 통해 깨끗한 환경에 대해 이야기를 하도록 한다. 에드워드 윌슨(1995)의 말처럼 인간은 누구나 자연 속에서 살고 싶어 하며 이는 누군가의 가르침이 아닌 인간의 유전자 속에 숨어 있는 것이기 때문에, 학생들의 생각 속 지속가능한 미래의 모습은 대부분 맑고, 깨끗하다. 그 다음 질문은 생명체에 대한 질문으로 이어진다. 생명체에 대한 질문은 사람으로부터 시작된다. "그 곳에는 어떤 사람들이 살고 있어? 무엇을 하고 있지? 주변의 풍경은 어때? 어떤 나무와 동물들이 있어?"등으로 이어지는 질문들에 대한 답을 함으로써 학생들은 풍요로운 인간의 삶이 동물과 식물 등이 있어야만 이루어질 수 있다는 것을 스스로 깨닫게 된다.

지속가능한 미래를 꿈꾸기 위한 마지막 질문은 "그러한 모습을 만들기 위해 넌 어떤 노력을 할 거야?"이다. 학생들은 자신들이 꿈꾸는 지속가능한 사회를 만들기 위해 그동안 배웠던 환경을 지키기 위한 여러 가지 방법들을 제시한다. 기존에 교사가 시켜서 했던 도구적 환경 행동들이 이제 자신이 꿈꾸는 사회를 만들기 위해 꼭 필요한 변혁적 환경 행동으로 변화되어 가는 것이다.

위와 같은 지속가능한 미래에 대한 이야기를 나누는 활동은 학생들로 하여금 어렵고 힘든 혹은 다른 사람들은 하지 않는 환경행동에 대해 자신만의 가치를 설정함으로 환경행동 실천에 대한 자신만의 당위성을 찾아가게 한다. 기존에는 학교에서, 혹은 주변의 어른들이 해야 한다고 하기 때문에 실천했던 개인적으로 큰 의미가 없었던 환경행동들이 이제 자신이 살고 싶은 미래를 만들어 가기 위한 행동으로 그 의미를 갖게 된 것이다.

다. 학생들은 왜 미래를 구체적으로 꿈꾸어야 하는가?

'내가 꿈꾸는 지속가능한 미래 이야기'는 OECD 학습나침반 2030에서 제시하는 교육방법이라고도 할 수 있다. OECD 학습나침반 2030을 살펴볼 때, 많은 경우 가운데에 가장 크게 그려진 '나침반'에 집중하여 오른쪽에 표시되어 있는 Well-being 2030을 놓치는 경우가 발생한다. OECD 학습나침반의 소개에는 불확실하고 급격한 생태계 변화의 시대에 개인의 웰빙을 위한 삶을 찾아나갈 수 있는 역량을 기르는 방향으로 학습으로의 교육 방향이 제시되어 있다. 다시 말해 학습나침반을 사용방법을 익히는 이유는 개인의 웰빙이다.

나침반을 사용하여 길을 찾기 위해 가장 먼저 해야 할 일은 목표지점을 설정하는 것이다. 다음으로 현재 자신의 위치를 파악하여 목표지점과의 상대적 위치를 확인했을 때에 나침반은 유용해진다. 만약 목표점이 없거나 현재 자신의 위치를 파악하지 못한다면 나침반은 북쪽의 방향만을 꾸준히 제시하는 신기한 장식품에 지나지 않는다. 이러한 나침반의 사용법은 OECD 학습나침반의 사용법에 적용할 수 있다. 학습나침반을 사용하기에 앞서 학생은 지속가능한 개인과 사회의 웰빙이라는 목표점을 분명히 설정하여야 하며, 자신과 사회의 현재 상태를 분명히 파악하여야 한다. 그런 다음에야 여러 가지 역량과 사고라는 나침반의 바늘을 활용하여 그 목표점을 향해 꾸준히 나아갈 수 있는 것이다.

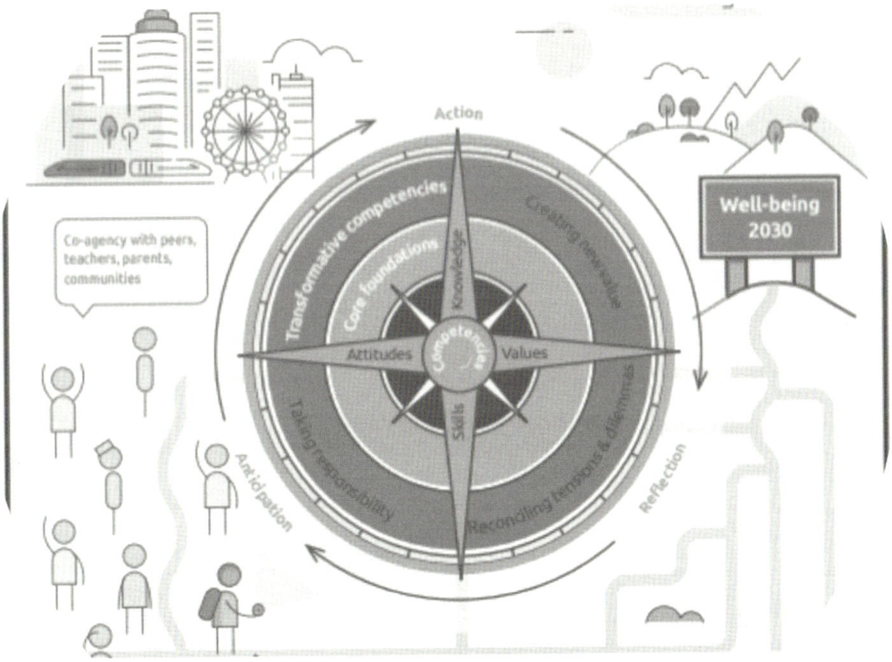

[그림 IV-7] OECD 2030 학습나침반

학생들이 꿈꾸는 지속가능한 미래를 만들기 위해 주도적인 학습이 필요하다. 그러나 그들이 꿈꾸는 지속가능한 미래는 개인적인 노력의 성과로 인해 좋은 직업을 가짐으로 그들만이 잘 살게 되는 것으로는 이루어질 수 없다. 그들의 웰빙은 학습의 나침반 주변에 위치한 사회, 경제, 환경, 인간 등과 같이 여러 가지 기반 자본이 있어야 의미가 있다. 그리고 그들과 함께 나아가는 동료, 가족, 선생님, 그리고 사회구성원들이 함께 협력하여 성장해야 이루어질 수 있는 것이다. 예를 들어 의사라는 직업만 존재하고 환자가 없다면, 혹은 의사라는 직업이 현재와 같이 좋은 수입과 사람들로부터 존중을 받는 직업이 아니라면 미래 의사라는 직업은 큰 의미가 없다는 것은 누구나 알 수 있다. 또한 자신이 살고 싶은 자연이나 사회적 환경을 만드는 것도 개인의 노력으로만 이루어질 수 없다. 사회의 구성원들과 협력하여 함께 나아감으로 만들어질 수 있는 것이다. 결국 〈그림 IV-8〉과 같이 개인의 웰빙이 사회의 웰빙과 연결되어 선순환적 구조를 이루어야 자신이 꿈꾸는 지속가능한 미래가 만들어질 수 있는 것이다.

개인의 웰빙과 지속가능한 사회의 웰빙과의 연계성에 대한 이해는 그들에게 미래의 직업과 그 직업을 통한 삶이 풍요롭기 위해서 어떤 것들이 갖추어져야 하는 지를 구체적으로 상상하게 해보는 것으로부터 시작된다. 그리고 개인과 사회의 웰빙에 대한 상상을 친구들과 함께 나누는 과정에서 발견되는 공통점들을 통해 모두가 지향하는 지속가능한 사회의 모습에 대한 이해를 가질 수 있게 된다.

OECD 2030에서의 웰빙

OECD 교육 및 기술의 미래 2030 프로젝트에서의 웰빙은 일자리, 소득, 주거와 같은 경제적 요인과 일과 삶의 균형, 교육, 안전, 삶의 만족도, 건강, 시민 참여, 환경, 커뮤니티 등의 개인적인 웰빙 요소와 자연, 사회, 경제, 인적 자원과 같은 사회적 자본의 순환과정을 통해 유지된다. 개인의 웰빙(OECD 2019) 추구에 대한 욕망과 실천은 사회의 경제적, 인적, 사회적, 자연적 자본을 구축하는 데 도움을 줌으로 사회의 지속가능성을 유지시키는 단초가 되며, 이러한 사회의 웰빙을 위한 시스템 구축은 개인의 웰빙을 보다 원활히 실현할 수 있는 기반이 되는 순환 구조이다.

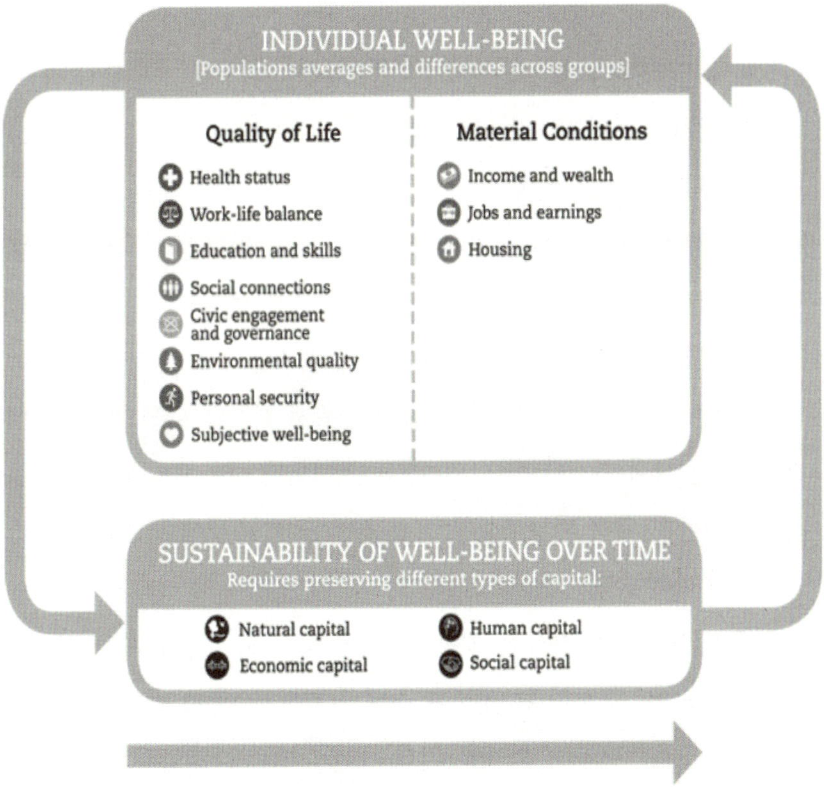

[그림 IV-8] The OECD 웰빙 측정을 위한 틀(OECD 2019)

라. 우리는 모두 같은 꿈을 향해 달려가는가?

개인의 웰빙이 실현되는 지속가능한 사회를 이야기하다 보면, '모든 학생이 도달하고자 하는 혹은 환경교육이 추구하는 도달점은 모두 같아야 하는가?'라는 의문이 든다. OECD 학습 나침반의 그림에서 나침반을 들고 있는 사람을 학습자로 설정하였으며 학생들이 스스로 웰빙이라는 곳을 찾아가는 것을 학습자 주도성이라고 말하고 있다. 나침반을 이용하는 것만으로 학습자 주도성이라는 단어를 사용하는 이유는 아마 학생마다 시작점[1)]이 다르고 그 도달점 또한 다르기 때문이다. 따라서 학생들은 자신들만의 원하는 미래에 도달하기 위해서 각자만의 방법을 찾아야 하며 그 실현 과정 중에는 자신이 속한 사회(가족, 친구, 지역)를 필연적으로 변화시켜야 하는 행위가 뒷받침되어야 한다. 만약 그가 원하는 미래가 무인도에서 혼자 유유자적하는 것이 아니라면 말이다. 이렇듯 자신들이 꿈꾸는 미래를 만들기 위해 주변 사람과 사회를 바꾸는 능력을 OECD 학습나침반 2030에서는 변혁적 역량이라고 설명한다.

그렇다면 학교환경교육에서 OECD 학습나침반 2030에서 제시하는 변혁적 역량을 어떻게 신장시킬 수 있을까? 김찬국 외(2021)는 생태전환교육의 실행 방안에서 학교 환경교육에서 실행되어야 할 변혁적 학습을 〈표 IV−3〉과 같이 설명한다. 그는 기존의 학교 환경교육의 학습이 전달적 학습(도구적 학습)에 머물렀다면 지속가능한 사회 시스템으로 전환을 위해 변혁적 학습이 이루어져야 한다고 말한다. 학습자가 단체적 환경행동(환경정책)의 결정 과정에 얼마나 능동적으로 참여하는가, 그 환경행동 실천 과정에서 학습되는 것들이 '결정되고 닫힌 지식'을 추구하는지, 아니면 '열린 지식'을 지향하는지에 따라 전달적(도구적) 환경교육과 변혁적 환경교육으로 구분한다. 덧붙여 전달적(도구적) 환경교육은 소수의 권위적인 전문가가 생산한 정답에 가까운 지식・기술・가치를 전달하고자 하고, 변혁적 환경교육은 지속불가능한 사회 구조를 보다 비판적으로 인식하고, 환경 쟁점

1) 학습의 나침반에서 바늘은 지식, 기능, 태도, 가치를 표시한다. 이는 학생들이 기존에 형성되어 있는 지식, 기능, 태도, 가치 등이 모두 다를 수 있으며 각 바늘은 학습자의 필요에 따라 다른 방향과 정도를 나타낼 수 있기 때문이다.

의 의사결정 과정에 참여하는 시민을 양성하는 데 그 목적을 둔다(김찬국 외, 2021)는 차이점이 있다.

〈표 Ⅳ-3〉 지속가능성을 위한 도구적 학습과 변혁적 학습(Wals et al., 2008, 김찬국 외, 2021)

	참여와 학습 과정이 사전에 정해진 경우	참여와 학습 과정이 상호작용을 통해 정해지는 경우
정책 결과가 사전에 정해진 경우	유형 1. 도구적 학습 예: 정부의 '쓰레기 줄이기' 캠페인(1년간 쓰레기 배출량 50% 줄이기)	유형 2. Mix 지역주민들이 1년간 쓰레기 배출량 50% 줄이기 위한 계획(방안) 수립
정책 결과가 참여 과정에서 정해진 경우	유형 3. Mix 쓰레기 줄이기 캠페인으로 시작. 쓰레기 모니터링 과정을 통해 어떤 목표의 수립이 적절한지 결정	유형 4. 변혁적 학습 지역 의견조사 등을 통해 문제해결의 우선순위를 스스로 정하고 해결 과정에서 상호작용

위와 같은 관점에서 앞에서 제시한 '내가 꿈꾸는 지속가능한 미래 이야기' 활동은 변혁적 학습의 실행을 위한 단초를 제공한다. 부산에 사는 사람들에게 해수면 상승은 큰 문제가 될 수 있으나 서울이나 내륙의 도시, 혹은 지리산의 학생들에게 해수면 상승은 큰 문제가 아니다. 기후위기로 바닷물이 4m 이상 상승할 것이라 소식은 해안 도시인 부산에 사는 사람들에게는 큰 문제가 될 수 있겠지만, 해발 100m 이상의 지역에 위치하고 인구소멸지역인 구례에 거주하는 학생들에게는 그리 와닿는 문제가 아니다. 오히려 그들에게는 '그러면 사람들이 우리 지역으로 이사 오는 거 아닌가요?'라는 질문에서 느껴지듯이 지역의 지속가능성을 보장할 수 있는 기회로 다가올 수 있다. 그런 학생들에게 '지구 기온의 상승을 통한 지구의 해수면 상승으로 인한 피해가 일어나고 있으니 환경 행동을 함께 하자!'라는 등의 이야기는 큰 의미가 되지 않을 수 있다. 기후위기로 인한 해수면의 상승이 가져올 (학생들이 상상하지 못하는)위기를 강조하며 기후 행동을 주장하는 것이 그들에게 큰 의미가 되지 못할 수 있다는 이야기이다. 차라리 학생들에게 '기후위기는 너희가 지속가능했으면 하는 미래 모습에 어떤 영향을 미칠까?'라는 물음으로 그들이 꿈꾸는 미래가 오지 않을 것이라는 생각을 갖게 하는 게 더 의미 있는 것이다. 그리고 '그러한 것들을 지키기 위해서 우리는 어떠한 일들을 해야

할까?'라는 물음으로 그들의 행동을 촉진하는 이야기를 하는 것이 보다 그들을 스스로 움직이게 하는 데 효과적일 것이다. 분명한 것은 모든 사람이 다른 상황에서 살며 서로 다른 꿈을 꾸고 있을지라도 그들이 지향하는 것은 보다 안정적이고 지속가능한 사회이며, 이러한 인간(혹은 생명체)의 특성 때문에 학생들의 선택은 지구공동체를 유지하기 위한 목표를 정하고 행동하는 방향으로 정해질 것이라는 사실이다.

현재 많은 사람들이 우리 지구상의 생물과 인류의 미래에 대해 걱정을 하고 있는 듯하다. 하지만 우리가 만나는 많은 사람들은 그러한 걱정스러운 분위기와 상관없이 개인의 편리함이나 자신만의 웰빙 만을 추구하면서 살고 있어 보인다. 어쩌면 기후 위기 속 개인의 웰빙을 위한 가장 좋은 방법은 비싸지는 전기세나 음식물 값을 감당할 수 있을 만한 충분한 돈을 버는 것일 수 있다. 다시 말해 좋은 직업을 얻어 많은 돈을 버는 것이 기후 위기 속에서 살아남을 수 있는 가장 현명한 방법으로 인식될 수 있는 것이다. 하지만 개인이 잘 사는 것만으로는 그들이 꿈꾸는 지속가능한 사회가 지탱될 수 없다. 개인의 웰빙에 집중할 때 우리는 학생들에게 돈을 많이 버는 직업을 얻기 위한 공부만을 강조할 수 밖에 없다. 그러나 개인의 웰빙에서 멈추는 것이 아닌 인류 사회, 더 나아가 지구공동체의 지속가능성에 초점을 맞춘다면, 혹은 인류 사회와 지구상의 생물들의 존망에 대한 인식을 하게 된다면 학생들은 많은 돈을 벌어야 한다는 생각에서 벗어나 조금 다른 선택과 행동을 하게 될 것이다.

IPCC와 현대의 환경학자들이 우리가 행동하지 않으면 우리가 꿈꾸는, 어쩌면 여행을 다니다가 이런 곳에서 살고 싶다고 말하는 그 공간과 장소, 사회가 사라질 것이라 말한다. 우리는 학생들이 이러한 사실을 접하지 못해서, 혹은 불신하여 환경 행동을 하지 않는 성인으로 성장하지 않도록 해야하는 책임과 의무가 있다. 학생들이 스스로 살고 싶은 미래를 꿈꾸고 그러한 사회가 지속가능하게 유지하기 위한 환경 행동을 실천하는 환경교육이 학교현장에서 이루어져야할 것이다.

3. 환경 시민을 기르는 학교환경교육

1970~80년대, 산업화 시대를 이끌었던 국민들의 희생과 노력은 오늘날 우리나라 발전의 밑거름이 되었다는 사실은 부인할 수 없다. 그들은 자신의 고통과 어려움을 감내하고 국가와 민족의 부흥만을 위해 노력하셨던 진정한 우리나라의 선조이자 모범적 국민의 모습을 보여주었다. 그러나 지금 우리의 시대의 인재상은 달라졌다. 하나의 방향에 함께 움직이는 국민이 아닌 모두가 다름을 인정하고 자신의 행동 방향을 스스로가 판단하며 자신의 판단에 대한 책임도 스스로 지는 시민이 우리나라의 미래 인재의 모습이다.

시대의 인재상의 변화에 따라 2022 개정교육과정과 OECD 2030은 학교교육이 주체성을 가진 시민을 기르는 것을 목표로 하고 있다. 이는 개인이 자신의 삶의 맥락을 분석하여 개인의 웰빙에 이르는 길을 스스로 찾는 학습자 중심의 교육을 말하고 있다. 또한, 미래 교육이라는 이름으로 강조되고 있는 최신의 교육 방법들 역시 학생 스스로가 자신이 하고 싶은 것을 선택하여 공부할 수 있는 시스템이거나 그러한 시스템을 활성화 하기 위한 보조도구이다.

학교환경 교육 역시 교육 방법의 시대적 변화에 발맞춰야 한다. 단순히 지식 암기와 정해진 행동을 강요하는 것이 아니라, 학생들이 환경 문제에 대한 비판적 사고를 기르고, 주체적으로 문제 해결에 참여하도록 이끌어야 한다. 지역 환경 문제를 조사하고 해결 방안을 모색하는 프로젝트, 환경운동 참여, 친환경적인 생활 습관 실천 등을 통해 학생들은 환경 시민으로서의 역할과 행동하는 방법을 익히는 교육이 실행되어야 할 것이다.

참고문헌

김기대(2014). 생태학을 어떻게 가르칠 수 있을까?; 생태교육의 의미. 환경교육학회학술대회자료집.

김찬국, 김수연, 장진아, 오민주, 이지원(2021). 서울특별시교육청 생태전환교육 현황 분석을 통한 정책 발전 방안 연구. 서울특별시교육청교육연구정보원.

방윤영 외(2022). 생태시민성 기반 환경교육 교재 개발. 환경교육, 35(1), 37-52.

안종복 외(2021). 생태전환교육 목표 체계 구축 및 성과 관리 방안 연구. 서울교육정책연구소.

장석길(2022), 지속가능성 개념에서 자연, 환경, 생태의 의미. 환경철학, 33, 123-150.

조성화, 안재정, 이성희, 최돈형(2015). 교사를 위한 지속가능발전교육, 교육과 지속가능발전의 만남. 북스힐.

Bronfenbrenner, U. (1979). The ecology of human development: Experiments by nature and design. Harvard University Press, Cambridge, Massachusetts.

Capra, F. (1996). The Web of Life. Harper Collins.

IPCC(2023). CLIMATE CHANGE 2023 Synthesis Report; Summary for Policymakers. IPCC.

OECD(2019). OECD Future of Education and Skills 2030 Concept Note. OECD Publishing.

Orr, D. W. (1992). Ecological Literacy: Education and the Transition to a Postmodern World. S.U.N.Y. Press.

Wals, A. E., Geerling-Eijff, F., Hubeek, F., vander Kroon, S., & Vader, J. (2008). All mixed up? Instrumental and emancipatory learning toward a more sustainable world: Considerations for EE Policy makers. Applied Environmental Education and Communication, 7(3), 55-65.

Part 03

정예원, 고아라, 윤영선, 류학렬

어떻게 지속가능발전교육을 구현할 것인가?: 수업 실천과 연결하는 방법

V 유아교육과 ESD

정예원

들어가기

이 장에서는 지속가능발전교육에서 유아교육이 어떤 의미가 있으며 왜 중요한지, 유아기 지속가능발전교육의 필요성을 알아보고, 유아교육 현장에서는 지속가능발전교육이 어떻게 이루어지고 있으며 관련 선행 연구는 어떻게 이루어졌는지 살펴보고자 한다. 나아가 교사들이 유아교육 현장에서 적용할 수 있는 유아 지속가능발전교육 프로그램 몇 가지와 더불어 실제로 이루어졌던 지속가능발전교육 사례를 소개하고자 한다.

1. 유아기 지속가능발전교육의 이론적 토대

가. 유아기 지속가능발전교육 개요

지속가능발전교육은 지속관련성과 관련한 도전 과제들이 점점 증가함에 따라 이러한 과제들을 해결하기 위해 '교육'의 필요성에 대한 인식에서 시작하였다. 즉, 유아기 지속가능발전교육 또한 영유아기 아이들에게 지속가능성을 저해하는 여러 이슈를 인식하도록 하고, 이러한 문제들을 해결할 수 있는 역량을 기르는 것을 목표로 하여야 한다. 유아기는 기본생활습관을 형성하고, 삶의 태도와 기초를 다지는 시기로서 환경적인 도전을 많이 받는 시기이다. 뿐만 아니라 유아기는 상호의존성과 비판적 사고를 바탕으로 사회 환경적 회복력을 키우고, 자기 존중과 타인 존중, 그리고 환경 존중으로 특징지어지는 삶의 기반을 마련할 수 있는 잠재력을 가지고 있다(OMEP, 2009). 여러 연구에서 강조하듯 매우 어린 시기의 아이들부터 사회환경적 문제에 대해 깊이 사고할 수 있으며, ESD에 빨리 접근할수록 그 영향이 크다.

UNICEF의 유아 발달 수석 고문인 Pia Rebello Britto 박사는 2015년 12월 UNICEF에 “유아 발달을 지속가능발전의 기초라고 하는 이유(Why early childhood development is the foundation for sustainable development)”라는 글을 기고하였다. 이 글이 발표되기 전, 2015년 9월에는 유엔 지속가능발전 정상회담에서 2030년까지 달성할 목표로서 17개의 지속 가능한 발전 목표(SDGs)를 채택하였다. SDGs에는 글로벌 의제로서는 처음으로 유아 발달 목표가 포함되었다. 이를 두고 반기문 전 UN 사무총장은 “유아기 발달이 2030년까지 우리가 달성하고자 하는 변화를 추진하는 데 도움이 됨을 인정한 것”이라고 하였으며(반기문, 2015), Pia Britto는 “유아 발달을 지속가능발전의 기초라고 하는 이유” 글을 통해 SDGs와 유아 발달의 관계에 대하여 설명하였다. Pia Britto에 따르면 유아기에 잘 발달하도록 돕는 것은 여러 방면에서 SDGs가 효과적으로 달성되도록 하는 것과 깊은 연관성이 있다. 그 내용을 번역하여 정리한 글은 다음과 같다(UNICEF, 2015; 지옥정 외, 2017 번역).

Goal 1: 빈곤퇴치(Eradicate poverty)

유아기에 온전한 발달을 이루도록 돕는 것이 빈곤 퇴치를 위한 가장 저비용, 고효율 전략 중 하나라는 사실은 이미 잘 알려져 있는 사실이다. 생의 초기인 유아기, 즉 두뇌 발달이 가장 빠르고 왕성할 때에 어린이들에게 21세기 경제를 바르게 엮어갈 기술을 배우도록 하는 것이다.

Goal 2: 기아 퇴치 및 영양 개선(End hunger and improve nutrition)

유아기부터 고르게 영양분을 보충받고 바른 자극을 받으며 자란 어린이는 그저 영양 보충만 받은 어린이보다 훨씬 나은 결과를 나타낸다. 더 나아가 유아기 발달(Early Childhood Development, 이후 ECD) 개입은 스트레스의 부정적인 영향을 완화함으로써 영양 섭취 흡수를 높인다.

Goal 3: 건강한 삶의 보장(Ensure healthy lives)

유아기 발달 개입은 평생 동안 건강한 삶을 살도록 하는 궤적을 설정한다. 그것은 심장 혈관 및 비전염성 질병의 발병률을 낮추고 웰빙을 증진할 수 있다. 영유아기 발달을 통해 어린이는 생존할 뿐 아니라 잘 자란다.

Goal 4: 평생학습 보장(Ensure lifelong learning)

학습은 출생할 때부터 시작된다. 유아기 발달 개입은 이후 학습, 학업적 성취와 생산성 향상의 기초라는 것이 입증되었다. 73개국의 유치원 입학 증가에 관한 연구에 따르면, 결과적으로 미화 1달러당 6~17달러의 미래 임금 효과로 나타났는데, 이는 잠재적인 장기 혜택으로 보면 미화 11~34억 불의 효과가 있는 것이다.

Goal 5: 성평등 성취(Achieve gender equality)

유아 발달과 여성에 대한 경제적 권한 부여 사이에는 분명한 연관성이 있다. 양질의, 합리적인 보육이 되도록 투자를 늘리면 그만큼 여성의 경제적 발전과 권한 부여 기회 또한 증가한다.

Goal 8: 모든 이가 적절한 일 갖도록 하기(Promote decent work for all)

적절한 보육은 '적절한 일 의제(the decent work agenda)'의 중요 요소이다. 육아를 노동력으로 하고 있는 일에 대한 투자를 늘리는 것은 특히 여성의 생산적인 고용에 기여한다.

Goal 10: 나라 간 그리고 나라 안에서의 불평등 줄이기(Reduce inequality within and among countries)

불평등은 종종 출생 전에 시작된다. 그런데 유아기 발달은 강력한 평등자(equalizer) 역할을 한다. 생의 첫 몇 년이야말로 불우한 환경에서 태어난 아이들과 풍족한 중에 태어난 아이들 사이의 불평등 갭을 좁힐 수 있는 중재 기회 시기이다. 성인이 되었을 때 유아기 발달 서비스를 받은 불우 아동은 그런 기회를 갖지 못한 아동과 비교해 보면 최대 25%의 소득을 더 올리고, 빈곤층이 아니었던 사람들의 소득을 거의 따라잡는다.

Goal 11: 안전하고, 살기 좋은 지속 가능한 도시와 거주지 만들기(Make cities and human settlements inclusive, safe, resilient and sustainable)

ECD를 위해서는 지속 가능하고 자연적이며 친환경적인 특징을 지닌 안전한 공간이 필요하다. 그것이 도시와 거주지의 필수 조건이다.

Goal 12: 지속가능한 소비 확실히 하기(Ensure sustainable consumption)

지속 가능한 소비 보장

ECD 프로그램은 소비 패턴, 보전에 대한 태도, 환경을 보존할 행동 실제를 담고 있어야 한다. 유아기에 배우는 것은 평생 지속되기 때문이다.

Goal 16: 평화로운 사회 장려(Promote peaceful societies)

유아기 발달 개입은 생물학적으로 건강한 신경체계를 발달시키는 데 기여하고, 회복을 촉진하며 폭력을 줄이고 평화를 증진하는 가치와 행동을 내면화하도록 돕는다. 유아기 발달 개입은 가정에서의 폭력 감소와 공동체에서의 더 큰 사회적 응집력으로 이어지는 것으로 나타났다.

Goal 17: 이행수단 강화(Strengthen the means of implementation)

전 세계적, 지역적, 국가적 차원에서 유아기 발달의 측정은 글로벌 파트너십을 활성화시키는 강력한 도구가 될 수 있다. UNICEF의 MICS(Multiple Indicator Cluster Survey)는 SDG의 목표 4.2를 측정하는 데 적합한 인구 수준의 데이터를 제공한다.

출처: 지옥정 외(2017). 지속가능발전 지향 유아환경교육(창지사)

이러한 유아기 지속가능발전교육의 중요성에 대한 인식에 기반하여 세계유아교육기구(OMEP)에서는 영유아기부터 지속가능발전교육이 이루어져야 함을 강조하며, 이를 위해 매년 '유아를 위한 지속가능발전교육 세계 프로젝트(ESD Award)'를 실시하고 있고, 2013년에는 유아기 지속가능발전을 위한 환경 평가 척도(ESD Rating Scale for Sustainable Development in Early Childhood: ERS-SDEC)를 개발하였다. 이 척도는 연구자/교육실천자가 자신을 평가할 수 있도록 만들어진 도구로서, 현장 교사들이 학급에서 지속가능발전 교육과정을 운영하고자 할 때 도움이 될 수 있다.

유아기 지속가능발전을 위한 환경 평가 척도(ERS-SDEC)

〈ERS-SDEC 사용법〉

관찰자는 적어도 2시간을 학급에서 관찰해야 하고 관찰의 마지막에 최소 15~30분 동안 교직원, 유아(이상적으로는 부모도 포함하는 것이 좋음)와 이야기한다. 하지만 모든 항목이 직접 관찰을 통해 볼 수 있는 것은 아니다. 많은 경우에 교육계획안과 기록물 혹은 전시물을 참고하여 판단할 수 있다. 관찰자는 충분히 시간을 들여 이러한 서류들을 살펴보되, 앞으로의 계획이 아니라 현장에서 관찰하거나 이미 입증된 실제를 반영하도록 한다. 일부 항목은 일상적으로 나타나는 특정한 성인의 행동을 참고하여 평가하도록 되어 있다. 이때 관찰자는 일어난 상황에 대해 성인이 말하는 것에 의존하기보다는 직접 관찰한 내용을 토대로 평가한다. 예를 들어, 사회문화적 지속가능성 문항 5.2번 '교직원은 사회문화적 지속가능성과 상호의존에 대한 토의를 촉진하기 위해 이야기 나누기 그리고/또는 다른 집단 활동 기회를 활용함(예: 멀티미디어, 현장방문)'에서 관찰자는 교직원이 이러한 이슈에 대해 유아에게 이야기하는 것을 관찰해야 한다.

항목은 척도에 제시된 순서를 따라서 차례대로 평가해야 하는 것은 아니며, 각 항목에 대한 타당한 판단을 내리기 위해 필요한 정보를 얻은 다음에 평가해야 한다. 만약에 어떤 것에 대해 확신이 없을 경우, 세부적인 기록을 남기고 예비 평가를 해 두면 나중에 조정할 수 있다.

〈평가 척도〉

구분	매우 부족함		최소한임		좋음		탁월함
	1	2	3	4	5	6	7
	사회 · 문화적 지속가능성						
	1.1. 일부 책과 그림, 인형, 그리고 전시물은 성별과 민족적 또는 인종적 고정관념을 나타냄		3.1. 일부 책과 그림, 전시물은 사회 · 문화적 고정관념을 벗어난 이미지를 포함함(예: 흑인 선생님 또는 종교적 특성을 띤 머리두건을 쓴 경찰 아저씨를 보여주는 것)		5.1. 많은 책과 그림, 전시물이 사회 · 문화적 고정관념을 벗어난 남성과 여성의 이미지를 보여줌(성, 민족, 종족, 인종 등)		7.1. 유아는 집단 활동 시간에 자신과 다른 사람의 문화에 대한 생각과 지식을 공유하고 다양성에 대해 자유롭게 말할 수 있음
	1.2. 기관에 사회 · 문화적 다양성의 가치나 중요성에 대한 방침을 기록한 문서가 없음		3.2. 교직원은 민족이 다른 집단이 가지는 인간 경험의 공통성과 모든 인간에게 공통으로 요구되는 필요와 가치, 욕구를 강조함		5.2. 교직원이 사회 · 문화적 지속가능성과 상호의존에 대한 토의를 촉진하기 위해 이야기 나누기와 다른 집단 활동에서의 기회를 활용함		7.2. 유아는 친숙하지 않은 사회 · 문화적 맥락을 탐구하고 조사함

구분	매우 부족함		최소한임		좋음		탁월함
	1	2	3	4	5	6	7
	1.3. 유치원에서 이루어지는 학급 토의 또는 활용되는 자료에 사회적 배경, 능력, 성, 민족성, 종교 혹은 다른 신념, 성 정체성에 관계없이 모든 사람은 동등하다는 언급이 드물거나 없음		3.3. 유아는 불평등과 관련된 이슈에 대해 토의하고 사회 정의 실현을 위해 그들의 의견을 제안함		5.3. 유아는 성과 인종, 민족, 종족적 고정관념의 경계를 뛰어넘는 활동에 참여함(예: 역할놀이와 사회적 놀이에 필요한 다양한 기회와 자료를 제시함)		7.3. 모든 인간의 내재적이고 보편적인 권리를 학급 내에서 주기적으로 자유롭게 토의함
	1.4. 유치원에서 일어나는 학급 토의나 활용되는 자료(놀잇감, 책, 퍼즐 등)에 사회·문화적 지속가능성의 중요성에 대한 언급이 드물거나 없음				5.4. 유아는 주기적으로 기관 외부의 서비스(예: 도서관, 공동텃밭, 수영장)를 이용하거나 기관 내에서 지역사회의 지원을 받고 상호작용함		7.4. 사회적 불평등이 드러나는 곳에서 유아는 사회 정의 실현을 위해 노력함(예: 발표회, 포스터 만들기, 도움을 받을 적절한 사람과 만나기, 편지 쓰기 등)
경제적 지속가능성							
	1.1 기관에 종이와 전기, 물 소비에 대한 언급이 드물거나 없음		3.1. 유아는 종종 모형 화폐나 실제 화폐를 가지고 물건을 판매하는 놀이를 함		5.1 유아는 기관이나 가정에서 종이와 물, 전기와 같은 재료와 자원을 절약하고(또는) 재활용함으로써 비용이 절감될 수 있는 방법을 제시하도록 격려받음		7.1 유아는 다양한 생산품(예: 공장식 농장에서 재배된 음식, 고성능 자동차)의 드러나지 않은 비용과 이득에 대해 의문을 갖도록 격려받고 지원받음
	1.2 유아는 돈, 저축과(또는) 절약의 필요성에 대해 이야기할 기회가 드물거나 없음		3.2 유아는 기관에서 구매의사 결정에 가끔 참여함		5.2 유아는 기관에서 규칙적이고 일상적으로 구매의사 결정에 참여함		7.2 교직원은 학부모와 지역사회가 자원의 절약과 재활용에 관련된 프로젝트에 참여하도록 초대함(예: 종이와 전기, 물 소비와 관련된 프로젝트)
	1.3 기관에 재활용된 자원이 없음		3.3 유아는 기관에서 재활용 활동에 가끔 참여함		5.3 유아는 기관에서 규칙적이고 일상적으로 재활용 활동에 참여함		7.3 교직원은 유아와 그 가족이 기업적이거나 소규모 사업적인 프로젝트(예: 허브 정원에서 키운 허브나 유아들이 디자인하고 만든 크리스마스카드 판매)에 참여하도록 지원함

구분	매우 부족함		최소한임		좋음		탁월함
	1	2	3	4	5	6	7
			3.4 기관에서 물과 종이, 전기를 포함한 자료와 자원의 사용이 관리되고 절약됨		5.4 유아는 명확하게 지역사회나 국제사회의 경제적 이슈에 관심을 가짐(예: 개별 유아가 본 TV 보도에 대해 토의하기)		7.4 교육비를 부담하는 기관이라면, 저소득 가정의 유아가 시설을 이용할 수 있도록 지원하는 조항이 있음
					5.5 관련된 곳 어디에나 저소득층 가정이 모든 유치원 프로젝트나 활동에 접근하고 참여할 수 있도록 지원하는 조항이 있음		
환경적 지속가능성							
	1.1 기관에 환경적 지속가능성에 대한 참고자료가 없음		3.1 기관에 포스터, 책과 같이 지속가능한 환경과 관련된 교구교재들이 일부 있음		5.1 기관에 동식물을 포함한 자원이 있음		7.1 학급과(또는) 학교 건물은 환경적으로 적정한 기술들을 사용하여 건설됨
	1.2 유아가 어떤 환경적 문제에 대해서도 토의하도록 격려받은 적이 없음		3.2 유아는 기관과 지역사회의 환경을 보호할 필요성에 대해 명확한 관심을 가짐		5.2 유아는 다양한 환경 보호에 대한 이슈가 무엇인지 생각하고 이를 해결하기 위해 자신의 아이디어를 제시하도록 격려받음		7.2 유아는 환경적 이슈를 해결하려는 그들의 노력을 보여주기 위해 이야기를 포함하여 다양한 행동을 하도록 격려받음
	1.3 유아가 자연이 아름다운 지역을 한 번도 방문해 본 적 없음		3.3 유아는 적어도 하나 이상의 동식물을 돌보는 활동에 참여하고 있음		5.3 유아는 매일의 삶속에서 환경적 이슈를 탐구하고, 조사하고, 이해하기 위한 프로젝트와 집단 활동에 일상적으로 참여함		7.3 교육과정 정책과 계획, 평가에서 환경적 지속가능성에 대한 학습을 분명하게 언급함
	1.4 유아가 깨끗한 식수를 마실 기회가 충분하지 않음		3.4 유아가 사회극놀이(예: 정원 가꾸기 놀이)에 사용할 수 있는 자료를 제공함				
	1.5 교직원 또는 유아가 식사 전 또는 화장실 사용 후에 자주 손을 씻지 못함						

〈점수 산정 방법〉

- 섹션 1의 모든 지표를 '예'라고 평가했다면 1점이다.
- 섹션 1의 모든 지표를 '예'라고 평가하고 섹션 3의 지표 중 반 이상을 '예'라고

평가했다면 2점이다.

- 섹션 1의 모든 지표를 '예'라고 평가하고 섹션 3의 모든 지표를 '예'라고 평가했다면 3점이다.
- 섹션 1, 3의 모든 지표를 '예'라고 평가하고 섹션 5의 지표 중 반 이상을 '예'라고 평가했다면 4점이다.
- 섹션 1, 3, 5의 모든 지표를 '예'라고 평가했다면 5점이다.
- 섹션 1, 3, 5의 모든 지표를 '예'라고 평가하고 섹션 7의 지표 중 반 이상을 '예'라고 평가했다면 6점이다.
- 섹션 1, 3, 5, 7의 모든 지표를 '예'라고 평가했다면 7점이다.

출처: OMEP ESD-SDEC 홈페이지(http://ececresourcebank.org/index.php?hCode=SCALE_03_01)

2. 우리나라의 유아기 지속가능발전교육 연구 현황[1]

우리나라에서 유아기 지속가능발전교육에 대해 연구한 여러 연구들을 살펴보면 다음과 같다. 국내 유아기 지속가능발전교육 연구는 크게 프로그램 개발 연구, 교육과정과 지도서 분석 연구, 지속가능발전교육 연구 동향 분석 연구로 이루어진 경향이 있다. 지속가능발전교육 프로그램 개발 연구의 경우 '지속가능한 생산과 소비 양식의 보장'(SDGs 12번 목표)에 기반한 유아 지속가능발전교육 프로그램 개발(강경남, 2022), 유아를 위한 지속가능발전교육 방안 연구(권영임, 2009), 유아를 위한 지속가능발전교육 프로그램 개발 연구(곽노의, 박원순, 이상원, 2013), 지속가능발전지향 유아과학교육 프로그램 개발(서현정, 2018) 등이 있고, 교육과정 및 지도서 활동 분석 연구는 지속가능발전교육관점으로 살펴본 「5세 누리과정 지도서」활동 분석(김민경, 2014), 지속가능발전교육으로의 공존적 접근에 터한 유아 교육내용 분석–3, 4, 5세 누리과정 교사용 지도서를 중심으로–(김숙자, 2015), 누리과정 교사용 지도서의 지속가능한 생활양식(sustainable lifestyle) 활

1) 본 절은 '정예원, 남영숙(2023). 놀이와 지속가능발전교육-지속가능발전교육 역량을 중심으로' 논문 내용의 일부를 정리하여 작성하였다.

동내용 분석: '3~5세 누리과정 교사용 지도서'와 '5세 누리과정에 기초한 어린이집 프로그램'을 중심으로(박은혜, 박선혜, 2015) 등이 있다. 그러나 이러한 연구들에도 불구하고 국가수준의 교육과정에 체계적으로 지속가능발전교육의 내용이 반영되어 있지는 않은 실정이다.

또한 국내 지속가능발전교육 연구 동향을 분석한 김은지와 김혜경(2019)의 연구에 따르면 지속가능발전교육에 대한 연구가 2010년대 중반 이후 급속도로 증가하는 추세에 있어 유아기 지속가능발전교육에 대한 관심이 지속적으로 증가하고 있음을 알 수 있다.

〈표 V-1〉 국내 유아기 지속가능발전교육 연구 내용별 동향(2009~2018)

		2009	2010	2011	2012	2013	2014	2015	2016	2017	2018	계
ESD 이론 및 전망		1	1	1	3	2	1	2	1	3	2	17
ESD 교육활동 및 효과					1	2	5	2	6	3	8	27
개발 및 적용	척도개발						1	1	3			5
	프로그램 개발 및 적용					2	3	1	3	1	12	22
ESD 인식		1					1	3	4	4	3	15
문헌 분석 연구	교육과정 분석				1	1	3	5	1			11
	일과운영 분석							4				4
소계		1	2	1	5	7	14	18	18	11	25	102

출처: 김은지, 김혜경(2019)

국내 유아지속가능발전교육에 대한 여러 연구들에서 강조하는 바로는 첫째, 어린 연령의 학습자일수록, 즉 유아를 대상으로 한 교육에서는 자신이 속한 지역사회와 자연환경에서 교육이 시작되어야 하며, 둘째, 유아 스스로 능동적으로 사고하고 적절한 방법으로 해결하는 과정을 포함해야 한다(최윤지, 유연옥, 2020)는 점, 셋째로 지속가능발전에서 지향하는 주요 내용은 교사가 일방적으로 가르치기보다 교사와 유아가 능동적으로 함께 의미를 구성하여 역량을 증진하는 데 초점을 두어야 하며, 사회적 정의와 공정성을 실천할 기회를 마련해주어야 한다(지옥정, 2013)는 점이다.

이때의 지속가능한 사회를 만들어 갈 핵심역량이란 개인에게 부여된 권리를 넘어 사회적 집단 및 인간 외의 생명체와 환경의 권리 등의 상호연관성에 대하여 깊이 숙고하는 것(이성희, 이미연, 2022)이다. 역량 중심의 지속가능발전교육을 연구한 Haan(2010)은 입력식(In-put) 교육과정이 학습자에게 무엇을 가르쳐야 하는지를 제시한 것에서 탈피하여 출력식(Out-put) 교육과정으로서 역량 중심 교육과정이 학습자가 자신의 요구에 맞추어 경험과 동기를 가지고 배워나가는 것이 더욱 효과적임을 주장하였다.

가. 유아기 지속가능발전교육의 실제

유아기 지속가능발전교육이 중요함에도 불구하고, 현장의 교사들은 지속가능발전교육을 실행하는 데에 어려움을 느낀다. 최은영(2022)의 연구에서 유치원과 어린이집 교사들은 지속가능발전교육을 적용하는 데 어려운 이유로 활용자료가 부족해서(28.3%), 정보/지식이 부족해서(26.8%)를 가장 큰 어려움으로 꼽았다.

〈표 V-2〉 유치원과 어린이집 교사들이 인식하는 지속가능교육 적용이 어려운 이유

구분	비율
활용 자료가 부족해서	28.3
정보/지식이 부족해서	26.8
개정된 교육·보육과정에 반영되어 있지 않아서	18.7
연수경험이 부족해서	10.5
시간이 부족(활동 준비 시간 등)해서	8.8
관심이 없어서	3.7
기타	3.1
계	100.0
사례수	(702)

출처: 제17차 유네스코 ESD 콜로키움 자료집(육아정책연구소, 2020)

이 장에서는 실제로 지속가능발전교육이 잘 이루어진 사례로서 OMEP의 ESD Award 수상작과, 교실에서 지속가능발전교육을 적용한 사례로서 교육부에서 발간한 교육 프로그램 자료 일부를 소개하고자 한다.

1) 해외 ESD Award 수상작 (OMEP 홈페이지 https://omepworld.org/winners-esd-awards/)

가) 지속가능한 어린이집(CPE Durable_Sustainable daycard) 2023 OMEP ESD Award 수상작

이 보고서는 캐나다 퀘벡주의 CPE L'arche de Noé에서 지속가능발전교육을 실행하는 데 있어 환경 조성에 주안점을 둔 학교의 교육방침이다. CPE는 프랑스어로 'Centre de la petite enfance'의 약자이며, 퀘벡에서 영유아를 위한 교육 및 돌봄 센터를 지칭하는 말이기도 하다. 다음은 OMEP ESD Award 보고서의 내용을 정리한 것이다.

CPE L'arche de Noé에서는 지속 가능성을 교육하기 위해 실외 놀이를 강조하며, 실외 놀이를 통해 자연을 경험하고 자연 속에서 일상적인 삶을 살아가는 것을 장려한다. 이를 위해 이들은 센터의 시설에 자연적인 요소를 더하였으며 특히 에너지 사용과 폐기물 관리에 주의를 기울여 생태 발자국을 줄이기 위한 여러 방법을 시도하였다. 그 시도들은 다음과 같다.

1. 자연 중심 교육 및 야외 활동 장려
   - AQCPE의 ALEX 프로그램 원칙에 따른 자연 중심 교육 추진
   - 야외 놀이 공간 조성 및 자연 요소 추가
   - 계절에 맞는 다양한 야외 활동 진행
   - 날씨에 상관없이 야외 활동을 즐길 수 있도록 방수복 구비
2. 환경 보호 및 지속 가능성 교육
   - 자연 소재와 재활용품을 활용한 탐구 및 학습

- 재활용, 퇴비화, 쓰레기 분리 교육 및 실천
- 재활용의 날, 전기 없는 날, 물의 날, 지구의 날 등 테마별 날 운영
- 재활용, 절약, 재사용의 중요성을 가족 단위로 홍보하고 다양한 활동 진행

3. 생태계 및 동식물 교육
   - 새 관찰 및 식별을 위한 새 먹이통 설치
   - 채소밭과 식용 꽃, 향초 조성으로 다양한 감각 경험 제공
   - 식물 돌보기 및 특성 교육을 위해 실내 교실에 식물 배치
   - 몬트리올 바이오돔 방문을 통한 동물 및 서식지 교육

4. 건강한 생활 습관 장려
   - 신체 활동, 야외 놀이, 건강한 일상 습관 장려
   - 야외 식사 및 간식을 위한 피크닉 테이블 마련
   - 물을 주요 음료로 권장하며 재사용 가능한 물병 사용 장려
   - 계절에 맞춘 메뉴 조정 및 지역 상품 구매로 낭비 방지

【사진 V-1】 CPE L'arche de Noé의 지속가능발전 교육 실행 모습

출처: CPE-Durable-Canada(OMEP, 2023)

나) 생각이 자라면 세상이 바뀐다(When Thoughts Grow, the World Changes) 2023 OMEP ESD Award 수상작

이 보고서는 대한민국 서울시에 위치한 대한민국 국방부청사 어린이집의 지속

가능발전교육 사례를 담고 있다. 3세 36명, 4세 42명, 5세 43명의 어린이를 대상으로 연령별 교육 활동 사례를 소개하였다. 이 어린이집에서는 유아들이 상호 존중하는 과정에서 미래를 함께 고려하며 공통의 문제를 해결할 수 있도록 "생각이 자라면 세상이 바뀐다"라는 프로그램을 진행하였다. 다음은 이 보고서에 수록된 사진과 내용을 정리한 것이다.

1. 필요성과 목적

"사람이 바뀌면 사회가 바뀐다"

지금 우리는 지속 가능한 사회를 만들기 위한 열망 속에 살고 있으며, 환경문제, 경제적 불균형, 사회적 딜레마와 같은 여러 도전에 직면하고 있습니다. 이러한 문제들을 단순히 해결하는 것을 넘어 미래를 내다보며 대응해야 하며, 그러기 위해서는 지속 가능한 발전을 이끌어낼 지식과 능력을 키워야 합니다. 이것은 하루아침에 이루어질 수 없으며, 어린이들이 다양한 사람들과 소통하며 협력하는 책임감 있는 시민으로 자랄 수 있도록 이른 나이부터 교육하는 것이 필수적입니다.

사회는 개인들이 모여 만드는 공동체로, 타인과의 상호작용과 협력 능력을 갖추고 자신을 존중하는 것은 인간답게 살아가는 데 필수적입니다. 서로 다른 배경을 가진 사람들과 의사소통할 수 있는 능력은 우리가 속한 세계를 이해하고 가족이나 지역 사회와 같은 사회 집단에서 자신의 역할을 수행하는 데 중요합니다. 결국 이러한 능력은 사람들이 더 가치 있고 지속 가능한 삶을 영위하는 데 핵심적입니다. 사람들의 사고방식이 변하고 지속 가능성을 일상에서 고려하기 시작할 때, 사회는 지속 가능한 방향으로 나아갈 것입니다.

이러한 인식을 바탕으로, 우리 어린이집은 '생각이 자라면 세상이 바뀐다' 프로그램을 도입하여, 아이들이 서로의 의견을 존중하며 공통의 문제를 함께 해결해나가고, 더 나은 공동의 가치를 발견하고 실천할 수 있도록 교육하고 있습니다.

2. 개요

	기간	2022.3. ~	대상	유아, 교사, 학부모
1. 교육 방향 및 전략 탐색과 개발	교육의 필요성 인식 및 관련 전략 탐색			
2. 교육과정 설립 및 계획	부모 설문 조사 및 프로그램의 기본 방향 설정			

3. 프로그램 실행을 위한 부모 · 교사 교육	 부모교육  교사교육  부모-교사회의
4. 프로그램 실행	'생각이 자라면 세상이 바뀐다' 프로그램 실행 학생의 가족이 공유함으로써 진행되는 협력 활동

나의 중요성 ("I" Matters)	너의 중요성 ("YOU" Matters)	함께 해봐요 (Let's Do it "Together")	공유 가치 실천하기 (Practicing Shared Values Together)
자신의 의도 표현	함께 결정하기	합리적 의사결정 과정 후 삶의 태도 변화	지속 가능한 삶을 위한 교육 공동체의 가치 실현

5. 프로그램 결과	교육공동체의 실천  교사 학습 공동체 (멘토/멘티)  부모 참여 (부모 자원봉사)  지역 커뮤니티 참여(플로깅, 그린존, 캠페인 참여)

3. 모두를 위한 행복한 공간 프로그램(2022.4.~12. 5세)

가) '나'도 중요해: 너의 공간, 나의 공간!

사진출처: When thoughts grow-Korea(OMEP, 2023)

- 영광: "이건 내 놀이 공간이야, 들어오기 전에 허락을 받아."
- 소은: "내 공간도 너의 공간만큼 중요해~"

새 학기가 시작됩니다. 환경이 낯설기 때문일까요? 많은 아이들이 공간을 공유하기보다는 다른 아이들과 분리된 자신만의 놀이 공간을 원했습니다. 선생님들은 아이들의 의견을 존중하고 자신의 놀이 공간을 만들고 놀 수 있도록 지원했습니다.

나) '너'도 중요해: 모두를 위한 공간 정리하기

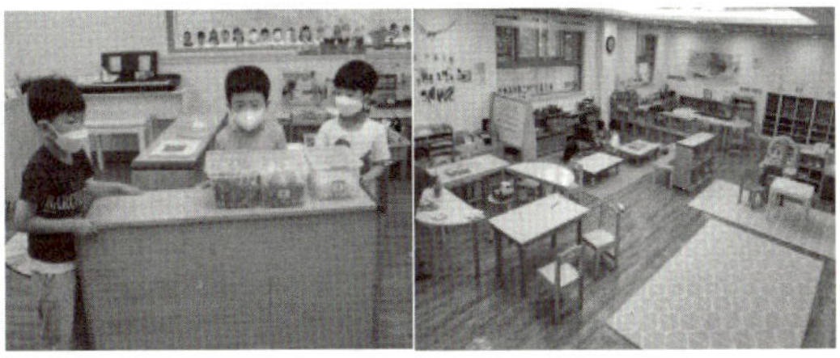

사진출처: When thoughts grow-Korea(OMEP, 2023)

'너의 공간, 나의 공간!'에서 계속 놀던 아이들이 어느 순간 교실 공간의 불편함에 대해 이야기하기 시작했습니다. "나만의 공간이 필요하지만 친구들과 함께 있을 수 있는 공간도 필요해!"라고 느끼면서 다른 아이들과 함께 놀 수 있는 공간을 점차 만들고 싶어 했습니다. 이제 아이들은 '혼자' 또는 '함께' 놀 수 있는 모두를 위한 공간에서 행복하게 일상을 시작합니다.

다) '함께' 해봐요: 모두가 행복한 우리의 공간

"이건 단지 내 공간만이 아니야." 아이들은 매일 놀이를 통해 공유 공간에 대한 배려와 약속을 배우고 있습니다. 이러한 경험은 아이들이 미술관 방문과 같은 공공 장소에서 배려심과 신뢰성을 보여주게 만들었습니다. 서로 다른 관점과 의견에서 비롯된 다양한 갈등을 마주하더라도, 아이들은 동료들과의 실수와 타협을 통해 의사결정 과정을 탐색하면서 사회 구성원으로서의 태도와 문제 해결 기술을 배우는 데 꾸준히 노력했습니다.

라) 함께 공유 가치를 실천해요: 모두를 위한 안전한 공간 (교통 안전 캠페인)

"차들 때문에 길을 건널 수 없어!"

사진출처: When thoughts grow-Korea(OMEP, 2023)

우리 아이들은 '혼자'가 아닌 '함께'의 가치를 배우고 있습니다! 최근에 그들은 유치원 앞 횡단보도에 주차된 차량들에 관심을 가지게 되었습니다. 이 문제를 해결하기 위해 부모님 위원회, 선생님들, 아이들이 모두 함께 모여 횡단보도 주차의 위험성에 대한 인식을 높이는 교통 안전 캠페인에 참여했습니다. 그 결과, 횡단보도에 주차된 차량 수가 줄어들었고, 이제 그 지역은 아이들이 주변을 안전하게 이동할 수 있는 공간이 되었습니다.

4. 우리가 만든 즐거운 점심시간(2022.5.~12. 4세)

가) '나'도 중요해: 내 방식대로? 내 맘대로!

선생님이 아이들이 더 건강한 음식을 먹고 식사를 즐기도록 독려하고자 했지만, 몇몇 까다로운 아이들은 점심시간을 즐기지 못했습니다. "좋아, 이제 너희들의 선택을 존중할게. 조금이라도 먹어보고 즐겁게 먹어봅시다." 아이들과 대화한 후 선생님은 '내 취향대로 먹기' 활동을 계획했습니다. 아이들은 "내가 싫어하는 것은 조금, 좋아하는 것은 많이!"라고 외쳤습니다. '내 취향대로 먹기'는 아이들과 함께 적어도 1-2 입은 싫어하는 음식을 시도해 보기로 타협한 활동으로, 예상보다 좋은 결과를 가져왔습니다. 아이들의 식습관 형성에 매우 도움이 되었습니다.

나) '너'도 중요해: 즐거운 점심 시간 만들기

교실을 캠핑장으로 교실 밖을 야외 레스토랑으로

사진출처: When thoughts grow-Korea(OMEP, 2023)

'내 취향대로 먹기'로 남은 음식의 양이 크게 줄긴 했지만, 우리 반은 다른 반들에 비해 여전히 많은 음식물 쓰레기를 만들었습니다. 이에 대해, 아이들은 함께 문제를 논의하고 해결책을 찾았습니다. 아이들이 내놓은 해결책은 '즐거운 점심시간 프로젝트'였습니다. "우리가 즐거운 분위기에서 점심을 먹으면 남은 음식이 없을 거예요." "이제 요리사도 더 이상 걱정하지 않을 거예요!" 아이들은 스스로 문제를 생각하고 남은 음식을 줄이는 방법을 찾기 시작했습니다.

다) '함께' 해봐요: "우리는 지구의 수호자입니다"

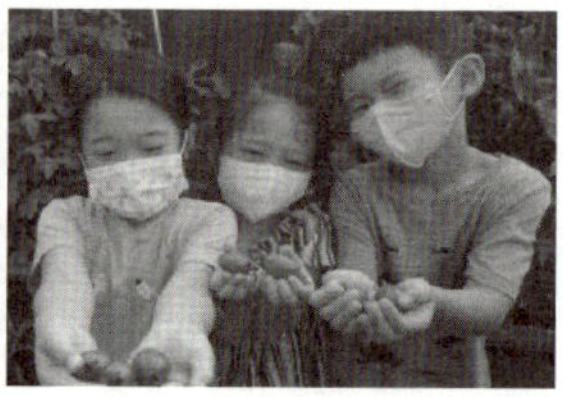

사진출처: When thoughts grow-Korea(OMEP, 2023)

아이들이 음식물 쓰레기에 대한 걱정으로 환경 문제에 관심을 갖게 되었습니다. 음식물 쓰레기를 줄이기 위해서 남은 음식을 이용해 천연 비료를 만들었습니다. 아이들은 또한 채소를 수확하는 즐거움을 경험할 수 있었으며, 채소밭을 가꾸고 작물을 재배하는 일도 했습니다.

라) 함께 공유 가치를 실천해요: 친환경 소비 촉진 및 자선 기부

사진출처: When thoughts grow-Korea(OMEP, 2023)

아이들은 자신들이 직접 재배하고 수확한 채소를 판매하며 탄소 감축에도 기여했습니다. 이러한 활동을 통해 아이들과 그 가족들은 탄소 배출을 줄이는 것뿐만 아니라 지구 환경을 보호하는 친환경적인 소비 습관을 경험할 수 있었습니다. 더 나아가 탄소 배출을 더욱 줄이기 위해, 채소 판매 수익을 지역 환경 재단에 기부함으로써 나눔과 기부에 대한 우리들의 약속을 보여주기도 하였습니다.

5. 모두를 위한 행복한 공간 프로그램(2022.4.~12. 5세)

가) '나'도 중요해: 나의 방식대로 놀고 싶어요

"나는 내 장난감으로 내 방식대로 놀고 싶어요!" 교실의 공용 장난감 대신 집에서 가져온 자신의 장난감으로 놀기를 선호하는 아이들을 위해, 우리는 '나의 방식대로의 날'을 실시했습니다. 이 특별한 날은 친구들과 함께 걱정 없이 깨뜨릴 수 있는 장난감들을 특징으로 했으며, '나의 방식대로의 날' 덕분에 아이들은 즐거운 하루를 보냈습니다.

나) '너'도 중요해: '내 방식대로 하겠어'에서 '친구의 감정도 챙겨줘야지'로!

- 태경: "나의 방식대로의 날은 너무 짧게 느껴졌어."
- 시현: "장난감 가지고 번갈아 가며 놀면 어때?"

'나의 방식대로의 날'의 긍정적이고 아쉬운 점에 대한 아이들의 토론 중에, 그들은 '함께 아나바다(아껴 쓰고, 나눠 쓰고, 바꿔 쓰고, 다시 쓰기)'라는 새로운 게임을 만들었습니다! 이 게임을 통해 아이들은 쓰지 않는 장난감을 교환하고 함께 놀면서, 다른 사람의 물건을 존중하는 법을 배웠고, 다른 사람의 감정을 배려하는 법도 배웠습니다.

다) '함께' 해봐요: 그 장난감을 그린존(벼룩시장)으로 보낼까요?

사진출처: When thoughts grow-Korea(OMEP, 2023)

아이들이 점점 놀이에 대한 관심을 잃어가면서, 그중 한 명이 서로 장난감을 교환하는 것을 제안했습니다. 아이들은 더 이상 사용하지 않는 물건들을 그린존(무인 벼룩시장)에 기부하기로 했습니다. 그러면서 어린이날에 선물로 받은 많은 장난감들이 버려질 때 쓰레기가 된다는 것을 알게 되었고, 이 활동에 열심히 참여하고 싶어 했습니다. 또한, 그들은 집에서 사용하지 않는 장난감이나 물건들을 어린이집에 기부했고, 이것들은 매달 그린존을 통해 공유되었습니다. 아이들은 집에서 가지고 놀지 않는 장난감들의 자원 순환에 대한 직접적인 경험을 통해 자연스럽게 자원 순환에 대한 이해를 얻을 수 있었고, 언젠가 쓰레기가 될 뻔한 것들이 새로운 선물 같은 장난감으로 변모하는 것을 보았습니다.

라) 함께 공유가치를 실천해요: 환경 보호 실천

무인 벼룩 시장

가정에서 재활용 놀이 재료 지원

키즈노트를 통한 가정의 사례 공유

사진출처: When thoughts grow-Korea(OMEP, 2023)

이 어린이집은 매달 아이들이 집에서 더 이상 사용하지 않는 장난감과 물품을 기부받아 운영하는 무인 벼룩시장인 그린존을 운영합니다. 그리고 아이들이 집에서 환경 보호를 실천하도록 격려합니다(예: 재활용하기, 대중교통 이용하기 등).

6. 프로그램 평가

지속 가능한 사회를 만들기 위해 우리 어린이집은 '사람이 먼저 변해야 한다'라는 지도 원칙을 채택하고, '생각이 자라면 세상이 바뀐다' 프로그램을 실천에 옮겼습니다. 이 프로그램은 아이들, 교사, 부모 모두에게 긍정적인 교육 경험을 제공했습니다. 구체적인 평가 내용은 다음과 같습니다.

가) 아이들의 변화

아이들은 자신의 권리와 책임을 이해하고 이를 실천하면서 미래 사회의 성숙한 시민으로서 첫발을 내딛었습니다. 다른 사람과 협력하고, 자신의 의견을 표현하며, 자기 존중과 타인에 대한 공감을 배우는 과정을 통해 문제를 해결하는 방법을 배웠습니다. 또한 환경과 사회적 약속, 규칙에 대한 관심을 갖기 시작했습니다.

나) 가정의 변화

부모님들은 유치원 활동을 통해 아이들의 생활에 더 깊이 관여하게 되었고, 아이들의 의견을 경청하며 가정의 일상에서 함께 의사결정을 하는 방향으로 변화하기 시작했습니다.

다) 교사의 변화

교사들은 아이들이 자신의 선택과 결정을 주도하도록 지도하며, 고려의 범위를 '나'에서 '우리', 그리고 자연 환경과 지역 공동체까지 확장하도록 도왔습니다. 이러한 노력은 아이들의 삶에 더 나은 가치를 실현할 수 있도록 하는 데 중요한 역할을 했습니다.

2) 교육프로그램 (교육부 지속가능발전 기반 유아환경교육 프로그램)

가) 환경을 위한 자전거

〈개요〉

STEP 1. 자율적 경험하기	도로 만들기 놀이를 하며 여러 교통수단의 '빠름'에 대해 이야기를 나눔. 자전거는 자동차보다 빠르지는 않지만 환경을 위한 교통수단임을 알게 됨
STEP 2. 비판적 탐구하기	자전거의 장점과 자전거 타기를 위한 각 나라의 노력, 자전거도 차의 한 종류임을 이해하고 자전거를 이동수단으로 사용하기 어려운 현실에 의문을 가짐
STEP 3. 반영적 계획하기	자전거 타기를 생활화하기 위한 노력을 알아보고, 안전하고 편리하게 자전거를 타는 방법과 개선이 필요한 곳을 탐색하고 의견을 전달하기 위한 계획을 세움
STEP 4. 주도적 실천하기	자전거 도로 안전점검을 시행하고 결과를 정리하여 개선점의 중요도를 투표하고, 의견을 모아 정부와 지자체에 전달함

〈세부 진행 사항〉

STEP 1. 자율적 경험하기

쌓기 영역에서 도로 만들기 놀이를 지속하고 있는 상황. 유아들은 교통수단의 빠르기에 대한 대화를 나눔.

기현: 붕~! 진짜 빠른 스포츠카야.
우진: 버스도 빨라.
기현: 버스보다 스포츠카가 진짜 빨라.
우진: 그건 그렇지만, 버스도 빨라. 버스는 트럭보다 빠르고, 오토바이랑 자전거보다도 빠르고.
하율: 자전거도 빨라. 저번에 나 자전거 타고 갈 때, 유치원 버스 만났는데 내가 먼저 갔어.
우진: 자전거가 어떻게 버스보다 빠르냐?
하율: 음… 버스가 원래 자전거보다 빠르긴 한데 항상 빠른 건 아니야. 버스는 사람들 태울 때도 멈추고, 신호등에서도 멈추지만 자전거는 안 멈추고 갈 수 있어.
우진: 그래도 버스가 더 빠른 거야. 자동차는 엔진이 있어서 진짜 빠르게 달릴 수 있어.

(중략)

우진: 유치원까지 킥보드로 오려면 엄청 힘들다고. 자동차는 엔진이 있어서 안 힘들고 빠르게 갈 수 있어.
하율: 그런데 매연이 나와서 지구가 아파진다고 했잖아. 빠른 것도 좋지만 지구가 안 아픈 것도 중요해.
시우: 맞아. 빠른 것만 좋아하면 지구가 진짜 아프게 된다고.

유아들은 교통수단의 '빠름'에 대한 이야기에서 시작하여 환경교육 시간에 배웠던 내용을 기억하여 '교통수단이 환경에 주는 영향'에 대해 생각하기 시작함. 교사는 이 생각을 이어나갈 수 있도록 전체 유아들이 모이는 시간에 함께 이야기를 나눔.

교사: 자전거를 타면 좋은 점은 무엇일까?
하율: 매연이 안 나와요. 매연은 지구를 아프게 하잖아요.
민영: 빨라요. 내가 자전거 탈 때 아빠가 뛰었는데 내가 이겼어요.
시우: 자전거 타면 또 시원해요.
경훈: 자전거 타면 튼튼해져요. 자전거 열심히 타면 다리가 튼튼해져요.
하율: 나는 아빠랑 자전거 타는 거 좋아해요. 아빠랑 자전거 산책 가는 거 재미있어요.
교사: 자전거는 좋은 점만 있을까? 불편한 점은 없을까?
하율: 위험할 수 있어서 꼭 안전장비 해야 해요. 사람이랑 부딪힐 수 있어서 잘 보고 가야 해요.
교사: 그래, 위험할 수 있으니까 안전하게 조심히 타야겠다.
우진: 멀리 갈 때는 다리가 아파요.
교사: 멀리 갈 때도 힘들지 않게 탈 수 있는 방법은 없을까?
경훈: 힘들면... 쉬었다 가면 돼요. 잠깐 앉아서 휴식하고 다시 가요.
지우: 내 친구 엄마는 전기 자전거 타요. 그건 충전하면 자동으로 가는 거예요.
교사: 아, 자전거 중에 전기 자전거도 있구나. 사람이 페달을 밟지 않아도 움직이는 전기로 움직이는 자전거도 있었네. 그 자전거 타면 다리가 아프지는 않겠다.
교사: 멀리 갈 때는 자전거를 탈 수 없는 건가?
민영: 멀리 갈 때, 자전거 타다가 힘들면 자동차 탔다가 다시 힘 생기면 자동차 타면 어때요?
진우: 자전거 타다가 자동차를 어떻게 타?
민영: 자동차에 자전거를 실으면 되지.

이후 교사는 유아들이 이야기한 방법들이 놀이에 반영될 수 있도록 장난감 자전거들을 풍부히 제공함. 이 과정에서 '자전거 길을 따로' 만드는 것에 대한 아이디어가 제시되고, 자전거를 타고도 멀리 갈 수 있는 방법들이 실현됨.

(상략)

자전거 휴식 공간이 만들어집니다.

"자전거 타다 힘들면 여기 앉아서 쉬면 돼. 의자도 있고 테이블도 있어."

"쉬다가 힘이 다시 생기면 다시 자전거 타고 가면 돼."

자전거를 태울 수 있는 버스가 만들어지기도 합니다.

"힘들 때는 잠깐 자전거 버스를 타면 돼. 여기에 자전거를 넣을 수 있어."

"이 공간은 아주 커야겠어."

교사가 제시해 준 전기 자전거와 관련된 자료를 살펴본 후, 전기로 가는 페달 없는 자전거를 만들기도 합니다.

"이건 페달이 없어. 여기를 누르면 움직여."

"그런데 페달을 돌리면 전기를 만드는 자전거도 있대."

STEP 2. 비판적 탐구하기

이 단계는 온라인 콘텐츠(친환경 자전거)로 진행되었음.

"아래의 내용은 온라인 콘텐츠의 대본 내용임."

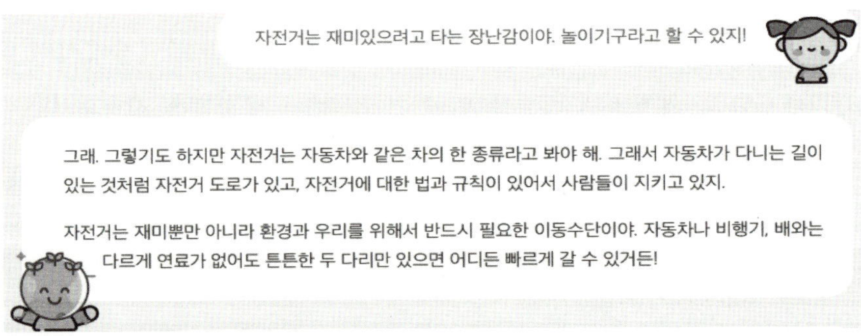

나도 자전거를 엄청 빨리 탈 수 있어! 자전거를 타고 나면 숨이 차긴 하지만
시원한 바람이 불어와서 하나도 안 힘들어!

그걸 어려운 말로 '러너스 하이'라고 해. 자전거를 오랜 시간 타며 운동을 하면 몸에서 우리를 행복하게 해주는 신호가 만들어지고 기분을 상쾌하고 즐겁게 만들어 주지.

또 자전거를 탈수록 우리 지구도 튼튼해져! 유치원에서 집으로 올 때 자동차를 타지 않고 자전거로 왔다면 나무 2그루를 심은 것과 같이 멋진 일을 한 거라고.

우리나라보다 훨씬 오래전부터 자전거를 만들고 탔던 나라들이 있다며?

네덜란드에서는 기차역마다 자전거를 빌리고 보관할 수 있어. 또 기차, 지하철, 배에도 자전거를 언제든 실을 수 있지. 델포트라는 도시는 사람들 모두가 자전거를 타고 다녀. 그래서 자전거만 다닐 수 있는 길이 아주 많고 자전거 전용 신호등도 있어.

사람들이 자전거를 더욱 편하게 탈 수 있도록 노력하는 나라란다.

정말 멋진 나라다. 또 다른 나라는 없어? 더 소개해줘!

독일에서는 자전거와 친해지기를 하고 있어. 자동차 대신 자전거를 더 많이 타기 위해서 서울, 부산처럼 130개나 되는 독일의 도시들이 힘을 합쳐서 노력하고 있지. 자전거가 더 쉽게 다닐 수 있게 길을 바꾸어 준 덕분에 한 번 자전거 도로로 다니면 어딜 가든 도로가 끊어지지 않고 원하는 곳에 갈 수 있지. 그리고 도로가 넓어서 한꺼번에 자전거 여러 대가 다닐 수도 있어서 정말 편리해.

엄청 빠르게 멀리 가고 싶으면 '자전거 고속도로'를 이용할 수도 있어. 이렇게 자전거가 다니기 쉬워지면서 독일 사람 10명 중 8명이 회사에 갈 때, 놀러 갈 때, 학교 갈 때도 자전거를 타. 그리고 자전거 타는 사람들을 안전하게 지켜주는 법과 규칙도 있지!

그럼 우리나라는?

우리나라 역시 자전거를 타기 좋은 나라를 만들기 위해 노력하고 있지!

그러기 위해서는 우리의 생각도 바뀌어야 하는데, 바로 첫 번째가 자전거를 장난감이나 놀이기구보다는 자동차의 한 종류라는 것을 제대로 알고 있어야 해.

자전거는 자동차처럼 도로에서 탈 수 있으니 차의 한 종류인 거구나!

그래. 우리나라도 네덜란드와 독일처럼 자전거가 안전하게 다닐 수 있는 자전거 도로가 있는데 12살까지의 어린이는 안전을 위해서 사람이 다니는 인도에서도 천천히 탈 수 있지.

그리고 우리나라의 자전거 도로는 여러 종류가 있는데, 자전거 표지판을 보면 자세히 나와 있어.

자전거를 편하게 탈 수 있으려면 어떻게 해야 할까?

자전거를 편하게 탈 수 있으려면 모두가 노력해야 해.

걸어다니는 보행자도 자전거 도로와 규칙에 대해 알아야 하고 모두가 자전거 도로를 편하게 만들기 위해 노력해야 하지.

자전거를 쉽게 보관할 수 있는 곳도 필요해. 지금도 우리나라 지하철 역 주변에 자전거를 세워둘 수 있는 자전거 보관대가 있지만 점점 더 많은 곳에 편리하고 안전하게 자전거를 보관할 수 있는 보관함이 생겨나면 좋을 거야!

예전에는 보호헬멧을 쓰지 않는 사람들이 대부분이었지만 지금은 자전거를 탈 때 반드시 보호헬멧을 써야 한다는 것을 아는 사람들도 많이 늘었어.

지금보다 더 많은 사람들이 헬멧을 쓰기 위해서는 어떻게 해야 할까?

예전에는 보호헬멧을 쓰지 않는 사람들이 대부분이었지만 지금은 자전거를 탈 때 반드시 보호헬멧을 써야 한다는 것을 아는 사람들도 많이 늘었어.

호주에서는 자전거를 탈 때 반드시 헬멧을 써야 한다는 법이 있어. 헬멧을 쓰지 않으면 벌금을 내야 하지. 멜버른이라는 도시에서는 편의점 자판기에서 헬멧을 팔기도 하고, 브리즈번이라는 도시에서는 무료로 나눠주기도 한대.

우리나라에도 도로에서 자전거를 탈 때는 헬멧을 꼭 쓰고 타야 한다는 법이 있으니까 우리나라도 여러 방법들을 고민해보면 좋을 것 같아.

STEP 3. 반영적 계획하기

이 단계에서는 앞서 감상한 온라인 콘텐츠에 대해 교사와 유아들이 이야기를 나눔으로써 사고를 정리하고 확장하도록 함.

〈감상 나누기〉 자전거 타기의 장점과 단점을 생각해요

자전거는 친환경 교통수단 중 하나로, 사람의 힘만으로 움직일 수 있어 근거리에서는 탄소배출을 일으키는 자동차를 대신할 수 있는 교통수단입니다. 영상을 회상하며 주변에서 자전거를 탈 수 있는 곳들의 특징을 유추해봅니다. 또 자연환경과 교통환경, 개인의 건강 측면에서 자전거를 타면 좋은 점에 대해 생각하고, 일상생활에서 이동수단으로 자전거를 이용하기 어려운 이유를 생각하며 문제를 인식합니다.

교사 발문

- 자전거를 탈 수 있었던 곳은 어디이니? 그곳은 자전거를 타기에 어땠니?
- 차를 타고 가다가 길이 막혔던 적이 있니? 만약 자동차 대신 자전거를 타는 사람들이 많아지면 어떨 것 같니?
- 우리는 자전거를 놀이할 때만 타지만, 자전거는 차의 한 종류이기도 해. 그런데 왜 우리는 자전거로 유치원까지 올 수 없을까?

〈정보 공유하기〉 자전거를 생활화하기 위한 노력을 알아봐요

온라인 교육 콘텐츠 영상을 통해 새롭게 알게 된 정보를 나눠 봅니다. 이동수단으로서 자전거 타기가 현실적으로 어려운 이유를 인식하고, 자전거를 생활화하기 위한 사람들의 노력을 찾아볼 수 있습니다.

교사 발문

- 자전거는 타는 사람에게 어떤 이로운 점이 있을까?
- 자전거를 타면 환경에 도움이 될까? 왜 도움이 된다고 했니?
- 자전거(표지판, 도로, 규칙 등)와 관련해서 더 알고 있는 것이 있니?
- 길을 걷다가 자전거 그림을 본 적이 있니? 그 그림은 무슨 뜻이었니?
- 네가 본 자전거들은 어떤 길에서 달렸니?
- 사람들이 똑같은 자전거를 빌려서 타는 것을 본 적이 있니? 그 자전거는 어디에서 빌린 것일까?

〈생각 찾기〉 안전하고 편리하게 자전거를 타는 방법을 찾아요

우리나라에서도 자전거의 좋은 점을 널리 알리고, 사람들이 편리하고 안전하게 자전거를 타고 이동할 수 있도록 여러 가지 노력을 기울이고 있습니다. 지역별로 공유 자전거를 확보하고 자전거 도로를 설치하며 편리하게 자전거를 보관할 수 있는 보관소를 늘리고 있습니다. 또 국가 차원에서는 자전거 관련 법을 제정하여 이를 뒷받침하고 있습니다.

유아의 경험을 바탕으로 자전거와 관련된 내용들을 찾아보며 편리하고 안전하게 자전거를 타기 위해 무엇을 알아볼 수 있을지를 목록화하여 점검표를 만들 수 있습니다. 더불어 자전거 타기가 생활화되어 있는 다른 나라의 사례를 살펴보며 생각을 뻗어나갈 수 있습니다.

교사 발문

- 자전거와 관련하여 직접 찾아보고 싶은 것이 있니?

- 자전거 표지판이 눈에 잘 들어오니? 그림만 보아도 어떤 의미인지 이해하기가 쉬웠니?
- 만약 우리가 자전거 도로를 따라 자전거를 탄다면 어떨 것 같니?
- 우리가 따라가는 자전거 도로는 자전거를 타기에 편리하고 안전해 보이니? 위험해 보이는 곳은 어디이니? (패인 곳, 길이 바뀌는 곳, 꺾이는 곳)
- 공유 자전거가 있는 곳은 우리 유치원에서 얼마나 멀리 가야 하니?
- 다음 공유 자전거 보관소는 어디에 있을까?
- 우리가 자전거 안전 지킴이라면 무엇을 살펴보아야 할까?

〈실천 계획하기〉 자전거 타기에 대한 의견을 전달해요

편리하고 안전하게 자전거를 타기 위한 교통환경을 만들기 위해 함께 실천할 수 있는 일을 알아봅니다. 유아들이 인식한 문제에 대한 해결방안과, 해결이 되었을 때의 결과를 추론해 보며 각자의 의견을 모아봅니다. 또, 지역사회의 의견을 묻기 위한 투표도 진행하여 생각을 넓혀나갈 수 있습니다.

모인 의견을 바탕으로 지역사회 또는 우리나라를 위해 의견을 제시할 수 있는 방법을 모색할 수 있습니다. 정부부처와 시・군・구청 등에서 자전거와 관련된 일을 하는 곳을 찾고 의견을 전달하는 방법을 탐색합니다.

교사 발문
- 사람들은 무엇이 가장 중요하다고 생각했니?
- 이 문제를 해결해야 하는 이유는 무엇일까?
- 다른 사람들이 더 많이 알 수 있게 하려면 어떻게 하면 좋을까?
- 우리나라에는 '국민신문고'라는 방법으로 나라에 우리 생각을 전달할 수 있는 방법이 있어. 어떤 의견을 전달하면 좋을까?
- 우리 동네 사람들이 잘 지낼 수 있도록 도와주는 시청과 군청에는 자전거 타기를 도와주는 분들이 있다고 해. 여기에는 어떻게 의견을 전달할 수 있을까?

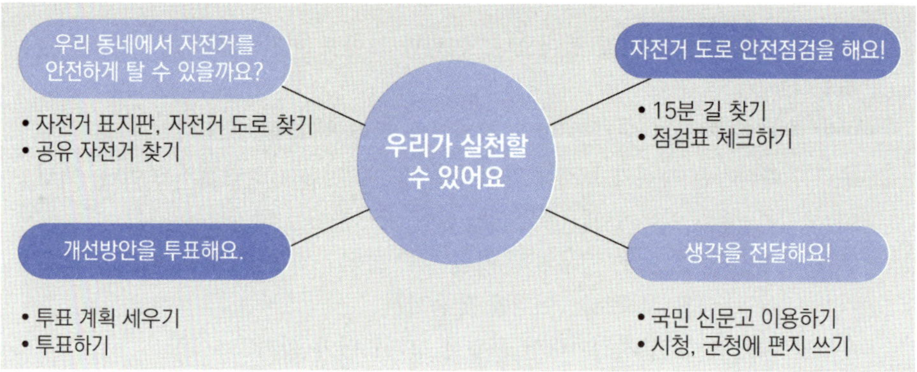

STEP 4. 주도적 실천하기

〈우리 동네에서 자전거를 안전하게 탈 수 있을까요?〉

• 우리 동네 자전거 도로와 공유 자전거 탐색하기

유아의 생활 주변에서 자전거를 안전하게 탈 수 있는지 직접 확인해볼 수 있습니다. 유아들은 유치원 주변, 근처 공원 주변, 인도와 도로 주변을 살펴보며 자전거 도로, 자전거 표지판, 공유 자전거를 찾아봅니다. 특히 이동수단으로서 자전거가 제대로 기능할 수 있는지를 자전거 도로를 따라가며 직접 눈으로 확인하며 획득한 정보를 비판적으로 인식해 볼 수 있습니다.

〈자전거 도로 안전점검을 해요!〉

• 자전거 도로 안전점검 활동하기

자전거 도로 안전점검 활동은 유아가 자신을 둘러싼 주변 환경에서 자전거를 안전하고 편리하게 탈 수 있는지를 분석적으로 탐색할 수 있는 활동입니다. 판단의 기준을 마련하기 위해 자전거 타기가 생활화된 나라의 특징을 알아본 후, 유치원 주변에서 걸어서 15분 정도 소요되는 장소를 탐색하여 자전거를 타고 간다면 어떨지를 탐색할 수 있습니다.

• 자전거 타기가 활성화되어 있는 다른 나라의 모습 살펴보기

창원시의 공유형 자전거 '누비자' 홈페이지(https://www.nubija.com/)의 '자전거도시창원-자전거 선진국의 성공사례'에서는 자전거 타기가 활성화되어

있는 네덜란드, 독일, 영국, 프랑스, 일본의 특징을 정리하여 안내하고 있습니다. 이를 통해 자전거 타기가 활성화될 수 있는 다양한 방법을 간접적으로 접할 수 있도록 도울 수 있습니다.

- 자전거 도로 안전 점검 체크리스트 만들기

  자전거 타기의 안전성과 편리성 확보를 위한 조건을 '자전거 도로 안전 점검 체크리스트 예시'를 지역 특성에 맞게 수정하여 표시해가며 점검표를 작성해 봅니다.

  자전거 도로 탐색 시에는 자전거를 타고 다니기에 위험한 부분이 있을 수도 있다는 정보를 제공합니다. 이를 위해 서울환경연합의 '2021 기후백서' 자료에서는 자전거를 안전하게 타기 힘든 길(직선 도로가 아닌 곳, 위험한 턱이 있는 곳, 도로 폭이 좁은 곳, 자전거 도로로 인식하기 힘든 곳)에 대한 정보를 제공합니다.

〈개선방안을 투표해요〉

- 자전거 도로 안심 점검 체크리스트 작성하고 결과 확인하기
- 바뀌어야 할 자전거 도로의 특징 우선순위 투표하기

〈생각을 전달해요〉

- 투표 결과 유목화하기

  유아들은 투표결과를 유목화하면서 무엇이 더 중요하다고 생각되는지를 정리할 수 있습니다. 또한 각 결과에 따라 왜 해당 부분이 개선되어야 하는지에 대한 이유도 다시 한번 정리해 봅니다.

- 지자체 또는 국가에 의견 제안하기

  수합된 의견을 바탕으로 지역사회 또는 우리나라를 위해 의견을 제시할 수 있는 방법을 모색할 수 있습니다. 정부부처와 시·군·구청 등에서 자전거와 관련된 일을 하는 곳을 찾고 의견을 전달하는 방법을 탐색합니다.

- 투표 결과 확인 방법 표기가 완료된 곳은 표시하며 확인하기, 탑으로 쌓아 표시하기 등 쓰레기를 재생산하지 않는 방법으로 시각화 돕기
- 유아 의견 제안 방법 영상 찍기, 편지 쓰기, 그림 그리기, 사진 부착하기 등

각 시·군·구청에는 미래교통, 교통과 관련된 부서가 있습니다. 자전거는 마이크로 모빌리티의 하나로 미래교통수단에 해당합니다. 해당 지역의 시청 또는 구청을 검색하여 담당자를 확인할 수 있습니다. 이후 유아들의 의견을 전자메일 또는 편지 형식으로 전달할 수 있습니다.

국민신문고 국민생각함의 '생각쓰기' 메뉴를 통해 생활 속에서 느낀 불편함을 올리면 다른 사람들이 의견을 남겨주고, 투표, 설문조사, 댓글로 의견을 모을 수 있습니다. 회원가입을 거친 후 '생각쓰기'를 통해 사진 업로드 및 내용 작성이 가능합니다. 또한 '생각실현' 메뉴에서 국민들의 생각이 어떻게 정책에 반영되었는지를 확인할 수 있습니다.

행정안전부에서 운영하는 '안전신문고'는 시설, 교통, 학교, 생활, 해양 등 모든 분야의 안전 위험요인을 대상으로 신고가 가능합니다. '안전신문고'는 스마트폰 애플리케이션과 인터넷 포털사이트를 통해 간편하게 신고하고 처리결과를 확인할 수 있습니다.

3. 환경교육에의 시사점

유아교육에서의 지속가능발전교육은 어린 시기부터 환경적, 사회적, 경제적 지속가능성에 대한 인식을 심어주는 중요한 교육적 접근이다. 지속가능발전교육을 통해 유아들은 초기 교육 단계에서부터 지속가능발전의 필수적인 원칙들을 학습하게 된다. 유아기는 생애 초기 교육이 이루어지는 시기로, 이 시기에 제공되는 교육은 아동의 인지적, 사회적, 정서적 발달에 지대한 영향을 미친다. 지속가능발

전교육은 이러한 발달 단계에 맞춰 설계되어야 하며, 유아들이 자신들의 환경과 상호작용하며 그 중요성을 인식하도록 해야 한다. 이는 유아들이 자연과 더불어 살아가는 방법을 이해하고, 생태계를 존중하는 기본적인 태도를 형성하는 데 기여할 것이다.

앞서 살펴본 사례들처럼 교육과정에서 지속가능발전을 통합하는 것은 단순히 지식의 전달을 넘어서, 유아들이 직접 체험하고 탐색할 수 있는 활동을 포함해야 한다. 이를 통해 유아들은 자연과의 긍정적인 상호작용을 배우며, 이는 평생 지속될 환경적 책임감을 형성하는 기초가 된다. 교사들은 유아들이 환경에 대한 긍정적인 행동 변화를 일으킬 수 있도록 격려하고 지원해야 할 것이다. 그럴 때 유아들은 환경에 대한 깊은 이해와 존중을 바탕으로 지속가능한 발전을 지지하는 성인으로 성장할 수 있을 것이다. 나아가 유아들에게 지속가능한 미래를 위한 준비를 갖추게 하며, 이는 곧 우리 사회 전체의 지속가능성을 향상시키는 길임을 염두에 두어야 할 것이다.

이 장에서는 지속가능발전교육에서 유아교육의 의미와 필요성을 다시 한번 생각해 보고, 유아 지속가능발전교육의 우수 사례와 더불어 현장 적용을 위한 프로그램을 살펴보았다. 유아교육에서의 지속가능발전교육이 생의 기반을 다지는 유아 시기에 지속가능성에 대한 감수성을 기르고, 삶의 곳곳에서 그 자취를 느낄 수 있는 교육이 되기를 바란다.

참고문헌

김은지, 김혜경 (2019). 유아기 지속가능발전교육에 관한 국내연구 동향분석. 학습자중심교과교육연구, 19(3), 289-307.

지옥정, 조부경, 서윤희, 정애경 (2017). 지속가능발전 지향 유아환경교육. 창지사.

최은영 (2022). 교사 인식조사를 통한 지속가능 발전교육 실행 방안. 육아정책연구소.

OMEP (2009). ECE for SD: Recommendation for Development. International Journal of Early Childhood, 41(2), 113-117.

OMEP (2013). ERS-SDEC_Korean. OMEP

OMEP (2023). CPE-Durable-Canada. OMEP.

OMEP 한국위원회(2024.2.10.). http://www.omepkorea.org/

OMEP(2024.2.10.). https://omepworld.org/

Pia Britto (2015.12.22.) Why early childhood development is the foundation for sustainable development https://www.unicef.cn/en/stories/why-early-childhood-development-foundation-sustainable-development

Siraj-Blatchford, J., Smith, K. C., & Pramling Samuelsson, I. (2010). Education for Sustainable Development in the Early Years. OMEP.

UN Press(2015.10.22.) 'Use Your Influence to Make Early Childhood Development a Public Priority,' Secretary-General Says at Event on Investing in Young Children https://press.un.org/en/2015/sgsm17094.doc.htm

Ⅵ 초등교육과 ESD

고아라

들어가기

지속가능발전교육에 대한 관심이 늘어 가지만 초등학교에서는 여전히 담임교사의 재량에 맡겨져 있다. 일명 '범교과' 학습 주제로서 다양한 교과들을 재구성하여 시간을 확보하고 그 안에서 교육할 수 있다. 담임교사의 재구성 능력에 의존하고 있다는 의미이기도 하다. 따라서 지속가능발전교육과 관련한 현재의 교육과정을 분석해 보고 그 속에서 지속가능발전교육 재구성 요소를 탐색하는 것이 중요하다. 또한, 교육의 목적이며 요즘 특히 중요시되고 있는 인성교육과의 연계성을 찾아보고 지속가능발전교육과의 융합가능성을 찾아본다. 이를 바탕으로 초등 고학년을 대상으로 한 지속가능발전교육 융합 수업을 위한 과정을 살펴볼 것이다.

1. 초등학교에서의 지속가능발전교육

가. 교육과정에서의 지속가능발전교육

1) 2022 개정 교육과정 속의 지속가능발전교육

2022 개정 교육과정은 기후・생태환경 변화, 인구구조 변화 등 미래 사회에 필요한 역량을 함양하고 미래 교육 비전의 정립을 포함하기 위해 개정되었다(교육부, 2022). 산업 및 사회변화, 감염병 확산, 기상이변과 기후환경 변화 등에 대응하고 OECD Education 2030을 반영한 미래 핵심역량을 반영하였다. 2024년부터 1~2학년에, 2025년부터 3~4학년에, 2026년부터 5~6학년에 연차적으로 적용된다. 앞으로 이 교육과정이 적용될 예정이며 만들어지고 있는 교육과정이므로 2022 개정 교육과정에 대해 이해하는 것이 중요하다. 아직 교과용 도서는 개발 중이지만 총론 주요사항(시안)과 총론을 통해 2022 개정 교육과정에 반영된 지속

가능발전교육 방향을 알아볼 수 있다. 특히, 현장에서 근무하는 교사들은 임용 후에 총론을 읽어볼 일이 많지 않지만 새로운 교육과정이 도입되었을 때, 교육과정 개정의 배경과 중점을 이해하고 이와 관련된 인간상과 핵심역량을 인지할 필요가 있다. 2021년에 미리 나온 2022 개정 교육과정 총론 주요사항(시안)과 2022년에 고시된 총론을 지속가능발전교육 내용 요소를 중심으로 분석하였고 그 결과는 〈표 VI-1〉과 같다.

〈표 VI-1〉 2022 개정 초등학교 교육과정 총론(시안 포함) 중 지속가능발전교육 관련 내용 분석 결과

지속가능발전교육 핵심 내용		포함여부	관련 내용
사회적 관점	인권 · 평화 · 사회정의	○	존중, 평화, 인권, 학습권 보장, 협력, 공동체 의식, 소통, 편견과 고정관념, 차별
	통일	○	통일 교육
	문화 다양성	○	포용성, 문화다양성, 다양한 특성, 문화적 소양, 다원적 가치, 문화적 감수성, 다문화
	안전	○	안전교육, 학생 안전 보장, 안전사고 예방, 안전, 위험
	건강 · 식품	○	신체활동 강화, 휴식 · 건강, 감염병, 보건 교육, 학교스포츠클럽활동
	거버넌스 · 시민참여	○	시민성, 민주시민교육, 공동체 가치, 공동체 소양, 참여 확대, 협조 체제, 요구와 의견 고려, 민주적 절차
	양성평등	○	성평등
	수양(매체, ICT)	○	디지털 기초소양, 인공지능 기술, 디지털 전환, 정보통신기술, 디지털 기반, 에듀테크 활용
	세계화 · 국제적 책임	○	인류 공영, 인류 공동체 발전
환경적 관점	자연자원	○	자연, 독도 교육
	에너지	○	저탄소 · 제로 에너지
	기후변화	○	기후환경 변화, 기후 위기 대응
	생물 다양성		
	환경문제	○	환경 · 생태교육, 생태전환, 생태감수성, 생태환경 변화
	지속가능한 식량생산		

지속가능발전교육 핵심 내용		포함여부	관련 내용
	지속가능한 촌락 · 도시	○	지역 연계, 고장, 지역사회 연계, 농산어촌, 지역 자원
	재해예방 · 감소		
	교통		
경제적 관점	지속가능한 생산과 소비		
	기업의 지속가능성		
	시장경제	○	일과 노동, 진로, 진로 교육, 경제 · 금융 교육
	빈부격차, 기아종식		

출처: 고아라, 남영숙(2023a)을 참고하고 총론 분석 추가

먼저, 초등학교 교육과정 총론 주요사항(시안 포함) 안에 지속가능발전과 '지속가능성'의 개념이 포함되었다. 추진 배경과 개정 방향에서 지속가능한 발전과 사회로의 요구에 대응하여 지속가능한 발전 과제에 대해 대응 능력을 함양하기 위한 교육으로 강화함을 나타내었다. 개정 주요 내용에는 지속가능한 사회와 미래를 준비하기 위한 태도 및 소양이 포함되어 기술되었다. 지속가능한 삶을 위한 교육으로서 생태전환교육과 민주시민교육을 반영하였다. 초・중학교 교육과정 학교 자율시간 활용(안)에서 지역연계생태환경, 지속 가능한 미래, 지역과 시민 등이 예시로 나타나 지속가능성의 가치가 선택과목에도 나타났다(고아라, 남영숙, 2023a).

다음으로, 교육과정 총론에 포함된 지속가능발전교육을 사회적・환경적・경제적 관점으로 각각 분석하였다. 사회적 관점으로 인권・평화・사회정의, 문화다양성, 소양(매체, ICT), 거버넌스・시민참여, 안전, 건강・식품, 세계화・국제적 책임, 통일 내용 영역이 포함되었다. 환경적 관점으로 지속가능한 촌락・도시, 환경문제, 기후변화, 자연자원 내용 영역이 있다. 경제적 관점으로 시장경제 내용 영역만 기술되었다.

〈표 VI-2〉 2022 개정 초등학교 교육과정 총론 중 지속가능발전교육 관련 내용 추출

영역	지속가능발전교육 관련 내용	ESD 내용영역
교육과정 구성의 방향	1. 교육과정 구성의 중점 첫째, **인공지능 기술** 발전에 따른 **디지털 전환**, **감염병** 대유행 및 **기후·생태환경 변화**, 인구 구조 변화 등에 의해 사회의 불확실성이 증가하고 있다. 둘째, 사회의 복잡성과 **다양성**이 확대되고 사회적 문제를 해결하기 위한 **협력**의 필요성이 증가함에 따라 **상호 존중**과 **공동체 의식**을 함양하는 것이 … ⋮ 넷째, 교육과정 의사 결정 과정에 다양한 교육 주체들의 **참여를 확대**하고 …	[사] 소양(매체, ICT) [사] 건강 · 식품 [환] 기후변화 [환] 환경문제 [사] 문화다양성 [사] 인권 · 평화 · 사회정의 [사] 거버넌스 · 시민참여
	이를 위한 교육과정 구성의 중점은 다음과 같다. 가. **디지털 전환**, **기후·생태환경 변화** 등에 따른 미래 사회의 불확실성에 … 나. … **서로 존중**하고 배려하며 **협력**하는 **공동체 의식**을 함양한다. 다. 모든 학생이 학습의 기초인 언어 · 수리 · 디지털 기초소양을 갖출 수 있도록 … ⋮ 바. **다양한** 학생 참여형 수업을 활성화하고, … 사. … 교육 주체들 간의 **협조 체제**를 구축하여 …	[사] 소양(매체, ICT) [환] 기후변화 [환] 환경문제 [사] 인권 · 평화 · 사회정의 [사] 문화다양성 [사] 거버넌스 · 시민참여
	2. 추구하는 인간상과 핵심역량 우리나라의 교육은 홍익인간의 이념 아래 모든 국민으로 하여금 인격을 도야하고, 자주적 생활 능력과 **민주시민**으로서 필요한 자질을 갖추어 인간다운 삶을 영위하고, **민주 국가**의 발전과 **인류 공영**의 이상을 실현할 수 있도록 함을 목적으로 한다. 이러한 교육 이념과 교육 목적을 바탕으로, 이 교육과정이 추구하는 인간상은 다음과 같다. 가. 전인적 성장을 바탕으로 자아정체성을 확립하고 자신의 **진로**와 삶을 스스로 개척하는 자기주도적인 사람 ⋮ 다. **문화적 소양**과 **다원적 가치**에 대한 이해를 바탕으로 **인류 문화**를 향유하고 발전시키는 교양 있는 사람 라. **공동체 의식**을 바탕으로 **다양성**을 이해하고 **서로 존중**하며 세계와 **소통**하는 **민주시민**으로서 **배려와 나눔, 협력**을 실천하는 더불어 사는 사람	[사] 거버넌스 · 시민참여 [사] 세계화 · 국제적 책임 [사] 문화다양성 [사] 인권 · 평화 · 사회정의

영역	지속가능발전교육 관련 내용	ESD 내용영역
	이 교육과정이 추구하는 인간상을 구현하기 위해 교과 교육과 창의적 체험활동을 포함한 학교 교육 전 과정을 통해 중점적으로 기르고자 하는 핵심역량은 다음과 같다. ⋮ 라. **인간에 대한 공감적 이해**와 **문화적 감수성**을 바탕으로 삶의 의미와 가치를 성찰하고 향유하는 심미적 감성 역량 마. 다른 사람의 관점을 **존중**하고 경청하는 가운데 자신의 생각과 감정을 효과적으로 표현하며 상호협력적인 관계에서 공동의 목적을 구현하는 **협력적 소통** 역량 바. 지역 · 국가 · 세계 **공동체**의 구성원에게 요구되는 개방적 · 포용적 가치와 태도로 지속 가능한 **인류 공동체 발전**에 적극적이고 책임감 있게 참여하는 **공동체** 역량	[사] 인권 · 평화 · 사회정의 [사] 문화다양성
	3. 학교급별 교육 목표 가. 초등학교 교육 목표 ⋮ 3) **다양한 문화** 활동을 즐기며 **자연**과 생활 속에서 아름다움과 행복을 느낄 수 있는 심성을 기른다.	[사] 문화다양성 [환] 자연자원
학교 교육과정 설계와 운영	1. 설계의 원칙 가. 학교는 이 교육과정을 바탕으로 학교 교육과정을 자율적으로 설계 · 운영하며, 학생의 특성과 학교 여건에 적합한 학습 경험을 제공한다. 1) 학습자의 발달 수준에 적합한 폭넓고 균형 있는 교육과정을 통해 **다양한** 영역의 세계를 탐색해보는 기회를 제공하고, … 2) 학생 실태와 요구, 교원 조직과 교육 시설 · 설비 등 학교 실태, **학부모 의견 및 지역사회 실정** 등 학교의 교육 여건과 환경을 종합적으로 고려하여 … ⋮ 나. 학교 교육과정은 모든 교원이 전문성을 발휘하여 참여하는 **민주적인 절차**와 …	[사] 문화다양성 [사] 거버넌스 · 시민참여 [환] 지속가능한 촌락 · 도시
	2. 교수 · 학습 가. 학교는 학생들이 깊이 있는 학습을 통해 핵심역량을 함양할 수 있도록 교수 · 학습을 설계하여 운영한다.	[사] 소양(매체, ICT) [사] 인권 · 평화 · 사회정의 [경] 시장경제 [사] 문화다양성

영역	지속가능발전교육 관련 내용	ESD 내용영역
	⋮ 5) 교과의 깊이 있는 학습에 기반이 되는 언어·수리·**디지털 기초소양**을 … 나. 학교는 학생들이 수업에 능동적으로 참여하고 학습의 즐거움을 경험할 수 있도록 교수·학습을 설계하여 운영한다. 3) 개별 학습 활동과 함께 소집단 **협동** 학습 활동을 통하여 **협력적**으로 … ⋮ 다. 교과의 특성과 학생의 능력, 적성, **진로**를 고려하여 학습 활동과 방법을 다양화하고, 학교의 여건과 학생의 특성에 따라 다양한 학습 집단을 구성하여 학생 맞춤형 수업을 활성화한다. 1) … 학생의 특성을 고려하여 학습 소재, 자료, 활동을 **다양화**한다. 2) **정보통신기술 매체**를 활용하여 교수·학습 방법을 **다양화**하고, 학생 맞춤형 학습을 위해 **지능정보기술**을 활용할 수 있다. 3) **다문화** 가정 배경, 가족 구성, 장애 유무 등 학습자의 개인적·**사회문화적** 배경의 **다양성**을 이해하고 존중하며, 이를 수업에 반영할 때 **편견과 고정 관념, 차별**을 야기하지 않도록 유의한다. ⋮ 라. 교사와 학생 간, 학생과 학생 간 상호 신뢰와 **협력**이 가능한 유연하고 안전한 교수·학습 환경을 지원하고, **디지털 기반** 학습이 가능하도록 … ⋮ 3) 다양한 **지능정보기술 및 도구**를 활용하여 효율적인 학습을 지원할 수 있도록 **디지털** 학습 환경을 구축한다. 4) 학교는 실험 실습 및 실기 지도 과정에서 학생의 **안전사고**를 예방하기 위해 시설·기구, 기계, 약품, 용구 사용의 **안전**에 유의한다. 5) 특수교육 대상 학생 등 교육적 요구가 다양한 학생들을 위해 필요할 경우 **의사소통** 지원, 행동 지원, 보조공학 지원 등을 제공한다.	사 안전
	3. 평가 ⋮ 3) 학교의 여건과 교육활동의 특성을 고려하여 다양한 **지능정보기술**을 활용함 …	사 소양(매체, ICT)

영역	지속가능발전교육 관련 내용	ESD 내용영역
	4. 모든 학생을 위한 교육기회의 제공 가. 교육 활동 전반을 통하여 … **고정 관념이나 편견**을 가지지 않도록 지도한다. 나. … 교육의 기회와 학습 경험에서 **부당한 차별**을 받거나 소외되지 않도록 한다. 다. 학습 부진 학생, 특정 분야에서 탁월한 재능을 보이는 학생, 특수교육 대상 학생, 귀국 학생, **다문화** 가정 학생 등이 학교에서 충실한 학습 경험을 … ⋮ 마. **다문화** 가정 학생을 위한 특별 학급을 설치·운영하는 경우, **다문화** 가정 학생의 한국어 능력을 고려하여 …	[사] 인권·평화·사회정의 [사] 문화다양성
학교급별 교육과정 편성·운영의 기준	기본 사항 ⋮ 다. 학년 간 상호 연계와 **협력**을 통해 학교 교육과정을 유연하게 편성·운영할 수 … ⋮ 자. 범교과 학습 주제는 교과와 창의적 체험활동 등 교육 활동 전반에 걸쳐 통합적으로 다루도록 하고, **지역사회 및 가정과 연계**하여 지도한다. [안전·건강 교육, 인성 교육, 진로 교육, 민주시민 교육, 인권 교육, 다문화 교육, 통일 교육, 독도 교육, 경제·금융 교육, 환경·지속가능발전 교육] 차. 학교는 가정과 학교, 사회에서의 **위험** 상황을 알고 대처할 수 있도록 체험 중심의 **안전교육**을 관련 교과와 창의적 체험활동과 연계하여 운영한다.	[사] 인권·평화·사회정의 [환] 지속가능한 촌락·도시 [사] 거버넌스·시민참여 [사] 안전 [사] 건강·식품 [경] 시장경제 [사] 인권·평화·사회정의 [사] 문화다양성 [사] 통일 [환] 자연자원 [환] 환경문제
	2. 초등학교 가. 편제와 시간 배당 기준 ⋮ 다) 창의적 체험활동은 자율·자치 활동, 동아리 활동, **진로** 활동으로 한다. 나. 교육과정 편성·운영 기준 ⋮ 다) 학교는 학교의 특성, 학생·교사·학부모의 **요구 및 필요**에 따라 … ⋮	[경] 시장경제 [사] 거버넌스·시민참여 [환] 지속가능한 촌락·도시 [사] 문화다양성 [사] 건강·식품 [사] 안전 [사] 소양(매체, ICT) [사] 안전

영역	지속가능발전교육 관련 내용	ESD 내용영역
	3) 학교는 3~6학년별로 **지역과 연계**하거나 **다양**하고 특색 있는 교육과정 운영을 … ⋮ 4) … 학교급 간 연계 및 **진로** 교육을 강화하는 **진로연계교육**을 편성·운영한다. 나) 학교는 중학교의 생활 및 학습 준비, **진로 탐색** 등의 프로그램을 교과와 창의적 체험활동 시간을 활용하여 **진로연계교육**을 자율적으로 운영한다. 다) 학교는 **진로연계교육**의 중점을 … 교과와 연계한 **진로** 활동 등을 통해 학생의 학습과 성장을 지원한다. ⋮ 가) 학교는 1~2학년 학생에게 **실내·외 놀이 및 신체 활동**의 기회를 충분히 … 나) 1~2학년의 **안전교육**은 바른 생활·슬기로운 생활·즐거운 생활 교과의 … 다) **정보통신 활용** 교육, **보건** 교육, 한자 교육 등은 관련 교과와 …	
학교 교육과정 지원	교육과정 질 관리 ⋮ 나. 교육청 수준의 지원 1) **지역**의 특수성, 교육의 실태, 학생·교원·주민의 **요구와 필요** 등을 반영하여 … ⋮ 나) 이 위원회에는 교원 … 등이 **참여**할 수 있다.	환 지속가능한 촌락·도시 사 거버넌스·시민참여
	2. 학습자 맞춤교육 강화 ⋮ 3) 학습 부진 학생, 느린 학습자, **다문화** 가정 학생 등 다양한 특성을 가진 학생을 위해 필요한 지원 방안을 마련한다.	사 문화다양성
	3. 학교의 교육 환경 조성 가. 국가 수준의 지원 ⋮ 4) **디지털 교육 환경 변화**에 부합하는 미래형 교수·학습 방법과 평가체제 구축을 위해 교원의 **에듀테크** 활용 역량 함양을 지원한다. 나. 교육청 수준의 지원	사 소양(매체, ICT) 사 안전 환 지속가능한 촌락·도시 사 건강·식품

영역	지속가능발전교육 관련 내용	ESD 내용영역
	⋮ 라) 학교 교육활동 전반에 걸쳐 종합적인 **안전교육** 계획을 수립하고 … 4) 학교가 **지역사회**의 관계 기관과 적극적으로 연계 · 협력해서 교과, 창의적 체험활동, **학교스포츠**클럽활동, 자유학기 등을 내실 있게 운영할 수 있도록 지원하며, 관내 학교가 활용할 수 있는 우수한 **지역 자원**을 발굴하여 안내한다. ⋮ 7) … **지능정보기술**을 활용한 맞춤형 수업과 평가가 가능하도록 지원한다. 가) 원격수업을 효과적으로 지원하기 위해 학교의 **원격수업 기반** 구축, … 나) 수업 설계 · 운영과 평가에서 다양한 **디지털 플랫폼**과 기술 및 도구를 …	

2022 개정 교육과정 총론의 사회적 관점 내용 영역을 분석한 결과는 다음과 같다. 첫째, 가장 많이 반영된 내용 영역은 인권 · 평화 · 사회정의이다. 교육과정 개정의 배경 설명 시에 상호 협력의 필요성, 상호 존중과 공동체 의식을 함양하는 것이 중요하다고 했으며, 교육과정 구성의 중점은 서로 존중하고 배려하며 협력하는 공동체 의식을 함양하는 것이라고 보았다. 추구하는 인간상에도 공동체 의식, 서로 존중, 소통, 배려와 나눔, 협력 등이 포함되었다. 이를 구현하기 위한 핵심역량에서도 인간에 대한 공감적 이해, 존중, 협력적 소통, 공동체 역량 등이 이에 해당하는 요소이다. 학교 교육과정 설계와 운영에서는 교수 · 학습에서 협동과 협력을 강조하며, 교육 활동 전반을 통하여 고정 관념이나 편견, 차별을 멀리하도록 하였다. 학교 교육과정 편성 · 운영에서도 학년 간 협력을 강조하였다. 둘째, 두 번째로 문화다양성 영역이 많이 포함되었다. 교육과정 개정의 배경에서 사회의 다양성이 확대됨을 중점으로 보았고, 교육과정 구성 시에는 다양한 수업이, 추구하는 인간상에는 문화적 소양과 다원적 가치에 대한 이해가, 핵심역량에는 문화적 감수성 등이 포함되었다. 초등학교 교육 목표에는 다양한 문화 활동을

즐기도록 하고, 학교 교육과정 설계 시에 다양한 영역을 탐색하고, 다양한 소재, 자료, 교수·학습 방법 등을 강조하였다. 다문화 가정 등 사회문화적 배경의 다양성을 존중하도록 하고 범교과 학습 주제에도 포함되어 있다. 셋째, 세 번째로 소양(매체, ICT) 영역이 많이 포함되었다. 인공지능 기술 발전과 디지털 전환을 개정의 배경으로 시작하여, 이에 능동적으로 대응하는 것이 교육과정 구성의 중점이다. 학교 교육과정 설계와 운영에서는 디지털 기초소양을 함양하도록 설계하며, 정보통신기술 매체를 활용한 디지털 기반 학습이 가능한 환경을 구축하여 수업 및 평가를 진행하도록 강조했다. 그 밖에는 거버넌스·시민참여, 안전, 건강·식품, 세계화·국제적 책임, 통일 영역이 반영되어 찾아볼 수 있다.

2022 개정 교육과정 총론의 환경적 관점 내용 영역을 분석한 결과는 다음과 같다. 첫째, 지속가능한 촌락·도시 내용 영역이 가장 많이 추출되었다. 학교 교육과정 설계와 운영 시에 지역사회 실정 등을 고려하도록 하며, 범교과 학습 주제를 지역사회와 연계하여 지도하도록 하였다. 3~6 학년별로 지역과 연계하여 교육과정을 운영하도록 하고, 지역의 특수성을 반영하도록 하였다. 학교의 교육환경 조성을 위해 학교가 지역사회와 적극적으로 연계·협력하도록 하고 지역 자원을 발굴하여 안내하도록 하였다. 둘째, 두 번째로 환경문제 내용 영역이 많이 포함되었다. 개정의 배경에서 생태환경 변화를 시작으로 이에 따른 능동적 대응을 구성의 중점으로 삼았다. 범교과 학습 주제로서 환경·지속가능발전 교육이 포함되었다. 셋째, 세 번째로 기후변화, 자연자원 내용 영역이 반영되었다. 기후변화 등 사회의 불확실성이 증가함을 배경으로 이에 대한 능동적 대응을 하도록 교육과정을 구성하였다. 초등학교 교육 목표에는 자연 속에서 심성을 기르도록 하며, 우리나라 대표 자연자원인 독도에 대한 교육이 범교과 학습 주제로 포함되었다.

2022 개정 교육과정 총론에 포함된 경제적 관점의 내용 중에서는 진로 등 시장경제 내용 영역만 반영되었다. 학생의 진로를 고려한 학습 활동과 방법을 고려하고, 진로 교육, 진로탐색 등을 강화하는 진로연계교육을 편성·운영하도록 하였다.

2) 초등 고학년 지속가능발전교육

초등학교 5~6학년이 2022 개정 교육과정이 가장 나중에 적용되므로 지속가능발전교육과 관련한 교육과정 연구에 대한 시간적 여유가 있다. 또한, 초등학교 5~6학년인 고학년 교육과정상 교과목 종류가 가장 많다. 저학년에서 고학년으로 갈수록 주제가 확대 심화하여 조직되므로 지속가능발전교육 관련 내용이 가장 많이 포함된다(정은홍, 2014; 전송이, 이상원, 2019). 따라서, 초등학교 고학년 시기는 지속가능발전교육과 교과를 통합하여 수업하기에 가장 적절한 시기라고도 할 수 있다. 하지만 교사 재량에 따라 여기서 제시되는 방법을 적용하여 지속가능발전교육을 융합한 수업을 진행해 보고 개별적으로 연구를 진행해 봄이 바람직할 것이다. 본 장의 내용은 고아라, 남영숙(2023)의 '2022 개정 교육과정에 근거한 지속가능발전교육 분석 및 교과서 개발 방향 제시'에 포함된 내용을 수정·보완한 내용이 담겨있다.

가) 2022 개정 교육과정 교과별 목표의 지속가능발전교육 내용 영역 분석 결과

지속가능발전교육 관련 목표 서술 내용 분석은 교육과정에 제시된 교과별 목표가 교과 수업 설계의 방향을 결정하는 중요 지표에 해당하며, 학습 주제 선정 및 교수학습 방법 적용에도 영향을 미친다는 점에서 해당 교과에서 행해질 수 있는 지속가능발전교육의 실행을 가늠하는 지표가 된다(김다원, 2020). 교육부 고시 2022 개정 교육과정의 지속가능발전교육 관련 초등학교 고학년 교과별 목표 서술내용을 분석한 결과, 수학을 제외한 모든 교과에서 관련 목표를 찾아볼 수 있었다(〈표 VI-3, 4〉).

〈표 VI-3〉 2022 개정 교육과정에 포함된 지속가능발전교육 관련 교과별 목표

교과	지속가능발전교육 관련 교과별 목표	핵심내용
국어	• **다양성에 대한 이해를 바탕으로 타인의 의견과 감정, 가치관을 존중하면서 협력적으로 의사소통**한다. • **민주시민으로서 의사소통에 적극적으로 참여**하여 **개인과 공동체의 문**	다양성 개인참여 의사표현

교과	지속가능발전교육 관련 교과별 목표	핵심내용
	제를 해결한다. • **다양한 사상과 정서**가 반영되어 있는 국어문화를 감상하고 향유한다.	
도덕	• 사회 및 공동체와의 관계에서는 **민주시민으로서 필요한 비판적 사고와 배려**를 토대로, **민주적 가치 · 덕목과 규범을 내면화**하여 실천할 수 있는 역량을 함양한다. • 자연과의 관계에서는 **기후위기로 상징되는 현재의 관계 맺기 방식에 관한 비판적 성찰**을 토대로, **바람직한 자연관 모색** 등을 통해 인간과 자연 간의 새로운 관계를 설정하여 **생태학적으로 지속가능한 삶을 실천**할 수 있는 역량을 기른다.	민주시민 기후변화 대응
사회	• 지표 공간의 자연환경 및 인문환경에 대한 이해를 통해 지역에 따른 **인간 생활의 다양성과 역동성을 파악하고, 지역적, 국가적, 세계적 수준의 지리 문제와 쟁점에 관심을 갖는다.** • 사회생활에 관한 기본적 지식과 **정치 · 법 · 경제 · 사회 · 문화 현상에 대한 기본적인 원리를 종합적으로 이해**하고, 현대 사회의 성격 및 민주적 사회생활을 위하여 해결해야 할 여러 문제를 파악한다. • 개인과 사회생활을 민주적으로 운영하고, **우리 사회가 당면한 문제들에 관심**을 가지고 **개인 · 지역사회 · 국가 · 세계적 차원에서 지속가능한 삶**을 위해 적극적으로 노력하는 태도를 가진다.	문화 다양성 거버넌스 국제적 해결 노력
과학	**과학과 기술 및 사회의 상호 관계를 이해**하고, 개인과 사회의 문제해결에 **민주 시민으로서 참여**하고 실천하는 능력을 기른다.	거버넌스 민주시민
실과	• 변화하는 생활환경에서 개인과 가족의 삶에 적용할 수 있는 지식, 수행능력, 태도를 기르고, **생활 자원을 삶의 요구와 필요에 맞게 합리적으로 활용**하며, **공동체와 생태환경을 고려한 책임 있는 행동**을 통해 나와 가족, 공동체 삶의 질을 향상시키는 생활 역량을 기른다. • 기술의 개념과 특성, 기술적 문제 해결, 발명에 대한 이해를 통하여 **기술에 대한 올바른 가치를 인식하고 협력적 태도**를 바탕으로 창의적이고 혁신적인 기술적 실천을 통해 기술 소양을 기른다.	자원 건강 기술소양
영어	• **지역 · 국가 · 세계 공동체의 구성원**으로서 **문화 정체성과 언어 및 문화적 다양성에 대한 이해를 바탕으로 공감, 배려와 관용 및 포용 능력**을 갖추고 영어를 통해 공동체의 문제 해결에 적극적으로 참여한다.	다양성
체육	• **건강 관련 지식을 이해하고, 생애 전반에 걸쳐 건강을 증진 및 관리하며, 건강의 증진과 관리에 필요한 가치와 태도를 실천**한다. • 신체활동의 **고유한 문화 특성을 이해**하고, 신체활동 문화를 일상생활에서 누리며, **다양한 문화 양식에 내재한 가치와 태도를 실천**한다.	건강 다양성
음악	• 협력적 음악 활동을 통해 **서로 다른 음악 표현을 존중**하며 생활 속에서 소통한다. • **다양한 음악 문화와 음악**의 역할을 인식하며 자신이 속한 공동체에 기여한다.	다양성 참여

교과	지속가능발전교육 관련 교과별 목표	핵심내용
미술	• **다양한 매체에 기반한 시각 문화를 비판적으로 이해**하고 활용하여 시각적으로 소통한다. • 미술을 매개로 주도적으로 사고하고 행동하며 **세계와의 관계**에서 자신을 이해한다. • 미술 문화의 **다원적 가치를 존중하며 협력적 의사소통을 통해 공동체의 문화 발전에 참여**한다.	소양 다양성 세계화 참여

〈국어〉에서는 '공동체', '다양성', '개인참여', '의사표현', 〈도덕〉에서는 '사회규범', '민주시민', '기후변화 대응'이 제시되었다. 〈사회〉에서는 '사회제도', '문화다양성', '거버넌스', '국제적 해결 노력', '자연환경', 〈과학〉에서는 '거버넌스', '민주시민'이 포함되었다. 〈실과〉에서는 '공동체', '건강', '기술소양', '자원', '생태환경', '진로탐색', 〈영어〉에서는 '협력적 의사소통', '다양성', '참여', '디지털 지식정보', '세계 문제해결'이 반영되었다. 〈체육〉에서는 '다양성', '건강', 〈음악〉에서는 '공동체 기여', '다양성', '참여', 〈미술〉에서는 '공동체', '다양성', '참여', '소양', '세계화' 내용을 목표에 포함하였다.

다양한 교과 영역을 연결하여 지속가능발전교육을 연계한 교육의 가능성이 있다. 실제 교실 수업에서는 지속가능발전교육의 간학문적 혹은 융합적 특성을 살려 주제중심 교육과정으로 재구성도 가능하다. 그러나 관점영역별로는 사회적 관점이 대다수이고, 〈도덕〉, 〈사회〉와 〈실과〉에서만 일부 환경적 관점이 제시되었다. 목표 서술에서 또한 지속가능발전교육에서의 세 관점이 다양하게 반영되지 못하고 경제적 관점은 소홀히 다루어지고 있다.

〈표 VI-4〉 2022 개정 5~6학년 교육과정 교과별 목표의 지속가능발전교육 내용 영역 분석 결과

지속가능발전교육 핵심 내용		국	도	사	과	실	영	체	음	미
사회적 관점	인권 · 평화 · 사회정의	○	○	○		○	○		○	○
	통일									
	문화 다양성	○		○			○	○	○	○
	안전									
	건강 · 식품					○		○		

지속가능발전교육 핵심 내용		국	도	사	과	실	영	체	음	미
	거버넌스 · 시민참여	○	○	○	○		○		○	○
	양성평등									
	소양(매체, ICT)	○				○	○			○
	세계화 · 국제적 책임			○			○			○
환경적 관점	자연자원			○		○				
	에너지									
	기후변화		○							
	생물 다양성									
	환경문제		○			○				
	지속가능한 식량생산									
	지속가능한 촌락 · 도시									
	재해예방 · 감소									
	교통									
경제적 관점	지속가능한 생산과 소비									
	기업의 지속가능성									
	시장경제					○				
	빈부격차, 기아종식									

나) 2022 개정 교육과정 교과별 내용 체계의 지속가능발전교육 내용 영역 분석 결과

2022 개정 교육과정에서 5~6학년 교과별 내용 체계에 반영된 지속가능발전교육 핵심 내용 요소를 분석하였다(〈표 VI－5〉). 내용 체계는 학습 내용의 범위와 수준을 나타내는 것으로서 영역, 영역별 핵심 아이디어와 내용 요소로 구성되어 있다. '영역'은 교과(목)의 성격에 따라 기반 학문의 하위 영역이나 학습 내용을 구성하는 일차 조직자이다. '핵심 아이디어'는 교과 영역을 아우르면서 영역의 학습을 통해 일반화시킬 수 있는 내용을 핵심적으로 진술한 것으로, 내용 체계의 설계를 위한 핵심 조직자이다. 이는 교과 학습을 통해 학습자들이 성취하기를 기대하는 결과이면서 교수 · 학습 과정에서 지속적으로 주목하여야 할 내용으로 구

성되었다. '내용 요소'는 핵심 아이디어에 기초하여 학생들이 학습해야 할 필수 내용을 선정한 것으로 지식·이해, 과정·기능, 가치·태도의 세 범주로 구분하여 학교군별, 학교급별로 위계화되었다(교육부, 2022).

내용 체계는 상대적으로 목표보다 많은 지속가능발전교육 핵심 요소를 포함하고 있는 것으로 분석되었다. 내용 체계 내에 세 관점의 모든 핵심 내용이 포함되었으며, 특히 사회와 실과 교과는 다양한 핵심 내용을 고루 반영하고 있었다. 인권·평화·사회정의의 내용은 모든 교과에 포함되어 있었으며, 일부 내용들은 하나의 교과에만 반영되어 있는 것으로 분석되었다. 즉, 양성평등, 지속가능한 식량 생산, 지속가능한 촌락·도시, 재해예방·감소, 기업의 지속가능성, 빈부격차·기아종식 등의 내용이다. 그리고, 국어, 영어, 체육, 음악, 미술 교과의 내용 체계에는 환경적 관점과 경제적 관점의 핵심 내용 요소가 전혀 포함되지 않은 것으로 나타났다.

〈표 VI-5〉 2022 개정 5~6학년 교육과정 교과별 내용 요소 중 ESD 핵심 요소 포함 결과

핵심 내용		국	도	사	과	실	영	체	음	미
사회적 관점	인권·평화·사회정의	상호존중, 공동체, 공감	인권 존중 사회정의	인권과 기본권	협력적 소통	상호존중 협력적 소통	공감, 존중, 협력	규범, 소통	소통, 함께, 공감, 협력	소통, 공동체
	통일		통일 과정과 통일 이후 바람직한 사회모습	분단과 평화 전쟁과 평화 통일						
	문화 다양성	다양한 글이나 자료 읽기	서로 다름 존중	문화다양성	다양함	지속 가능한 의식주	다양한 문화권 의사소통	다양한 표현 수용	다양한 문화 다양한 표현	서로 다른 관점의 존중
	안전				안전·지속가능 사회에 기여	안전한 생활		안전사고		

핵심 내용		국	도	사	과	실	영	체	음	미
	건강· 식품					균형 잡힌 식사 건강한 발달		건강 체력 운동		
	거버넌스 · 시민참여	협력적 참여 집단· 사회의 언어		민주주의 사회문제 해결 참여			참여			문화 참여
	양성평등					가정역할 분담				
	소양 (매체, ICT)	매체 소통과 자료	인공지능 로봇	디지털 지도 미디어		사이버 공간 데이터와 인공지능	다양한 매체		다양한 매체	디지털 매체
	세계화· 국제적 책임		세계시민 국제문제	지구촌 갈등 지구촌 문제 세계화	인류복지	세계화				
환경적 관점	자연자원			자연환경	지층	동식물자 원				
	에너지				자원 지속 가능한 에너지	친환경에 너지				
	기후변화			기후	날씨와 기상 요소					
	생물 다양성				과거 생물과 환경	동식물				
	환경문제		환경 위기 극복 지속가능 한 삶	환경 감수성		환경문제 극복				

핵심 내용		국	도	사	과	실	영	체	음	미
	지속 가능한 식량생산					친환경 농업				
	지속 가능한 촌락·도시			지역성 도시문제						
	재해예방·감소			자연재해						
	교통			교통과 통신의 변화		수송 수단				
경제적 관점	지속 가능한 생산과 소비			합리적 소비		소비자시민성				
	기업의 지속 가능성			기업책임						
	시장경제		일	경제 성장과 문제해결	과학직업	진로, 직업 일과 노동				
	빈부격차, 기아종식			공정한 분배						

다) 2022 개정 교육과정 교과별 성취기준의 지속가능발전교육 내용 영역 분석 결과

2022 개정 교육과정에서 5~6학년 교과별 성취기준, 성취기준 해설, 성취기준 적용 시 고려 사항을 분석하였다(〈표 VI-6〉). '성취기준'은 영역별 내용 요소(지식・이해, 과정・기능, 가치・태도)를 학습한 결과 학생이 궁극적으로 할 수 있거나 할 수 있기를 기대하는 도달점이다. '성취기준 해설'은 해당 성취기준의 설정 취지 및 의미, 학습 의도 등을 설명한 것으로 성취기준 안에 담긴 구체적인 의미에 대한 서술이다. '성취기준 적용 시 고려 사항'은 영역 고유의 성격을 고려하여

특별히 강조하거나 중요하게 다루어야 할 교수・학습 및 평가의 주안점, 총론의 주요 사항과 해당 영역의 학습과의 연계 등을 설명한 것이다(교육부, 2022). 2009 교육과정 이후 교육과정은 성취기준 중심 교육과정으로서 교사의 수업 자율성과 융통성을 높여 주었다. 따라서 실질적 운영 주체인 교사가 성취기준을 이해한 수준에서 학생들에게 성취기준을 달성하게 하는 교육이 일어나므로 성취기준에 대한 교사의 이해가 중요하다고 볼 수 있다(임재일, 2014). 즉, 성취기준은 교과의 내용과 교수・학습의 방향, 평가의 방향까지 제시하므로 성취기준에 대한 정확한 이해가 중요해진다. 교사가 성취기준을 이해하고자 할 때 성취기준뿐만 아니라 성취기준 해설, 성취기준 적용 시 고려 사항까지 이해하고 교수활동을 진행할 것이므로 성취기준과 함께 성취기준 해설, 성취기준 적용 시 고려 사항을 분석 범위에 포함하였다.

성취기준은 내용 체계보다도 많은 지속가능발전교육 핵심 요소를 담고 있다. 목표, 내용 체계에 담을 수 없었던 내용도 포함하여 보다 많은 지속가능발전교육 핵심 내용과 내용 요소도 담고 있다. 교과 전체에 걸쳐 세 관점의 모든 핵심 내용과 내용 요소를 포함하고 있다. 성취기준에서는 2022 개정 교육과정의 특징을 담은 디지털 소양 요소가 모든 교과에서 제시되었다. 가장 많은 요소를 포함한 교과는 사회 교과로 전체 22개 요소 중 15개의 요소를 담고 있다. 사회・문화적 관점과 환경적 관점의 내용들이 모든 교과에 반영되어 있다. 국어, 영어, 체육, 음악, 미술 교과는 내용 체계에서는 보이지 않았던 환경적 관점 내용이 성취 기준(해설, 고려사항 포함)에서는 반영되어 있었다. 그러나 영어, 체육, 음악, 미술교과의 성취 기준에는 여전히 경제적 관점의 핵심 내용 요소가 포함되지 않았다. 특히 경제적 관점은 진로교육과 연계하여 현실적인 삶의 문제와 장래의 진로 및 직업 문제에 어떻게 관련되며, 도움이 될 수 있는가를 깨달을 수 있도록 하기 위하여 모든 교과 활동을 통하여 지도될 필요가 있다(김수민, 김재호, 2021).

〈표 VI-6〉 2022 개정 5~6학년 교육과정 교과별 성취기준 중 ESD 핵심 요소 포함 결과

핵심 내용		국	도	사	과	실	영	체	음	미
사회적 관점	인권·평화·사회정의	공동체, 협력	인권, 협력, 정의, 공동체	인권		나눔, 공유	공동체 구성원, 협력	공동체 이해 인권교육 협력배려 공유	협력, 공유	상호작용 소외
	통일		통일	전쟁, 통일						
	문화 다양성	지역에 따른 언어변화	다양성 존중	문화변화 다양성		가족의 다양함 음식 다양	문화수용 다문화	전통표현	다양한 문화	문화적 다양성
	안전				안전사고 속력안전 수칙	의식주 안전		위험상황		안전사고 예방
	건강·식품				질병과 예방	건강위생 옷		건강체력		
	거버넌스·시민참여	민주적 의사소통		민주화 민주주의			의사소통	민주시민 교육		
	양성평등					성역할 편견		양성평등		
	소양 (매체, ICT)	매체활용 매체자료 평가·활용	인공지능 로봇	디지털 지도 미디어 분석	실감형 자료 디지털 자료	디지털 기기 로봇, 인공지능	디지털 매체	디지털 기술 디지털 도구	매체 표현	디지털 매체
	세계화·국제적 책임		인류애	세계화, 무역, 지구촌 문제						
환경적 관점	자연자원			지형	지층, 자원 식물동물			자연환경		
	에너지			에너지 문제	재생 에너지	친환경 에너지				
	기후변화		기후문제	독도기후 기후변화	기상요소		담화주제		음악활용	

핵심 내용		국	도	사	과	실	영	체	음	미
	생물 다양성		자연 다양성	독도 동식물	생태계 피해 생물, 식물	동식물				
	환경문제	생태소양 함양문학	환경위기 생태 감수성		물정화 장치 산성화	쓰레기 생태지향			음악활용	생태 감수성 생태전환
	지속가능한 식량생산					지속 가능한 농업				
	지속 가능한 촌락·도시	지역 방언		여러 지역				지역사회 복지	지역축제 음악	지역사회 미술
	재해예방·감소			자연재해						
	교통				교통안전	수송수단				
경제적 관점	지속 가능한 생산과 소비					친환경 식생활				
	기업의 지속 가능성			기업의 책임						
	시장경제	관련 직업	진로계획	산업화 시장경제	진로	직업으로서 일				
	빈부격차 기아종식			빈부격차 난민						

2. 인성교육과 지속가능발전교육 연결하기

가. 인성교육과 지속가능발전교육 융합

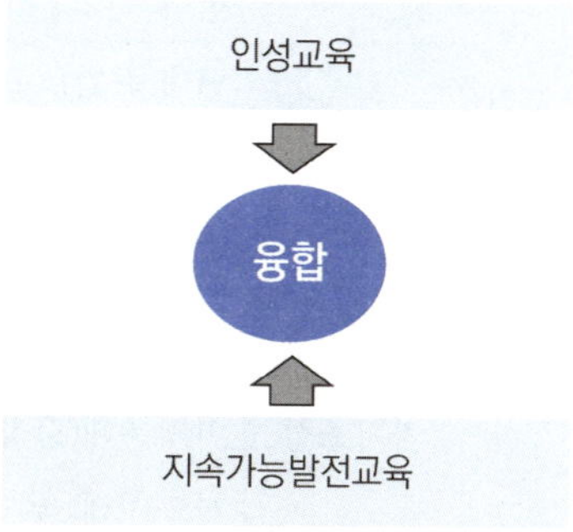

[그림 VI-1] 인성교육과 ESD 융합

학교에서 교육을 하는 이상, 아니 어디에서든 교육을 하는 이상 인성은 떼려야 뗄 수 없는 요소이다. 공자부터 플라톤까지 인성 그 자체에 대한 논의와 인성교육의 의미에 대한 다양한 논의가 있어 왔다(강선보 외, 2008; 박현진, 2013). 어떤 이는 인성을 갖추는 그 자체를 교육의 목적으로 보기도 한다. 우리나라는 2015년 「인성교육진흥법」이 제정되면서 인성교육을 '자신의 내면을 바르고 건전하게 가꾸고 타인·공동체·자연과 더불어 살아가는 데 필요한 인간다운 성품과 역량을 기르는 것을 목적으로 하는 교육'으로 정의했고, 목표로 삼는 '핵심 가치·덕목'은 예(禮), 효(孝), 책임, 존중, 배려, 소통, 협동이다. 그리고 '핵심 역량'은 핵심 가치·덕목을 적극적이고 능동적으로 실천 또는 실행하는 데 필요한 지식과 공감·소통하는 의사소통 능력이나 갈등해결 능력 등이 통합된 능력이라고 규정했다(인성교육진흥법). 학교는 교육부에서 정한 인성교육종합계획과 각 지자체 및 교육청에서 추진하는 인성교육과 정책 등을 반영하여 교육과정과 연계하여 학교 수준 인성교육을 실시하고 있다(고아라, 남영숙, 2023b). 그리고 학교 안에서는 학년별, 학급별, 개인별 인성교육을 진행하고 있을 것이다. 어차피 학급 내에서 교사가 진행하는 교육이라면 지속가능발전교육과 함께한다면 효과가 높아질 것이다.

한국교육개발원(KEDI)에서 교육부로부터 위탁받아 수행한 '초·중등 학생 인성수준 조사 및 검사도구의 현장 활용도 제고 방안 연구(2014)'의 일환으로 KEDI 인성검사를 제작하였다. 그 이후 학교에서도 연구학교, 현장연구 및 대회를 위해 인성검사를 활용하였다. 현장에서 활용되고 있는 인성검사를 중심으로 인성요소와 하위 요인을 정리하면 〈표 VI-7〉과 같다.

〈표 VI-7〉 인성요소와 하위 요인(KEDI를 중심으로)

구분	인성요소	하위 요인
자기 존중	자기존중	자기존중, 자기효능, 자기인식, 자기긍정, 자기표현, 긍정적 자기이해, 긍정적인 태도, 기쁨, 자신감, 자아수용, 자아존중감, 자기인정감, 자기가치, 수행능력에 대한 자기지각, 사회적 수용에 대한 자기지각, 자부심 등
	성실	인내(끈기), 근면성, 완전성, 유능감, 정연성, 충실성, 성취에 대한 갈망, 자기규제성, 신중성 등
	정직 · 용기	정직성, 솔직성, 용감성, 긍정적 사고, 자존감, 진실성, 신용, 통합성, 신뢰감(약속 지키기), 충성심, 진정성, 일관성, 진실 등
	지혜	개방성, 판단 및 의사결정능력, 안목, 자아성찰, 판단력, 지혜 등
	자기조절	자기통제(감정, 충동, 행동), 신중성, 절제 등
타인 존중	배려 · 소통	타인이해 및 공감, 친절성, 대인관계 및 의사소통능력, 연민, 소통, 관용, 개방성, 봉사, 배려, 경청, 감사, 관계성, 박애, 협력, 협동, 인류애, 자연애, 생명애 등
	사회적 책임	책임성, 협동심, 규칙이행, 의무감, 교제능력, 신뢰성, 책무감, 수월성 추구, 자기 규제, 역할 충실, 충성 등
	예의	효도, 공경, 윤리, 감사, 순종, 예의범절 등
	정의	공정, 공평, 인권존중, 비판적 사고, 정의감, 과정중시, 정당, 규칙 준수, 자유, 평등, 복지 등 사회적 가치, 평화, 번영 등 인류적 가치 등
	시민성	애국심, 타문화이해, 세계시민의식, 공동체의식, 준법성, 민주시민성, 시민정신, 민족애, 조국애, 민족적 과제에 관심 및 참여와 실천, 인류애 실천, 환경 보전 실천, 생명 존중 실천 등

인성과 인성교육에서 교육적 요소가 중시된다면 그것은 교육을 통해 함양하고 드러나야 하는 능력 혹은 역량과 긴밀한 연관을 맺을 수밖에 없다. 다시 말해 바람직한 인성교육은 인간다운 바람직한 삶을 영위하는 데 필요한 도덕성과 시민윤리를 바탕으로, 인간의 참된 본성과 전인성의 토대 위에 미래 사회를 위한 도덕적, 사회적, 감성적인 소양을 일상생활 속에서 실천해 낼 수 있는 역량을 갖추도록 하는 것이다(양정실, 2014). 인성은 사람 됨됨이로서 하나의 정적인 속성으로 머무르는 것이 아니라 교육을 통해 계발, 발현되어야 하는 하나의 역량이다. 중요한 점은 인성교육의 내용이 기존의 인성교육의 요소뿐만 아니라 실천 역량을 함양하는 방향으로 설계되어야 한다는 점이다(조혜경, 2021).

〈표 VI-8〉 인성 핵심역량과 하위 요소

인성 핵심역량	의미	하위 요소	
자기관리 역량	자아정체성과 자신감을 가지고 자신의 삶과 진로에 필요한 기초 능력과 자질을 갖추어 자기주도적으로 살아갈 수 있는 능력	긍정적 자아 의식	자아정체성 확립, 자신감 획득, 자기 이해, 자아정체감 등
		자기 주도성	자기 통제 및 절제, 기본 생활 습관 형성, 자신의 감정 조절, 건강관리, 기초학습능력 및 자기주도 학습능력, 성취동기, 자기관리, 자기확신 등
		진로 성숙도	진로개발 능력, 합리적 경제생활, 여가 선용, 진로계획성, 진로독립성, 진로행동 등
심미적 감성 역량	인간에 대한 공감적 이해와 문화적 감수성을 바탕으로 삶의 의미와 가치를 발견하여 향유할 수 있는 능력	문화적 소양	문화적 소양과 감수성, 문화적 상상력, 정서적 안정감, 의미 있고 행복한 삶의 추구와 향유, 독서활동, 예술활동, 스포츠활동 등
		다문화 수용성	타인의 경험 및 인간에 대한 공감 능력, 다양한 가치에 대한 존중, 다양성, 관계성 등
의사소통 역량	다양한 상황에서 자신의 생각과 감정을 효과적으로 표현하고 다른 사람의 의견을 경청하며 존중하는 능력	의사 소통 능력	언어적 표현 능력, 타인 이해 및 존중 능력, 갈등 조정 능력, 공감, 소통 등
공동체 역량	지역·국가·세계 공동체의 구성원에게 요구되는 가치와 태도를 가지고 공동체 발전에 적극적으로 참여하는 능력	민주 시민성	시민의식, 준법정신, 질서의식, 공정성과 책임감, 참여와 책임의식, 협동과 협업 능력, 나눔과 배려, 공동체성, 협동성, 준법성, 봉사성 등
		세계 시민성	국가정체의식, 지구공동체의식 등

출처: 교육부, 2016; 권희경 외, 2018을 정리하여 연구자가 작성

지속가능발전교육은 사람들이 지속가능한 사회에서 살아가기 위한 교육으로 인성교육과 같이 인간생활의 구조나 행동양식을 변화시키기 위한 것이다. 인성교육은 사람의 삶을 바람직한 방향으로 변화되어 가게 하는 것이고, 지속가능발전교육은 지속가능한 미래와 사회변혁을 위해 필요한 가치, 행동, 삶의 방식을 배우

는 사회를 지향하는 것이라 볼 수 있어 양자가 추구하는 방향이 유사함을 알 수 있다(이유나, 이연승, 2020). 지속가능발전교육은 교육에서 환경·경제·사회적인 가치를 모두 고려하는 형식으로 이루어져야 하는 것으로 교육 내용에서의 균형성에 의미를 둔다(고아라, 남영숙, 2023b).

나. 인성 함양 지속가능발전교육 역량[1)]

인성교육 요소와 지속가능발전교육 요소는 다양하게 제시되고 있다. 또한, 둘이 추구하는 방향과 방법 등에서 유사성이 있는 것으로 보인다. 제시된 바를 종합하여 인성교육과 지속가능발전교육의 연계 방안을 제안하면 다음과 같다.

첫째, 인성교육은 그 의미가 다양하지만 교육을 통한 바람직한 결과를 의미하는 데 공통점이 있었다. 즉, 교육의 결과로서 얻게 되는 덕목과 역량들로 볼 수 있다. 지속가능발전교육은 내용적 영역으로서 사회가 지속가능하도록 하기 위해 여러 요소를 다 함께 둘러볼 필요에서 출발했다. 교육의 내용으로서 반영해야 할 사회, 경제, 환경적 요소라고 볼 수 있다. 그러므로 역량 중심으로 인성과 지속가능발전교육을 연계하여 과정에서는 지속가능발전교육을 함께하고 결과적으로 인성교육 덕목을 얻을 수 있는 융합을 하였다.

둘째, 인성교육과 지속가능발전교육의 위와 같은 특성을 살펴 인성교육 요소와 지속가능발전교육 역량의 융합을 시도해 볼 수 있다. [그림 VI－2]와 같이 인성역량 및 인성요소는 지속가능발전교육 역량과 많은 부분에 유사점이 있다. 각각 3가지 이상의 요소 또는 역량과 접목되는 요소 및 역량 중심으로 인성 함양 지속가능발전교육 역량을 추출하였다. 정직·용기, 지혜, 배려·소통, 정의, 시민성의 인성요소, 그리고 의사소통능력, 자아성찰적 태도, 타자지향적 태도, 민주시민적 태도, 국제문화적 태도와 주로 융합하였다.

구체적으로는 정직·용기, 지혜의 인성요소와 자아성찰적 태도의 지속가능발

1) 본 절은 고아라, 남영숙(2023)의 '인성교육과 지속가능발전교육 연계 방안' 중 연구결과 3의 내용을 수정·보완한 내용을 포함하였다.

전교육역량을 각각 융합하여 자아성찰적 정직·용기, 자아성찰적 지혜로, 배려·소통의 인성요소와 의사소통능력, 타자지향적 태도, 국제문화적 태도의 지속가능발전역량을 각각 융합하여 의사소통적 배려, 타자지향적 배려·소통, 국제문화적 배려·소통으로 생성되었다. 정의의 인성요소와 타자지향적 태도, 민주시민적 태도, 국제문화적 태도의 지속가능발전역량을 각각 융합하여 타자지향적 정의, 민주시민적 정의, 국제문화적 정의로, 시민성의 인성요소와 타자지향적 태도, 민주시민적 태도, 국제문화적 태도의 지속가능발전역량을 각각 융합하여 타자지향적 시민성, 민주시민성, 국제문화적 시민성으로 생성되었다.

따라서, 인성교육과 지속가능발전교육의 연계 방안을 정리하면 교육의 결과로서 얻게 되는 인성요소와 교육의 내용으로서 반영해야 할 지속가능발전교육역량을 융합하여 인성 함양 지속가능발전교육 역량을 생성할 수 있다.

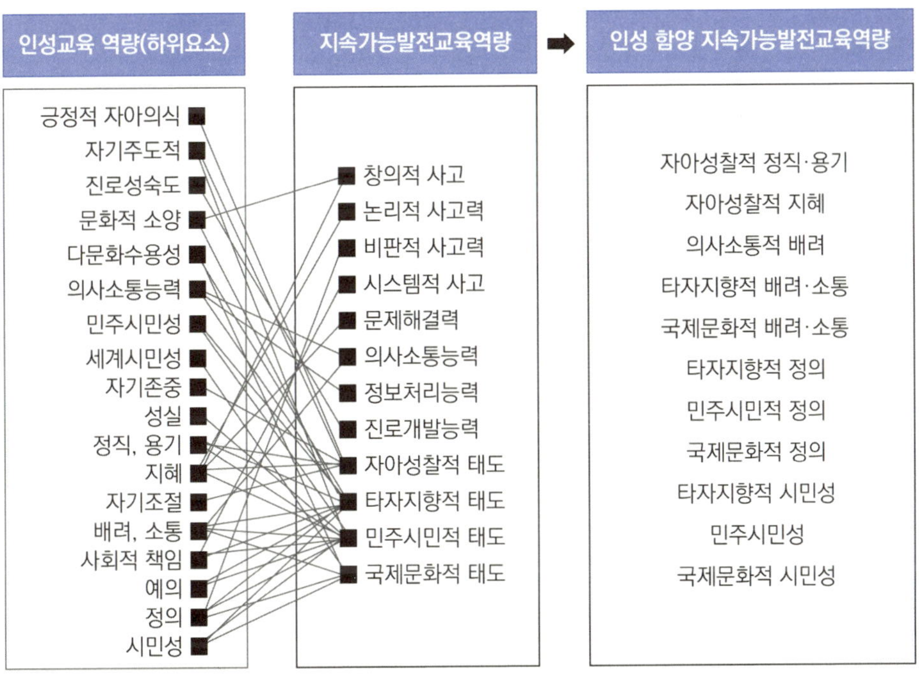

[그림 VI-2] 인성교육 역량 및 요소와 지속가능발전교육 역량의 관계

생성된 인성 함양 지속가능발전교육 역량에 대한 설명은 〈표 VI-9〉와 같다.

〈표 VI-9〉 인성 함양 지속가능발전교육 역량 세부요인(고아라, 2024)

인성 함양 ESD역량	지속가능발전교육역량	인성교육역량(요소)	정의 및 하위 요인
자아성찰적 정직 · 용기	자아성찰적 태도	정직 · 용기	자신에게 진정성을 가지고 스스로의 능력을 믿고 자신이 생각하는 것을 지지하고 계속해 나가는 태도
			자존감, 긍정 등
자아성찰적 지혜	자아성찰적 태도	지혜	자신에게 진정성을 가지고 스스로의 능력을 믿고 상황을 분별하는 능력
			자아성찰 등
의사소통적 배려	의사소통 능력	배려 · 소통	자신의 생각을 논리적으로 표현하거나 다른 사람의 의견을 경청하면서 상대의 필요나 요구에 민감하게 반응을 보이는 태도
			소통, 의사소통능력, 경청 등
타자지향적 배려 · 소통	타자지향적 태도	배려 · 소통	관계형성, 갈등관리, 협동, 공감, 신뢰, 감수성 등의 하위역량을 포함하여 다른 사람의 필요나 요구에 귀를 기울이고 다른 사람들과 원만하게 지내기 위한 태도
			대인관계, 타인이해, 협력, 친절성, 관계성, 협동 등
국제문화적 배려 · 소통	국제문화적 태도	배려 · 소통	세계적 문제에 관심을 가지며 다양성을 존중하고 공감하며 소통하려는 태도
			인류애, 자연애, 생명애 등
타자지향적 정의	타자지향적 태도	정의	다른 사람의 필요나 요구에 귀를 기울이고 다른 사람들과 원만하게 지내기 위해 각자에게 정당한 몫을 주고자 하는 의지
			타인 존중 등
민주시민적 정의	민주시민적 태도	정의	사회 구성원으로서 공동의 목표를 이끌고, 다른 이에게도 옳은 것을 행하고자 하는 의지
			공동의 목표, 사회적 가치 등
국제문화적 정의	국제문화적 태도	정의	세계적 문제에 관심을 가지며 다양성을 존중하며 인류적 가치와 사회적 가치를 이루고자 하는 의지
			다양성, 인류적 가치, 사회적 가치 등
타자지향적 시민성	타자지향적 태도	시민성	공동체의식, 시민정신, 민족애, 조국애 등 다른 사람들의 감정과 고통에 민감하게 느끼는 태도
			관계형성 등
민주시민성	민주시민적 태도	시민성	사회 구성원으로서 역할과 의무를 수행하고자 집단 및 공동체 문제에 관심을 두고 협력하려는 태도
			민주시민성, 시민정신, 준법성, 과제실천 등
국제문화적 시민성	국제문화적 태도	시민성	세계적 문제와 다른 문화에 대한 문제에 관심을 두고 실천하려는 태도
			타문화이해, 세계시민의식, 인류애 등

종합하자면, 교육의 결과로서 얻게 되는 인성요소와 교육의 내용으로서 반영해야 할 지속가능발전교육 역량을 융합하여 인성을 함양시킬 수 있는 지속가능발전교육 역량을 생성할 수 있을 것이다.

3. 초등 고학년을 위한 지속가능발전교육 융합 수업

가. 융합 수업을 위한 준비

초등 고학년을 위한 지속가능발전교육과 인성교육 융합 수업을 시도해보고자 한다. 2022 개정 초등학교 5~6학년 교육과정 중 인성교육과 지속가능발전교육 역량과 관계 있는 내용을 선정하고 교육과정 분석을 토대로 구성할 수 있다. 고아라(2024)의 연구를 토대로 한 인성교육과 지속가능발전교육 융합 수업을 위한 절차는 다음과 같다.

단계	추진과제	추진내용
기획	교육과정 분석 환경분석	• 학생 및 교육환경 분석 • 인성교육 및 지속가능발전교육 요소 추출 • 2022 개정 교육과정(5~6학년) 분석
⬇		
준비	수행목표의 상세화 교수전략 및 매체선정 평가도구 설계의 구조화	• 인성교육과 지속가능발전교육 요소 융합 • 인성 함양 ESD 역량 제시 • 2022 개정 교육과정 중심 ESD 성취기준 개발 • 융합 목표 도출 • 주제 선정 • 수업 목표 및 학습 평가 항목 진술 • 교수 · 학습 전략 제시
⬇		
개발	자료 개발	• 인성교육 및 지속가능발전교육 융합 수업안 개발
⬇		
개선	검토	• 주제 선정의 적절성 검토 • 융합 모델 개발 목적 및 학습자 수준에 따른 수업지도안 검토

[그림 VI-3] 인성교육 및 지속가능발전교육 융합 모델

앞 장에서 제시된 인성 함양 지속가능발전교육 역량을 포함하는 성취기준을 추출하여 재구성을 준비할 수 있다. 교과별 성취기준 추출 결과는 〈표 VI-10〉과 같다.

〈표 VI-10〉 초등학교 5~6학년 인성교육 및 지속가능발전교육 관련 교과별 성취기준

교과	성취기준	인성 함양 ESD역량	ESD 내용요소
국어	[6국01-03] 주제와 관련하여 궁금한 내용을 질문하며 적극적으로 듣고 말한다.	타자지향적 배려 · 소통	대화와 타협, 의사 표현
	[6국01-04] 면담의 절차를 이해하고 상대와 매체를 고려하여 면담한다.	타자지향적 배려 · 소통	대화와 타협, 매체 소양
	[6국01-07] 절차와 규칙을 지키고 타당한 이유와 근거를 제시하며 토론한다.	타자지향적 배려 · 소통	사회정의, 대화와 타협, 의사 표현
	[6국05-04] 인상적인 부분을 중심으로 작품에 대한 의견을 나눈다.	타자지향적 배려 · 소통	대화와 타협, 다양성
	[6국05-06] 작품을 읽고 자신의 삶과 연관 지어 성찰하는 태도를 지닌다.	민주시민성	인간 존중, 생활모습
도덕	[6도01-01] 자주적인 삶에 대한 이해를 바탕으로 자신의 생활계획을 세우고 실천하여 주체적인 삶의 태도를 기른다.	자아성찰적 정직 · 용기	생활모습
	[6도01-02] 생활 습관에 대한 성찰을 통해 자기 생활을 점검하고 올바른 계획을 세워 이를 실천한다.	자아성찰적 지혜	생활모습
	[6도02-01] 봉사의 의미와 중요성을 이해하고, 타인이 처한 상황과 환경에 대한 주의 깊은 관심을 바탕으로 봉사를 실천한다.	타자지향적 배려 · 소통	공동체 의식, 환경문제
	[6도02-02] 편견이 발생하는 이유를 탐색하여 해결 방안을 살펴보고, 다양성 존중을 바탕으로 다른 사람과 올바른 관계를 맺기 위한 실천 방안을 탐구한다.	타자지향적 시민성	편견, 다양성
	[6도03-01] 인권과 관련된 다양한 사례를 살펴보고 인권에 관한 감수성을 길러 이를 실천하려는 의지를 함양한다.	타자지향적 시민성	인권
	[6도03-02] 정의에 관한 관심을 토대로 공동체 규칙의 중요성을 살펴보고 직접 공정한 규칙을 고안하며 기초적인 시민의식을 기른다.	민주시민적 정의	사회정의, 공동체 의식

교과	성취기준	인성 함양 ESD역량	ESD 내용요소
	[6도03-04] 다른 나라 사람들이 처한 여러 가지 상황을 종합적으로 이해하고 해결 방안을 탐구하며 인류애를 기른다.	국제문화적 시민성	다양성, 세계화
	[6도04-01] 지구의 환경 위기 상황을 이해하고, 이를 극복하기 위한 다양한 방안을 찾아 자신의 일상에서 실천하고자 노력한다.	국제문화적 시민성	환경문제, 세계화
	[6도04-02] 지속가능한 삶의 의미를 탐구하고 미래 세대에 대한 책임을 강화하여 자연의 다양성을 존중하고 생산성을 유지할 수 있는 미래를 위한 실천 방안을 찾는다.	민주시민성	환경문제, 생물다양성
사회	[6사01-02] 독도의 지리적 특성과 독도에 대한 역사 기록을 바탕으로 영토로서 독도의 중요성을 이해한다.	민주시민성	촌락, 자연자원
	[6사02-01] 우리나라의 계절별 기후 특징을 자료에서 탐구하고, 기후변화로 인한 자연재해의 심각성을 이해한다.	민주시민성	기후변화, 자연재해
	[6사03-01] 일상 사례에서 법의 의미와 역할을 이해하고, 헌법에 규정된 인권이 일상생활에서 구현되는 사례를 조사하여 인권 친화적 태도를 기른다.	민주시민적 정의	법제도, 인권
	[6사03-02] 일상생활에서 인권이 침해되는 사례를 찾아 그 해결 방안을 탐색하고, 인권을 보호하는 활동에 참여한다.	민주시민적 정의	인권
	[6사08-01] 민주주의에서 선거의 의미와 역할을 파악하고, 시민의 주권 행사를 위해 선거에 참여하는 태도를 기른다.	민주시민성	민주주의
	[6사08-02] 민주 국가에서 국회, 행정부, 법원이 하는 일에 대해 이해하고, 각 국가기관의 권력을 분립하는 이유를 탐색한다.	민주시민성	민주주의, 사회정의
	[6사10-01] 세계의 여러 지역의 지형 경관을 살펴보고, 이를 통해 다양한 삶의 모습을 이해한다.	타자지향적 시민성	자연자원, 생물다양성, 문화다양성
	[6사10-02] 세계의 다양한 기후를 알아보고 기후 환경과 인간생활 간의 관계를 탐구한다.	국제문화적 시민성	기후변화, 생활모습
	[6사12-02] 지구촌을 위협하는 다양한 문제들을 파악하고, 지속가능한 미래를 위한 해결 방안을 탐색한다.	국제문화적 시민성	환경문제, 세계화

교과	성취기준	인성 함양 ESD역량	ESD 내용요소
과학	[6과05-03] 지속가능한 삶을 위한 과학기술 사례 중 혼합물의 분리를 이용한 장치를 조사하여 공유할 수 있다.	타자지향적 시민성	환경문제, 공동체 의식
	[6과07-04] 일상생활에서 단열을 이용하는 사례를 조사하고, 온도를 오랫동안 일정하게 유지할 수 있는 장치를 창의적으로 만들 수 있다.	민주시민적 정의	에너지
	[6과08-01] 우리가 생활에서 이용하는 다양한 자원을 조사하고, 자원의 유한함을 설명할 수 있다.	타자지향적 시민성	자연자원
	[6과08-02] 재생에너지의 종류를 조사하고, 에너지를 지속가능하게 이용하는 방법에 관심을 갖는다.	국제문화적 시민성	에너지
	[6과08-03] 자원과 에너지의 효율적인 이용 방법에 대해 탐색하고, 생활 속에서 실천할 수 있는 다양한 사례를 공유할 수 있다.	타자지향적 시민성	자연자원, 에너지, 공동체 의식
	[6과09-04] 산성화로 인한 환경의 피해 사례를 소개하는 자료를 만들고 공유할 수 있다.	타자지향적 시민성	환경문제, 공동체 의식
	[6과14-04] 연소 과정에서 생성되는 물질로 인한 생태계의 피해 사례를 수집하고 분석하여 해결책을 제안하고 공유할 수 있다.	국제문화적 시민성	환경문제, 생물다양성
	[6과16-01] 미래 사회에 일어날 수 있는 문제를 조사하고, 문제를 해결하는 데 과학이 기여할 수 있는 방법을 토의할 수 있다.	국제문화적 정직 · 시민성	환경문제, 의사 표현
실과	[6실01-02] 건강한 발달을 위한 자기 관리 방법을 탐색하고, 일상생활 속에서 올바른 생활습관과 태도를 갖도록 계획하여 실천한다.	자아성찰적 정직 · 용기	건강관리, 생활모습
	[6실01-03] 건강한 가정생활을 위해 가족원 모두에게 다양한 요구가 있음을 이해하여 서로에 대한 배려와 돌봄을 실천한다.	타자지향적 배려 · 소통	건강관리, 다양성, 공동체
	[6실01-07] 직업의 필요성을 이해하고 적성, 흥미, 성격에 따라 진로 발달 계획을 세우고 주도적으로 탐색한다.	자아성찰적 지혜	경제활동
	[6실02-03] 생활자원의 올바른 사용이 가정과 환경에 도움이 됨을 이해하고 재활용, 재사용 등 환경을 고려한 관리 방법을 실천한다.	국제문화적 시민성	자연자원, 환경문제
	[6실02-11] 생태 지향적 삶을 위해 자신의 의식주 생활에서 할 수 있는 구체적인 행동을 계획하여 실천한다.	자아성찰적 지혜	문화다양성, 환경문제

교과	성취기준	인성 함양 ESD역량	ESD 내용요소
	[6실03-01] 발명의 의미를 이해하고, 일상생활을 바꾼 발명품을 탐색하여 발명과 기술에 대한 중요성과 가치를 인식한다.	타자지향적 배려·소통	생활모습
	[6실03-05] 수송 수단의 구성 요소를 이해하고, 친환경 에너지를 적용한 다양한 수송 수단의 시제품을 만들어 수송기술의 가치를 인식한다.	국제문화적 시민성	교통, 에너지
	[6실04-08] 생활 속 동식물을 기르고 가꾸는 방법을 알고, 동식물을 기르고 가꾸는 체험을 통해 생태 존중감을 가진다.	타자지향적 시민성	동식물, 생물다양성
	[6실04-09] 동식물 자원의 친환경 농업 사례를 통해 지속가능한 농업이 순환되고 있음을 인식하고 농업의 미래가치를 인식한다.	국제문화적 시민성	생물다양성, 자연자원, 친환경농업
	[6실05-05] 인공지능이 만들어지는 과정을 체험하고, 인공지능이 사회에 미치는 영향을 탐색한다.	타자지향적 시민성	매체 소양
영어	[6영01-10] 일상생활 주제나 문화에 관한 담화나 글을 포용의 태도로 듣거나 읽는다.	타자지향적 배려·소통 민주시민성	문화다양성, 의사 표현
체육	[6체02-11] 스포츠 활동에 참여하며 팀원과 협력하고 구성원을 배려한다.	타자지향적 배려·소통	공동체의식
	[6체02-12] 스포츠 활동에 참여하며 환경을 아끼고 감사하는 태도를 실천한다.	민주시민적 정의	환경문제, 시민참여
음악	[6음02-04] 생활 속에서 음악을 찾아 들으며 아름다움을 느끼고 공감한다.	타자지향적 시민성	생활모습, 문화다양성
	[6음02-05] 우리나라 음악 문화유산을 찾아 듣고 국악의 가치를 인식한다.	국제문화적 시민성	문화다양성
	[6음03-04] 생활 주변 상황이나 이야기를 활용하여 음악을 만들며 열린 태도를 갖는다.	타자지향적 배려·소통	생활모습, 문화다양성
미술	[6미01-03] 주변 환경에 대한 민감한 태도로 대상과 상호작용하며 새로운 의미를 발견할 수 있다.	타자지향적 시민성	인권
	[6미03-03] 공동체의 미술 문화 활동에 관심을 가지고 참여하며 경험을 공유할 수 있다.	타자지향적 시민성	공동체, 의사 표현
	[6미03-04] 다양한 방법을 활용하여 작품을 감상하며 작품에 관한 서로 다른 관점을 존중할 수 있다.	민주시민성	문화다양성

추출된 성취기준을 지속가능발전교육 내용 요소를 중심으로 묶어 관련 지속가능발전교육 성취기준으로 개발할 수 있다. 융합 수업 프로젝트는 지속가능발전교육 내용요소 중심으로 성취기준을 구성하기 위해 지속가능발전교육 내용요소와 관련된 성취기준을 개발한다. 예를 들면, 공동체 의식은 교과 성취기준에서 타인, 공동체 규칙, 공유, 배려와 돌봄 등의 키워드를 종합하여 '지속가능한 생활을 위해 공동체 규칙의 중요성을 살펴보고 공동체에 관심을 가지고 참여하며 서로에 대한 배려와 돌봄을 실천한다'로 성취기준을 구성할 수 있다(고아라, 2024). 지속가능발전교육 내용요소 관련 성취기준은 인지적 변화로 기본적인 지속가능발전교육의 핵심 내용을 알고, 정의적 변화로는 수업에서 학습자가 태도 및 가치의 변화를 느끼고 반복적인 실천을 통하여 지속가능한 생활습관을 형성할 수 있도록 한다(전송이, 이상원, 2019). 이를 위해 학생들이 알아야 할 지식과 정보를 담고, 학생들이 할 수 있어야 할 중요한 기능과 인성을 가르치도록 성취기준 표현을 조정할 수 있다. 〈표 VI-11〉은 지속가능발전교육 내용요소별 성취기준 개발의 예시이다.

〈표 VI-11〉 초등 5~6학년 지속가능발전교육 내용요소별 성취기준 개발

ESD 내용요소	성취기준의 예
공동체 의식	[공동체 의식] 지속가능한 생활을 위해 공동체 규칙의 중요성을 살펴보고 공동체에 관심을 가지고 참여하며 서로에 대한 배려와 돌봄을 실천한다.
편견	[편견] 편견이 발생하는 이유를 탐색하여 해결 방안을 살펴보고, 다양성 존중을 바탕으로 다른 사람과 올바른 관계를 맺기 위한 방안을 탐구하고 실천한다.
인권	[인권] 일상생활에서 인권과 관련된 다양한 사례를 살펴보고 인권에 관한 감수성을 길러 인권을 보호하는 활동에 참여한다.
사회정의	[사회정의] 정의에 관한 관심을 토대로 절차와 규칙을 지키고 직접 공정한 규칙을 고안하며 기초적인 시민의식을 기른다.
인간 존중	[인간 존중] 주변을 자신의 삶과 연관 지어 성찰하는 태도를 지닌다.
대화와 타협	[대화와 타협] 주제와 관련하여 절차를 이해하고 상대를 고려하여 의견을 적극적으로 나눈다.
법제도	[법제도] 일상 사례에서 법의 의미와 역할을 이해하고, 헌법에 규정된 인권이 일상생활에서 구현되는 사례를 조사하여 인권 친화적 태도를 기른다.

ESD 내용요소	성취기준의 예
생활모습	[생활모습] 자주적인 삶에 대한 이해를 바탕으로 일상생활 속에서 올바른 생활습관과 태도를 갖도록 계획하여 주체적인 삶을 실천한다.
다양성	[다양성] 다양성 존중을 바탕으로 다른 사람들의 상황을 종합적으로 이해하고 생태지향적 삶을 위해 할 수 있는 구체적인 행동을 계획하여 실천한다.
건강관리	[건강관리] 건강한 가정생활을 위해 가족원 모두에게 다양한 요구가 있음을 이해하여 서로에 대한 배려와 돌봄을 실천한다.
시민참여	[시민참여] 참여의 필요를 알고, 활동에 참여하며 환경을 아끼고 감사하는 태도를 실천한다.
의사 표현	[의사 표현] 주제와 관련하여 관심을 가지고 참여하며 적극적으로 공유한다.
민주주의	[민주주의] 민주주의에서 선거와 국가기관의 권력 분립의 의미와 역할을 파악하고, 시민의 주권 행사에 참여하는 태도를 기른다.
매체 소양	[매체 소양] 상대와 매체를 이해하고, 이를 고려하여 활용한다.
세계화	[세계화] 지구의 환경 위기 상황을 이해하고, 다른 나라 사람들이 처한 여러 가지 상황을 종합적으로 이해하고 해결 방안을 탐구하며 인류애를 기른다.
자연자원	[자연자원] 우리가 생활에서 이용하는 다양한 자원을 조사하고, 자원과 에너지의 효율적인 이용 방법에 대해 탐색하고, 환경을 고려한 관리 방법을 실천한다.
에너지	[에너지] 자원과 에너지의 효율적인 이용 방법에 대해 탐색하고, 에너지를 지속가능하게 이용하는 방법에 관심을 갖고 공유하며 실천한다.
기후변화	[기후변화] 세계와 우리나라의 다양한 기후를 알아보고 기후 환경과 인간 생활 간의 관계와 기후변화를 이해하고 이를 해결하기 위해 실천한다.
동식물	[동식물] 생활 속 동식물을 기르고 가꾸는 방법을 알고, 동식물을 기르고 가꾸는 체험을 통해 생태 존중감을 가진다.
생물다양성	[생물다양성] 지속가능한 삶의 의미를 탐구하고 미래 세대에 대한 책임을 강화하여 자연의 다양성을 존중하고 동식물을 기르고 가꾸며 생태 존중감을 가진다.
환경문제	[환경문제] 지구의 환경 위기 상황을 이해하고, 지속가능한 미래를 위한 해결 방안을 탐색하고 실천한다.
친환경농업	[친환경농업] 동식물 자원의 친환경농업 사례를 통해 지속가능한 농업이 순환되고 있음을 인식하고 농업의 미래가치를 실천한다.
촌락	[촌락] 독도의 지리적 특성과 독도에 대한 역사 기록을 바탕으로 영토로서 독도의 중요성을 이해한다.
자연재해	[자연재해] 우리나라의 계절별 기후 특징을 자료에서 탐구하고, 기후변화로 인한 자연재해의 심각성을 이해하고 이를 해결하기 위해 노력한다.

ESD 내용요소	성취기준의 예
교통	[교통] 수송 수단의 구성 요소를 이해하고, 친환경 에너지를 적용한 다양한 수송 수단의 시제품을 만들어 수송기술의 가치를 인식한다.
경제활동	[경제활동] 직업의 필요성을 이해하고 적성, 흥미, 성격, 지속가능성에 따라 진로 발달 계획을 세우고 주도적으로 탐색한다.

초등학교에서 융합 수업을 위해서는 융합된 교과, 즉 성취기준이 추출된 교과와 관련된 시수를 정리하고, 융합된 성취기준을 개발할 수 있다. 그리고 융합된 수업을 위한 목표를 설정한다. 융합에 대해서는 다양한 방식이 있지만 지속가능발전교육과 관계된 소재를 포함하기 위한 주제를 선정하여 주제 중심 융합 프로젝트 수업을 진행해 보고자 한다. 주제를 선정한 후에는 개발된 성취기준을 바탕으로 수업목표와 평가항목을 진술한다. 교수·학습 전략을 고려한 융합 프로젝트를 구성한 후 수업안을 구성한다.

특히, 인성교육과 지속가능발전교육 융합 수업을 위한 교수·학습 전략은 다음과 같은 부분을 고려하도록 한다(고아라, 남영숙, 2024에서 발췌).

첫째, 간학문적이며 통합적으로 접근한다. 프로젝트 학습은 학습자의 지식, 기능(사회적, 학문적), 성향 등 전 영역의 향상을 도모하는 전인교육을 목표하며 영역 간의 유기적인 관계와 인격적 통합을 통해 강조한다(지옥정, 1996). 지속가능발전교육은 별도의 영역이 아니라 전체 교육과정 속에 통합된 지속가능발전에 대한 학습으로 사회-환경-경제 등과의 관련성을 중심으로 총체적, 통합적 접근을 하는 것이 중요하다(유네스코한국위원회, 유엔지속가능발전교육통영센터, 2007; 이재영, 이선경, 2006). 통합적인 접근으로 지속가능발전교육을 한다면 책임 등 민주시민적 태도 역량을 이끌어 낼 수 있으며(손연아, 2016), 지식, 스킬, 실천의지에 긍정적인 영향을 미치므로 다양한 주제 및 교과와의 통합수업이 필요하다(김근영, 2018). 인성교육 또한 교과교육과 통합을 통해 이루어져야 한다(배은미, 강현석, 2017). 인성교육은 단지 교과교육의 측면만이 아니라 구체적인 교실 수업부터 학교 문화 전반에 이르기까지 종합적인 변화가 이루어져야 한다. 그렇기 때문에 기존의 교육과정 내용과 인성교육 요소를 관련짓는 것이 필요하다(김수진, 2015). 인성을 함양한다는 것은 전인적인 성장을 의미하며, 지속가능발전교육 또한 통합적 시각이 핵심이다. 따라서 간학문적이고 통합을 바탕으로 한 교수·학습 방법을 활용한다.

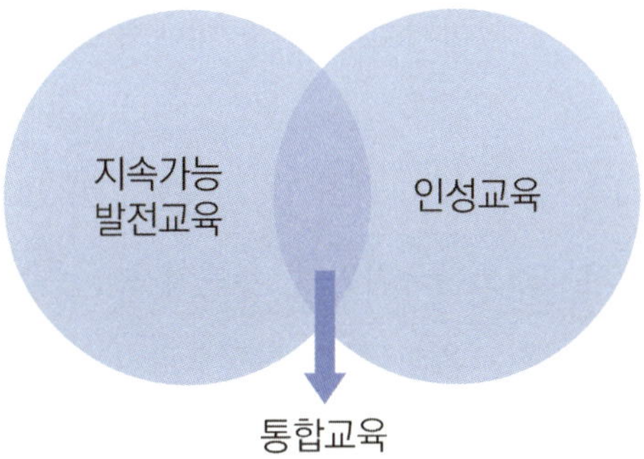

[그림 VI-4] 지속가능발전교육과 인성교육의 통합적 접근 관점

둘째, 참여적 의사결정을 중요시한다. 지속가능발전교육은 지속가능발전과 관련된 쟁점을 인식하고 비판적 사고를 통해 문제를 해결하는 의사결정 과정을 중요시한다. 학습자가 참여하는 참여적 의사결정을 지속가능발전교육의 핵심적인 특징으로 보았다(유네스코한국위원회, 유엔지속가능발전교육통영센터, 2007). 지옥정(1996)은 프로젝트 학습이 개개인의 학습자들이 학습 과정에서 유의미한 학습을 경험하는 것을 강조하기 때문에 학습자 상호 간에 또는 교사와 학습자 간에 적극적인 의사소통을 통한 상호작용을 중요시한다. 또한, 프로젝트를 행하는 과정은 교사와 학생만이 참여하는 것이 아니라 부모나 지역사회 구성원 등 프로젝트를 위해 협력할 수 있는 모든 주체와의 협력적 관계를 강조한다. 학습자가 당면한 해결해야 할 문제는 학습자가 가진 능력을 넘어서는 경우가 많다. 학습자가 가진 문제를 함께 나누며 해결책을 공유하는 과정은 자신의 문제를 넘어서 함께 해결해야 할 공동의 문제로 인식을 전환하게 되는 계기가 된다. 상호 협력하는 관계 속에서 학습함으로써 다른 사람을 대하고 교류하는 방식을 익히게 되고 교사와 또래 친구들로부터 존중과 친절을 느낄 수 있다(김수진, 2015). 공동과제에 대한 지속적인 의사소통이나 토론은 참여자의 이타성을 높이는 중요한 기제이다(김민성, 2017). 또래 의사소통을 통해 자기 생각과 감정을 자연스럽고 적극적으로 표현하는 것은 인성 함양에 필요하다(김경철, 한유진, 심효영, 2020). 특히, 그룹별 토의 활동을 통한 상호협력학습은 민주시민적 태도 향상에 영향을 끼치며(강현선, 손연아, 2016), 공동체 의식에 긍정적인 영향을 준다(원혜련, 김효정, 2016). 따라서 인성 함양에 있어서도 공동체 내에서 의사소통에 참여하는 것이 중요하다.

셋째, 지역적 연관성을 고려한다. 지속가능발전교육의 핵심 접근방법으로 지역적 관련성을 제안한다(유네스코한국위원회, 유엔지속가능발전교육통영센터, 2007; 신지연, 2017). 지속가능발전교육의 핵심 특징으로서 지구적인 사안뿐만 아니라 지역적인 사안들을 다루고, 학습자가 일상적으로 사용하는 언어를 사용하는 것이다.

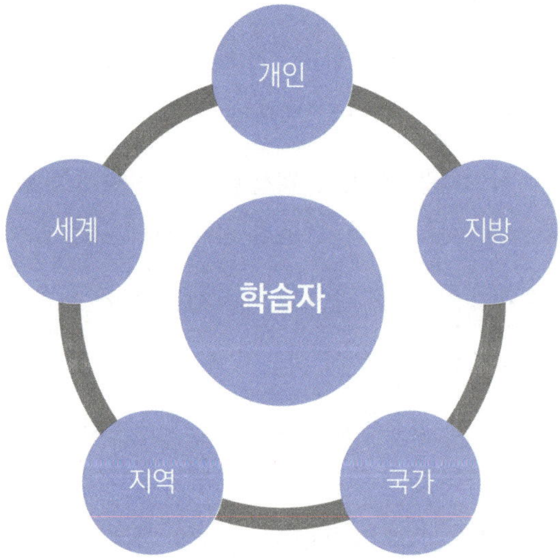

[그림 VI-5] 학습자 연관성

지속가능발전에서는 모든 사람이 이해당사자이며, 개인뿐만 아니라 지방, 국가, 지역, 세계 수준에 걸쳐 다양한 주체들을 포함해야 한다(이재영, 이선경, 2006). 즉, 학습자가 속한 지역의 문제 상황을 인식하고 해결할 수 있도록 지역적 쟁점을 중요시한다. 초등학생들의 생활 속에서 지속가능발전을 저해하는 문제를 인식하고 지식을 학습한 후, 그 내용을 자신의 생활과 관련지어 앞으로의 행동 변화를 다짐하거나, 체험하면서 느낀 점이나 생각을 정리하여 내면화하는 활동을 통해 스스로 느끼고 실천해야 한다(김재진, 이상원, 2010). 이러한 생활 속 사례를 통한 체험학습은 흥미와 관심 끌기에 효과적이며(최지연 등, 2013), 실천 중심의 학습 기회 제공이 환경 태도 함양(황혜영, 이상원, 2011) 및 세계시민의식 함양(이두현, 2019)에도 효과적이다. 더불어, 앎과 실천, 머리–가슴–손으로 이어지는 통합적 인성교육이 이루어지기 위해 학교와 지역사회는 동반자 관계가 되어야 한다. 인성교육을 학교뿐 아니라 사회 전체의 과제로 설정하였을 때 위험 행동을 감소시키고 친사회적 태도, 의사소통 능력을 향상해 학교생활을 원활하게 할 수 있는 바람직한 행동에 영향을 미치는 등 다양한 측면에서 변화가 있다(홍순혜, 엄경남, 2023). 그러므로 지역사회를 바탕으로 학생들의 배움과 성장을 위한 학습을 구성하도록 해야 한다.

넷째, 다양한 교육방법을 활용한다.

[그림 VI-6] 지속가능발전교육의 다양한 교육방법 예시

지속가능발전교육은 글, 예술, 드라마, 토론, 직접경험 등 과정을 중시하는 다양한 교수·학습방법을 활용한다. 단순히 지식을 전달하는 것이 아니라 교사와 학습자들이 함께 배우고 교육 환경을 함께 만들어 나가도록 한다(이재영, 이선경, 2006). 학생들의 생활 속에서 지속가능한 삶을 실천하는 데 필요한 다양한 접근 방식을 제시하고, 필요한 역량을 균형 있게 함양시켜야 한다(이지혜, 2017). 초등학생 시기는 자연적 호기심이 최대이므로 다양한 접근 방식으로 가르쳐야 한다(김정은, 이상원, 2010). 특히, 토의 활동(강현선, 손연아, 2016; 원혜련, 김효정, 2016), 경험학습(유구종, 함은지, 가신현, 2016), 체험학습(류영주, 최지연, 2010; 이순옥, 이상원, 2015), 모둠학습(원혜련, 김효정, 2016; 류지선, 김지은, 2016), 그림책(안경숙, 허미화, 신애선, 2018), 애니메이션(손정희 등, 2013), 노작 활동(장소영, 2014), 사례나 이야기(원혜련, 김효정, 2016)를 활용한 지속가능발전교육은 인성 함양에도 효과가 있다. 사회변화 및 지속가능발전교육의 사회·문화적 관점의 핵심 내용 중 하나인 소양(매체, ICT)을 반영한 디지털 기기(김지영, 2015; 이숙정, 김혜영, 2017) 및 SNS 활용(조수현, 최욱, 2017)을 통하여 인성 함양을 할 수 있다. 따라서, 인성 함양 지속가능발전교육 프로젝트 학습을 위해 다양한 교육방법을 활용한다.

나. 융합 수업 예시

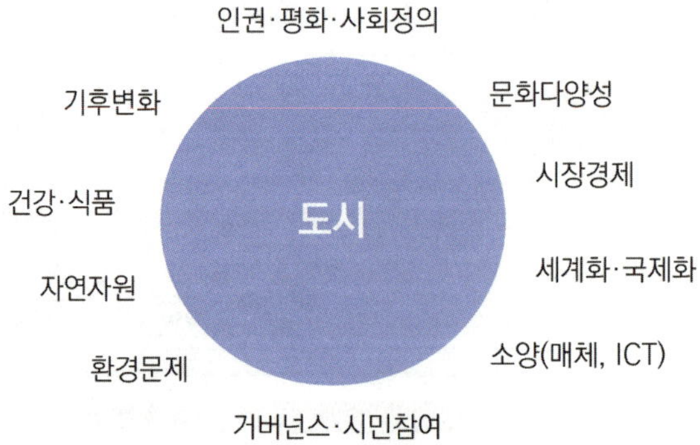

[그림 VI-7] '도시' 중심 주제들

초등학교 고학년 융합 수업을 위해 지속가능발전교육 핵심 내용 중 교과별 내용 체계를 포함하기 위하여 다수 추출된 내용인 인권·평화·사회정의, 문화다양성, 건강·식품, 거버넌스·시민참여, 소양(매체, ICT), 세계화·국제적 책임, 자연자원, 기후변화, 환경문제, 시장경제 등을 포괄할 수 있는 '도시'를 소재로 구성하기로 하였다. 위에서 설정한 목표를 달성할 수 있는 주제를 선정하기 위해 '우리 도시를 더 나은 곳으로 만들기 위한 협력과 아이디어'의 제재를 정하였다. 프로젝트는 지속가능한 미래, 세계화·국제적 책임, 존중과 문화다양성, 거버넌스·시민참여, 자연자원, 기후변화와 매체 소양, 건강·식품, 환경문제, 시장경제, 도시 페스티벌의 10개의 주제로 구성하였다. 각각의 주제는 교과에서 추출한 인성 함양 지속가능발전교육 역량 관련 성취기준을 지속가능발전교육 내용요소별 성취기준으로 재정리하여 가장 관련이 높은 내용요소명으로 정하였다(〈표 VI-12〉).

〈표 VI-12〉 인성교육 및 지속가능발전교육 융합 프로젝트 교과 성취기준

프로젝트 주제		우리 도시를 더 나은 곳으로 만들기 위한 협력과 아이디어
차시	학습 주제	교과 성취기준
1	지속가능한 미래	[6국01-03] 주제와 관련하여 궁금한 내용을 질문하며 적극적으로 듣고 말한다. [6도04-01] 지속가능한 삶의 의미를 탐구하고 미래 세대에 대한 책임을 강화하여 자연의 다양성을 존중하고 생산성을 유지할 수 있는 미래를 위한 실천 방안을 찾는다.
2	세계화·국제적 책임	[6도03-04] 다른 나라 사람들이 처한 여러 가지 상황을 종합적으로 이해하고 해결 방안을 탐구하며 인류애를 기른다. [6도04-01] 지구의 환경 위기 상황을 이해하고, 이를 극복하기 위한 다양한 방안을 찾아 자신의 일상에서 실천하고자 노력한다. [6사12-02] 지구촌을 위협하는 다양한 문제들을 파악하고, 지속가능한 미래를 위한 해결 방안을 탐색한다.
3	존중과 문화다양성	[6국05-06] 작품을 읽고 자신의 삶과 연관 지어 성찰하는 태도를 지닌다. [6도03-02] 정의에 관한 관심을 토대로 공동체 규칙의 중요성을 살펴보고 직접 공정한 규칙을 고안하며 기초적인 시민의식을 기른다. [6미03-04] 다양한 방법을 활용하여 작품을 감상하며 작품에 관한 서로 다른 관점을 존중할 수 있다.

차시	학습 주제	교과 성취기준
4	거버넌스 · 시민참여	[6국01-03] 주제와 관련하여 궁금한 내용을 질문하며 적극적으로 듣고 말한다. [6국01-07] 절차와 규칙을 지키고 타당한 이유와 근거를 제시하며 토론한다. [6과16-01] 미래 사회에 일어날 수 있는 문제를 조사하고, 문제를 해결하는 데 과학이 기여할 수 있는 방법을 토의할 수 있다.
5	자연자원	[6사10-01] 세계의 여러 지역의 지형 경관을 살펴보고, 이를 통해 다양한 삶의 모습을 이해한다. [6과08-03] 자원과 에너지의 효율적인 이용 방법에 대해 탐색하고, 생활 속에서 실천할 수 있는 다양한 사례를 공유할 수 있다. [6실02-03] 생활자원의 올바른 사용이 가정과 환경에 도움이 됨을 이해하고 재활용, 재사용 등 환경을 고려한 관리 방법을 실천한다.
6	기후변화와 매체 소양	[6사02-01] 우리나라의 계절별 기후 특징을 자료에서 탐구하고, 기후변화로 인한 자연재해의 심각성을 이해한다. [6국01-04] 면담의 절차를 이해하고 상대와 매체를 고려하여 면담한다.
7	건강 · 식품	[6실01-03] 건강한 가정생활을 위해 가족원 모두에게 다양한 요구가 있음을 이해하여 서로에 대한 배려와 돌봄을 실천한다. [6실04-09] 동식물 자원의 친환경농업 사례를 통해 지속가능한 농업이 순환되고 있음을 인식하고 농업의 미래가치를 인식한다.
8	환경문제	[6도02-01] 봉사의 의미와 중요성을 이해하고, 타인이 처한 상황과 환경에 대한 주의 깊은 관심을 바탕으로 봉사를 실천한다. [6도04-01] 지구의 환경 위기 상황을 이해하고, 이를 극복하기 위한 다양한 방안을 찾아 자신의 일상에서 실천하고자 노력한다. [6사12-02] 지구촌을 위협하는 다양한 문제들을 파악하고 지속가능한 미래를 위한 해결 방안을 탐색한다. [6과14-04] 연소 과정에서 생성되는 물질로 인한 생태계의 피해 사례를 수집하고 분석하여 해결책을 제안하고 공유할 수 있다. [6실02-11] 생태지향적 삶을 위해 자신의 의식주 생활에서 할 수 있는 구체적인 행동을 계획하여 실천한다.
9	시장경제	[6실05-05] 인공지능이 만들어지는 과정을 체험하고, 인공지능이 사회에 미치는 영향을 탐색한다. [6실01-07] 직업의 필요성을 이해하고 적성, 흥미, 성격에 따라 진로 발달 계획을 세우고 주도적으로 탐색한다.
10	도시 페스티벌	[6국05-04] 인상적인 부분을 중심으로 작품에 대한 의견을 나눈다. [6미03-03] 공동체의 미술 문화 활동에 관심을 가지고 참여하며 경험을 공유할 수 있다.

성취기준을 바탕으로 학습 내용을 구성하면 〈표 VI-13〉과 같다. 이는 예시로서 가능하다면 학생들과 함께 주제와 학습 내용을 정하는 것이 더 나은 프로젝트 학습이 될 것이다.

〈표 VI-13〉 인성교육 및 지속가능발전교육 융합 프로젝트 구성안

프로젝트 주제		우리 도시를 더 나은 곳으로 만들기 위한 협력과 아이디어		
차시	학습 주제	학습 내용	인성 함양 ESD 요소	관련 교과
1	지속가능한 미래	• 지속가능발전교육 개념과 필요성 이해 - 지속가능발전교육 개념 이해 - 도시의 역할과 중요성 소개 - 지속가능한 미래 상상하기	타자지향적 배려 · 소통 국제문화적 시민성	국어 도덕
2	세계화 · 국제적 책임	• 내가 좋아하는 도시 공유 - 내가 좋아하는 도시의 장점과 문제점 찾기 - 친구들에게 소개하기	국제문화적 시민성	도덕 사회
3	존중과 문화다양성	• 존중과 다양성을 담은 도시공원 디자인 - 모두를 존중하기 위한 도시 규칙 만들기 (에이지 프렌들리, 유니버설 디자인, 안전 등) - 다양한 문화를 반영하는 도시공원 디자인하기 - 나의 도시에 공원 설치하기	민주시민성 민주시민적 정의	국어 도덕 미술
4	거버넌스 · 시민참여	• 민주시민 참여를 위한 아이디어 챌린지 - 의견 참여를 위한 아이디어를 모으기 - 선정한 챌린지를 개최하고 민주적으로 의견 반영하기	타자지향적 배려 · 소통 국제문화적 정직 · 시민성	국어 과학
5	자연자원	• 자연 이해와 친환경 건물 모형 만들기 - 도시가 자연과 조화를 이루는 방법을 탐구하기 - 친환경적인 도시 건물의 모형을 만들기	타자지향적 시민성 국제문화적 시민성	사회 과학 실과
6	기후변화와 매체 소양	• 기후위기 인식과 친환경 소식지 제작 - 기후위기 미니 워크숍 열기 - 친환경 소식지를 디자인하고 도시 내에서 소통하는 매체로 활용하기 - 에코 액션을 계획하여 실천하기	민주시민성 타자지향적 배려 · 소통	국어 사회

차시	학습 주제	학습 내용	인성 함양 ESD 요소	관련 교과
7	건강 · 식품	• 지속가능한 삶과 건강 식단 만들기 - 우리 지역에서 자랄 수 있는 식물과 친환경농업 찾아보기 - 식물성 식품과 건강한 식단 기획하기	타자지향적 배려 · 소통 국제문화적 시민성	실과
8	환경문제	• 환경문제 해결과 동네 청소 캠페인 - 도시 내 환경문제에 대한 해결책을 찾기 - 동네 청소 캠페인 시행하기	타자지향적 배려 · 소통 타자지향적 시민성 국제문화적 시민성 자아성찰적 지혜	도덕 사회 과학 실과
9	시장경제	• 미래 진로와 친환경 직업 탐색 - 친환경 직업과 미래 진로를 조사하기 - 친환경 직업 소개 워크숍 열기	타자지향적 시민성 자아성찰적 지혜	실과
10	도시 페스티벌	• 지역주민과 소통하는 도시 페스티벌 - 도시 전시하고 프로젝트 발표하기	타자지향적 배려 · 소통 타자지향적 시민성	국어 미술

프로젝트 학습의 차시별 수업안은 목표, 내용체계, 교과와의 관련 내용, 수업목표, 학습 내용으로 구성한다(류영주, 최지연, 2010). 프로젝트는 인지적 · 정의적 · 실천적 변화를 추구하는 3단계 수업 개요 설계와 지속가능발전교육 내용요소 관련 성취기준과 학습목표를 바탕으로 전송이, 이상원(2019)의 ESD 프로그램 구성체제를 2022 개정 교육과정에 맞게 변경하여 〈표 VI-14〉와 같이 적용하였다.

〈표 VI-14〉 인성교육 및 지속가능발전교육 융합 프로젝트 과정안 예시

프로젝트 주제	우리 도시를 더 나은 곳으로 만들기 위한 협력과 아이디어	차시	1/10
학습주제	학습 주제 기술		
ESD 내용요소	지속가능발전교육 내용 요소 기술		
인성함양 ESD역량	인성 함양 지속가능발전교육 역량 제시		
ESD 성취기준	지속가능발전교육 내용 요소와 관련된 성취기준 제시		
학습 목표	지속가능발전교육 관련 학습 목표 기술		

학습 자료		관련 학습 제재의 자료 제시
단계	학습내용	교수 · 학습활동
도입	동기유발목표확인	상황제시-창의설계-감성체험 3단계
전개	활동1 활동2	사회 · 경제 · 환경 관점
정리	정리 및 확인	토의 · 실천다짐
지도상의 유의점		교사가 수업 시 지도상 고려할 점, 일반적인 교과 수업 시 유의점이 아니라 지속가능발전교육 관련 수업 활동 시 유의점을 기재

4. 환경교육적 시사점

2022 개정 교육과정은 이미 완성이 되었고 적용을 앞두고 있다. 지속가능성과 미래 핵심역량은 반영되었지만, 수업에서의 실현은 교사의 몫이다. 이 글을 통해 교육과정 개정의 흐름을 이해하고, 구체적인 지속가능발전교육 관점별 내용 영역을 분석할 수 있을 것이다. 특히, 학교교육의 최종적인 목적인 인성교육과 연계함으로써 실천적인 지속가능발전교육 실현 방안을 강구해 볼 수 있도록 하였다. 인성교육과 지속가능발전교육은 연계가능성이 있으며 융합 가능하므로 교육과정에서 인성역량을 함양하는 지속가능발전교육 역량을 포함하여 수업에서 실현할 수 있을 것이다. 이 글을 통해 (예비)교사들은 다음과 같은 수업적 성취를 이룰 수 있을 것이다.

첫째, 지속가능발전교육 내용 요소별 성취기준을 분석할 수 있을 것이다. 지속가능발전교육의 관점별 핵심 내용에 따라 교과요소를 구분하여 무리 지을 수 있다.

둘째, 인성교육 역량과 지속가능발전교육 역량을 연결할 수 있을 것이다. 특히, 제시된 인성 함양 지속가능발전교육 역량을 활용하여 수업을 재구성한다면 인성교육 역량과 지속가능발전교육 역량을 동시에 함양하는 수업을 이룰 수 있다.

셋째, 인성 함양 지속가능발전교육을 위한 융합 수업을 개발할 수 있을 것이다.

인성교육과 지속가능발전교육은 상호 목적성을 공유하며 상호 효과성을 지니고 있다. 이에 따른 융합 수업을 구상해보고 직접 실현해 볼 필요가 있다.

인성교육은 인간이 지향하는 삶과 사회적 관계에서의 적응을 위해 큰 의미를 가진다. 특히, 현대사회의 사회적 부작용 문제가 점점 늘어나고 21세기 미래 사회로 변화함에 따라 인성교육의 중요성은 더욱 강조되고 있다. 지속가능발전교육은 다차원적으로 지속가능한 사회를 만들어가기 위해 꼭 필요하다. 이에, 인성교육과 지속가능발전교육을 함께 융합하여 교육한다면 효과가 높아질 것이다.

참고문헌

강선보, 박의수, 김귀성, 송순재, 정윤경, 김영래, 고미숙 (2008). 21세기 인성교육의 방향설정을 위한 이론적 기초 연구. 교육문제연구, 30(0), 1-38.

강현선, 손연아 (2016). 사회문제해결형 지속가능발전교육 수업모델의 수업적용 및 효과분석: 그룹탐구모형과 배려모형 적용 수업모델을 중심으로. 환경교육, 29(1), 79-95.

교육부 (2016). 2015 개정 교육과정 총론 해설. 세종: 교육부.

교육부(2021). 더 나은 미래, 모두를 위한 교육 2022 개정 교육과정 총론 주요사항(시안). 세종: 교육부.

교육부(2022). 교육부 고시 제2022-33호 초 · 중등학교 교육과정. 세종: 교육부.

고아라(2024). 인성교육 및 지속가능발전교육 융합 모델 개발 연구: 초등학교 5~6학년을 대상으로. 한국교원대학교 석사학위 청구논문.

고아라, 남영숙(2023a). 2022 개정 교육과정에 근거한 지속가능발전교육 분석 및 교과서 개발 방향 제시: 초등학교 5~6학년을 중심으로. 학습자중심교과교육연구, 23(15), 897-912.

고아라, 남영숙(2023b). 인성교육과 지속가능발전교육 연계 방안. 학습자중심교과교육연구, 23(22), 209-222.

고아라, 남영숙(2024). 인성 함양 지속가능발전교육 융합 모델 개발: 초등학교 5~6학년을 대상으로. 학습자중심교과교육연구, 24(2), 733-756.

권희경, 이희주, 남궁지영, 박경호, 최원석, 길혜지, 최은아 (2018). 2018 KEDI 학생역량 조사 연구. 진천군: 한국교육개발원.

김경철, 한유진, 심효영 (2020). 중국 유아를 위한 지속가능발전지향 창의인성교육 프로그램 개발. 한국유아교육연구, 22(2), 187-216.

김근영 (2018). 지속가능발전교육에 기초한 미술과와 사회과의 통합수업이 세계시민의식에 미치는 영향: 고등학교 1학년을 중심으로. 이화여자대학교 교육대학원 석사학위 청구논문.

김다원(2020). 초등 2015개정교육과정에 포함된 지속가능발전교육(ESD) 관련 목표와 내용 탐색. 국제이해교육연구, 15(1), 1-31.

김민성 (2017). 사회적 존재로서의 인간 특성에 기반한 인성교육의 원리. 아동교육, 26(4), 85-104.

김수민, 김재호(2021). 2015 개정 교육과정에 따른 초등학교 5, 6학년 교과서에 나타난 진로교육 내용분석. 학습자중심교과교육연구, 21(5), 57-72.

김수진 (2015). 인성교육의 주요 접근. 교육과정연구, 33(2), 207-229.

김재진, 이상원 (2010). 지속가능발전교육 프로그램의 개발을 통한 초등학교 학생의 문제해결력 신장에 관한 연구. 한국실과교육학회지, 23(4), 45-70.

김정은, 이상원 (2010). 지속가능발전교육에 기반을 둔 초등학생 대상 생물다양성 교육프로그램의 개발 및 효과. 실과교육연구, 16(3), 161-182.

김지영 (2015). 중학교 자유학기제 적용을 중심으로 한 디자인교육 콘텐츠 개발; 스마트미디어를 활용한 창의 · 인성교육을 중심으로. 디지털디자인학연구, 15(2), 941-949.

류영주, 최지연 (2010). 주제 중심 통합적 접근을 통한 실과의 지속가능발전교육 프로그램 개발 및 효과. 한국실과교육학회, 23(4), 95-121.

류지선, 김지은 (2016). 지속가능발전교육에 기초한 나눔 프로젝트 활동이 유아의 이타성 및 공동체의식에 미치는 효과. 육아지원연구, 11(2), 85-111.

박현진 (2013). 공존지향 유아 인성교육 프로그램 모형 개발. 한국교원대학교 박사학위 청구논문.

배은미, 강현석(2017). 백워드 설계를 통한 교과교육과 인성교육의 통합적 접근. 학습자중심교과교육연구, 17(18), 179-203.

손연아 (2016). 사회적 책임을 접목하기 위한 과학교육의 구조 및 지속가능발전교육과의 통합교육 전략 제안. 교육문화연구, 22(6), 279-312.

신지연 (2017). 초등학교 지속가능발전교육 STEAM 프로그램의 개발과 적용 효과. 한국환경교육학회, 30(2), 199-222.

안경숙, 허미화, 신애선 (2018). 지속가능발전 내용이 포함된 그림책을 활용한 토의활동이 유아의 자연환경 감수성과 환경친화적 태도에 미치는 효과. 한국보육학회지, 18(3), 141-157.

양정실 (2014). 교과교육을 통한 인성교육의 현황과 지원 방안. 충북: 한국교육과정평가원.

원혜련, 김효정 (2016). 지속가능발전교육에 기초한 미술과와 사회과 통합수업이 초등학교 5학년의 공동체의식에 미치는 영향. 문화예술교육연구, 11(1), 79-97.

유구종, 함은지, 가신현 (2016). 지속가능발전 교육활동이 유아의 환경친화적 태도와 배려행동에 미치는 효과 분석. 열린유아교육연구, 21(2), 491-516.

유네스코한국위원회, 유엔지속가능발전교육통영센터 (2007). 지속가능발전교육을 위한 교사 지침서. 서울: 유네스코한국위원회 · 유엔지속가능발전교육 통영센터(통영RCE).

이두현 (2019). 지역사회 (마을) 기반의 지속가능발전교육 프로그램이 세계시민의식에 미치는 영향: 우리 마을, 공정 여행 프로젝트. 한국지리학회지, 8(3), 349-362.

이숙정, 김혜영 (2017). 디지털 시대 인성강화 교육모델의 개발. 예술인문사회융합멀티미디어논문지, 7(9), 875-890.

이순옥, 이상원 (2015). 초등실과 '가정생활'영역의 지속가능발전교육 프로그램 개발 및 효과. 실과교육연구, 21(4), 99-121.

이유나, 이연승 (2020). 지속가능발전지향 유아인성척도 개발 및 타당화. 유아교육연구, 40(5), 61-84.

이재영, 이선경 (2006). 지속가능발전교육이 뭐예요?. 지방의제21 전국협의회.

이지혜 (2017). 초등학교 사회과 지속가능발전교육에 대한 연구. 사회과교육, 56(1), 95-108.

임재일(2014). 초등교육과정 성취기준에 준거한 가르쳐야 할 주요 개념 추출 연구. 한국교원대학교 석사학위 청구논문.

전송이, 이상원(2019). '지속가능한 소비와 생산 양식의 보장'(SDGs 12 목표)에 연계한 초등 실과의 지속가능발전교육 교수 · 학습 방안 연구. 교육논총, 39(4), 183-214.

정은홍(2014). 지속가능발전교육(ESD)에 대한 제안 및 수업 구성사례 연구: 초등학교 6학년 사회과와 연계하여. 국제이해교육연구, 9(1), 55-80.

조수현, 최욱 (2017). 다양한 교육주체의 참여를 통한 SNS 활용 초등 인성교육 프로그램 개발. 교육논총, 37(2), 21-40.

조혜경 (2021). 역량 중심 인성교육의 가능성 탐색. 교양 교육 연구, 15(2), 71-85.

지옥정 (1996). 프로젝트 접근법 적용 사례 분석-'아기' 프로젝트를 중심으로. 한국영유아보육학, 11(8), 71-97.

최지연, 이상원, 황동국, 이태석 (2013). 초등학생을 위한 지속가능발전교육 프로그램 개발. 실과교육연구, 19(2), 169-194.

홍순혜, 엄경남 (2023). 학교인성교육에서 지역사회 연계 현황 및 활성화 방안. 학교사회복지, 0(61), 75-109.

황혜영, 이상원 (2011). 지속가능발전교육에 기반을 둔 환경친화적 주생활교육 프로그램 개발 및 적용 효과: 초등학생 고학년을 대상으로. 환경교육, 24(3), 1-17.

현주, 임소현, 한미영, 임현정, 손경원 (2014). 초 · 중등 학생 인성수준 조사 및 검사도구의 현장 활용도 제고 방안 연구. 서울: 한국교육개발원.

VII 생물다양성과 ESD 그리고 황새

윤영선

들어가기

오늘날의 환경위기는 인간의 과도한 개입으로 인한 자연의 자정능력 상실 때문이다. 특히 급격한 생물다양성의 파괴는 인류의 생존에 큰 위협이 될 수도 있다. 이 장에서는 인류의 지속을 위해 생물다양성이 왜 중요한지 살펴보고 지속가능발전교육과 황새와의 연관성을 탐색해 본다. 그리고 지속가능발전교육의 일환으로 황새를 활용한 생물다양성 교육사례를 제시하여 자연과 인간이 공존하는 지속가능한 미래의 가치를 공유하고자 한다.

1. 생물다양성과 지속가능발전교육

가. 생물다양성의 개념 및 중요성

생태계 훼손과 생물다양성의 감소가 심화되고 있는 오늘날 인류의 지속가능성을 위해 생물다양성의 중요성을 알아보고 지속가능발전교육과의 연관성을 살펴본다.

1) 생물다양성의 개념

1992년 UN환경개발회의에서 생물다양성협약(Convention on Biological Diversity: CBD)을 채택하였다. 이 협약 제2조는 생물다양성을 「지구상의 생물종(Species) 다양성, 생물이 서식하는 생태계(Ecosystem)의 다양성, 생물이 지닌 유전자(Gene)의 다양성」으로 정의하고 있다. 우리나라 생물다양성 보전 및 이용에 관한 법률 제2조에서는 「육상생태계 및 수생생태계와 이들의 복합생태계를 포함하는 모든 원천에서 발생한 생물체의 다양성을 말하며, 종 내·종간 및 생태계의 다양성을 포함」한다고 하였다. 그리고 「생물다양성은 모든 국민의 자산으로서 현재 세대와 미래 세대를 위하여 보전되어야 한다」고 동법 제3조 1항에 명시하고 있다. 국가생물다양성센터 국가생물다양성 정보공유체계에서는 생물다양성을 〈표 VII-1〉과 같이 정리하였다.

〈표 VII-1〉 생물다양성

종 다양성 Species diversity	생태계 다양성(서식지) Ecosystem diversity	유전자 다양성 Genetic diversity
식물, 동물 및 미생물의 다양한 생물종으로 이해되고, 일반적으로는 한 지역 내 종의 다양성	사막, 삼림지, 습지, 산, 호수, 강 및 농경지 등 생태계의 다양성을 의미. 한 생태계에 속하는 모든 생물과 무생물의 상호작용에 관한 다양성	종 내의 유전자 변이를 말하는 것으로 같은 종 내의 여러 집단 내 개체들 사이의 유전적 변이

출처: 국가생물다양성센터, 2024

2) 생물다양성의 중요성

생물다양성의 손실은 인류의 문화와 복지, 더 나아가서 인류의 생존을 위협하는 요인이다. 인류는 의식주, 특히 음식물과 의약품 및 산업용 산물들을 생물다양성의 구성요소로부터 얻어왔고 한때는 거의 모든 의약품들이 식물과 동물로부터 비롯되기도 하였다. 미국의 경우 조제되는 약 처방의 25%가 식물로부터 추출된 성분을 포함하고 있으며, 3,000종류 이상의 항생제가 미생물에서 얻어지고 있다. 또한 개도국 인구의 80%를 돌봐주는 의약품을 동식물에서 추출하고 있고, 동양 전통 의약품의 경우에도 5,100여 종의 동식물을 사용하고 있는 것으로 알려져 있다. 생물다양성의 가치는 특히 농업에서 분명하게 드러나는데 품종개량자나 농부들은 오래전부터 생산력을 늘리기 위해 유전적으로 뚜렷한 몇몇 품종들을 교배하여 유전적 다양성을 늘리고, 변화하는 환경조건에 적절히 반응하기 위해 유전적 다양성을 이용해 왔다. 또한 생물다양성은 환경오염물질을 흡수하거나 분해하여 대기와 물을 정화시키고, 토양의 비옥도와 적절한 기후조건을 유지하는 데 결정적인 역할을 하고 있다(국가생물다양성센터, 2024).

생물다양성은 사람이 삶을 영위하기 위해 필요로 하는 가장 기본적인 요소부터 정서안정 및 관광자원에 이르기까지 필수불가결한 생태계서비스를 제공할 뿐만 아니라 생태계를 유지하는 데 필수적인 요소다. 풍부한 생물종을 품은 자연은 영양염류의 순환, 물의 순환을 통한 기상조절, 폐기물의 처리 및 정화작용과 더불어 생물과 생물, 생물과 서식처 사이의 끊임없는 상호작용을 통해 생태계의 항상성을 유지하는 데 기여한다(조승헌 외, 1999).

나. 지속가능발전교육과 생물다양성의 관계

1) 지속가능발전교육

1987년 세계환경개발위원회(WCED)는 우리 공동의 미래에서 '미래세대의 필요를 충족시킬 능력을 훼손하지 않는 범위 내에서 현세대의 필요를 충족시키는 발전'이라고 지속가능발전을 개념화했다. 이후 1992년 유엔환경발전회의(UNCED)에서는 '환경적으로 건전하고 지속가능한 발전'으로 정의하였다. 이두곤(2017)은 지속가능발전의 개념 속에는 자연환경을 보호하는 환경보전의 가치와 인간 삶의 질을 높이는 자연자원의 개발의 가치를 함께 추구하며, 동시에 사회적 형평성을 추구하는 발전으로 표현하는 것이 좋다고 하였다.

환경교육은 인간과 환경의 관계에 대한 통찰을 바탕으로 학습자가 지속가능하고 행복한 삶을 살아가는 동시에, 지속가능하고 조화로운 사회를 구현하는 과정에 참여하는 데 필요한 의지와 역량을 갖추도록 돕는 교육이다(이재영 등, 2017). 이두곤(2017)은 환경교육이 확장된 것이 지속가능발전교육이라 하였다. 지속가능발전의 가치를 받아들이는 환경교육, 즉 삶의 질을 높이는 개발의 가치를 인정하면서 환경보전을 하여야 한다는 관점의 환경교육은 지속가능발전교육과 잘 조화되는 것이며, 이때 환경교육을 하는 것이 곧 지속가능발전교육을 하는 것이 된다(이두곤, 2017)는 것이다.

2) 지속가능발전교육과 생물다양성

오늘날 기후변화, 서식지 파괴, 광범위한 환경오염 및 남획 등에 의해 생물다양성이 지속적으로 줄어들고 있다.

유엔환경계획(UNEP) 산하 정부 간 국제기구인 '생물다양성과학기구(Intergovernmental Science-Policy Platform on Biodiversity and Ecosystem Services: IPBES)'의 '제5차 지구생물다양성전망 보고서'에 따르면 1970년에 비해 현재 야생생물의 개체수는 ⅓만 남았으며, 지속적으로 유전자 다양성도 감소하고 있을 뿐 아니라 생태계의 서비스 능력도 감소하고 있다고 한다. 최근 몇십 년간의 뚜렷한 생물다양성 감소 추세는 미래에 자연이 제공할 수 있는 능력이 점차 훼손(World Wide Fund for Nature: WWF. 지구생명보고서 2020)되고 있음을 의미한다. 이와 같은 생물다양성의 위기는 우리나라도 예외가 아니다.

생물다양성협약(CBD) 당사국인 우리나라는 생물다양성협약 제6조에서 명시한 대로 '생물다양성 보전 및 이용에 관한 법률' 제7조를 근거로 '국가생물다양성전략'을 수립하여 생물다양성의 보전과 그 구성요소의 지속가능한 이용을 위한 법정전략을 5년마다 수립하고 있다. '제4차 국가생물다양성전략(2019~2023년)'에 따르면 도시지역의 확대로 인해 서식지 감소 및 파편화가 지속되고 있으며, 이에 따른 생물다양성 감소가 계속될 전망이다. 또한 산림 등 자연녹지와 갯벌, 연안 습지 등의 토지전용 및 개발이 계속되고 있어 다양한 생태계의 훼손도 심화되고 있다.

지속적인 생물다양성의 감소는 미래의 생태계 항상성 유지와 자연이 제공할 수 있는 생태계 서비스 능력의 훼손을 의미한다. 게다가 유엔환경계획(UNEP)이 국제축산연구소(ILRI)와 함께 발표한 보고서 '팬데믹 예방: 동물성 질병과 전염병 사이의 고리를 끊어내는 법'(UNEP, 2020)은 인류가 야생동물을 계속 착취하며 생태계를 파괴한다면 COVID-19와 같은 전염병이 동물에서 인간으로 끊임없이 확산될 것이라고 경고한다.

IPCC(Intergovernmental Panel on Climate Change, 세계기상기구)는 2018년에

'1.5도 특별보고서'를 발표하여 기후변화로 인한 지구 생물다양성 감소의 위험을 줄이기 위해 지구 평균 온도의 상승을 1.5도 이하로 억제해야 한다고 했다. 이를 위해 2030년까지 이산화탄소 배출량을 최소 45% 이상 감축(2010년 대비)하고, 2050년까지 전 지구적으로 탄소중립을 달성할 것을 제안하였다. 우리나라도 이에 발맞춰 2020년 '2050년 탄소중립 달성'을 선언하고, 2021년 '한국판 뉴딜 2.0'에서 관련내용을 그린뉴딜 추진 과제에 포함하였다.

이러한 현실에서 중요하게 부각되는 것이 바로 지속가능발전교육이다. [삶의 질을 높이는 개발의 가치를 인정하면서 환경보전을 하여야 한다는 관점의 환경교육(이두곤, 2017)]인 지속가능발전교육은 생태계의 위기에 직면한 오늘날, 현세대는 물론 자라나는 미래 세대에게 자연과 공존의 가치를 심어주고, 인간의 행위가 지속가능한 미래를 지향하도록 방향성을 제시해 주는 나침반의 역할을 할 수 있을 것이다.

2. 생물다양성과 황새

몸집이 큰 황새는 많은 먹이를 필요로 하고, 독립된 생활을 하기 때문에 환경오염에 더 치명적인 영향을 받고 번식도 불리할 수밖에 없다. 황새가 자연에 안정적으로 복귀하기 위해서는 이러한 황새의 특성도 고려되어야 하기에 선언적인 환경보전만으로는 한계가 있다. 따라서 황새의 생태적 특징과 복원의 역사를 고찰하며 황새에 대한 이해를 높이고, 황새 복원이 생물다양성에서 갖는 의미를 살펴보고자 한다.

가. 텃새 황새 멸종과 복원의 역사

1) 황새의 생태적 특징

황새는 황새목 황새과(Ciconiidae)에 속하는 대형 조류로, 몸길이가 110~150cm, 날개 편 길이가 200~273cm, 부리 길이는 30cm, 몸무게는 4.5~5kg이다. 몸 전체는 흰색이며, 눈 주위와 다리, 부리와 목이 만나는 부분은 붉은색, 부리와 날개깃 가장자리는 검은색이다. 암수가 동일한 모습이어서 야외에서는 구별하기 쉽지 않지만 수컷이 암컷보다 몸집과 부리가 크다. 발가락은 길며, 4개 중 3개는 앞으로 향하고 있다. 발가락 사이에 작은 물갈퀴가 있어 논이나 습지를 걷는 데 유리하다(Hancock & Kushan, 1992; Collar et al., 1994).

평야지로서 논, 하천 주변의 습지 등 습지생태계의 최상위 소비자로(Litvinenko, 2000), 수심 5~10cm의 얕은 습지에서 주로 섭식(Wang et al., 2007)하며, 어류, 개구리류, 갑각류, 잠자리류, 풍뎅이류, 메뚜기류, 들쥐류, 뱀류, 참새과, 병아리 등(Vinter, 1978)을 먹이로 한다.

높이가 10m가량의 느티나무, 은행나무, 소나무, 물푸레나무 등의 꼭대기에 주로 둥지를 트는데, 둥지의 지름은 약 2m, 깊이는 50cm 정도이고, 위쪽이 편편한 원구 모양이며, 바깥은 나뭇가지로 깔고 내부는 깃털과 마른 풀로 채웠다(Austin, 1948).

러시아 아르카하라(Arkahara) 평원에서는 둥지와 다른 둥지 사이가 대부분 1~4km 떨어져 있으며(Glushchenko, 1985), 중국의 황새는 인간의 간섭이 적은 습지 근접 지역에 약 1km 거리로 떨어져 둥지가 분포(Zhu & Che, 1999)한다. 한국에서 번식한 황새 개체군은 인간의 간섭에 적응하여 취락지 인근에 서식하였는데, 농경지와 산림에 인접하고 둥지는 수백 미터 떨어져서 번식하였으며, 한 마을에 1개 정도의 황새 둥지가 위치하였다(Mori, 1939; Austin, 1948; 김수경, 2009).

황새에게 적합한 서식지는 둥지에서 멀지 않은 곳에 새끼를 위한 작은 먹이도 풍부한 수심 40cm 이하의 얕은 물가가 있는 곳이다. 텃새로 살았던 황새는 2~4

월의 번식기에 1~4개 정도의 알을 낳고, 30일 정도 알을 품으면 부화된다. 암컷과 수컷이 교대로 알을 품고, 부화한 새끼들을 돌본다. 새끼들은 생후 30일 정도면 어미가 먹는 양의 두 배를 먹고, 다시 60일 정도면 거의 다 자라는데, 이때 어미와 먹는 양이 같다. 어미는 하루에 미꾸라지 400g을 먹는다. 알에서 깨어난 직후의 새끼에게는 5cm 이하의 작은 먹이가 필요하다. 그러나 일주일만 지나도 10cm가 넘는 먹이도 쉽게 먹는다. 어미는 사냥터에서 물고기를 잡으면 일단 위로 삼킨다. 둥지에 돌아와 새끼의 구걸신호에 맞춰 위에 저장한 먹이를 토해낸다(박시룡 등, 2014).

황새와 비슷하여 일반적으로 혼동하는 새의 종류로 왜가리, 백로, 두루미가 있다. 황새의 특징을 좀 더 명확히 이해하기 위하여 왜가리, 백로, 두루미의 특징과 비교해 보자.

〈표 VII-2〉 황새, 왜가리, 백로, 두루미의 특징 비교

	황새	왜가리	백로	두루미
분류	천연기념물 199호			천연기념물 202호
	황새목 황새과(텃새 → 겨울 철새 → 복원으로 텃새화 추진)	황새목 백로과 (여름 철새 → 일부 텃새화)		두루미목 두루미과 (겨울 철새)
몸 길이	112cm 정도	93cm 정도	중대백로(90cm), 중백로(68cm), 쇠백로(61cm) 정도	140cm 정도
외형	• 부리 길이는 30cm 정도로 길고 두터운 검은색 • 다리 길이는 30cm 정도 • 눈 주위와 다리는 붉은색 • 몸은 흰색이나, 날개깃은 검은색	• 몸 전체가 회색 • 머리에는 검은색의 긴 댕기 2~3개 • 턱에서 가슴까지 검은 줄 • 부리와 다리는 갈색을 띤 노란색	• 다리와 부리를 제외하고 몸 전체가 흰색 • 우리나라 전역에서 흔히 볼 수 있는 것은 주로 중대백로	• 부리 길이는 15cm 정도로 가늘고 황색 • 다리 길이는 30cm 정도 • 몸은 흰색이나, 머리 꼭대기는 붉은색 • 목과 다리, 둘째·셋째 날개깃은 검은색

<table>
<tr><th></th><th>황새</th><th>왜가리</th><th>백로</th><th>두루미</th></tr>
<tr><td rowspan="2">사는 곳과 번식</td><td rowspan="2">• 강 하구, 넓은 습지대의 물가에서 주로 살며 홀로 또는 작은 무리로 생활하는 조용하고 경계심이 강한 새
• 알의 수 1~4개 포란(알 품기) 약 30일 육추(새끼 키우기) 약 60~65일</td><td colspan="2">• 초습지, 논, 개울, 하천 등에서 중대백로, 중백로, 왜가리 등 무리를 지어 생활</td><td rowspan="2">• 갈대, 왕골 등이 무성한 습지의 풀밭에서 가족군을 이루어 생활
• 알의 수 1~2개 포란 약 32~33
• 알에서 깨어나 깃털이 마르면 곧바로 어미를 따라다니며 먹이 활동</td></tr>
<tr><td>• 알의 수 3~5 포란 약 25~28 육추 약 50~55</td><td>• 알의 수 2~4 포란 약 25~26 육추 약 30~42</td></tr>
<tr><td rowspan="2">둥지</td><td colspan="3">나무 위</td><td rowspan="2">• 지상(습지나 연못의 풀밭)
• 나무에 앉지 못함</td></tr>
<tr><td>• 한 그루에 한 쌍이 단독 둥지(나무 꼭대기)</td><td colspan="2">• 같은 지역(나무)에서 큰 무리를 이루어 집단으로 번식</td></tr>
<tr><td>나는 모양</td><td>• 목을 구부리지 않고 쭉 뻗음</td><td colspan="2">• 목을 S자형으로 구부림</td><td>• 목을 구부리지 않고 쭉 뻗음</td></tr>
</table>

원병오 (1993); 윤무부 (1994); 황새생태연구원 (2020)의 내용을 재구성

[그림 Ⅶ-1] 황새-두루미-백로-왜가리의 외형(황새생태연구원, 2020)

2) 텃새 황새 멸종과 복원

가) 텃새 황새 멸종과 복원 용어의 정의

① 황새는 전 세계적으로 약 2,500개체 정도가 생존하는 멸종 위기종으로, 가까운 미래에 멸종 위험이 매우 높은 종이나 아직 멸종에 이른 것은 아니다

(Sciama, 2011). 또한 남한에서 텃새 황새가 사라진 이후에도 그 수는 적지만 겨울철 월동을 위해 우리 땅을 찾아오는 철새 황새는 꾸준히 있었다. 따라서 남한에서 텃새 황새가 사라졌다는 의미는 '황새 번식개체군의 절멸'이라는 표현이 올바르다(김수경 전화인터뷰, 2020).

② 황새 복원연구를 시작한 박시룡은 다음과 같이 밝히고 있다.
지구에 현존하는 종의 개체를 인위적으로 증식해서 야생으로 돌려보냈다면 복원이라고 할 수 없다. 그것은 국제용어로 'reintroduction'이라고 하며 '재도입' 또는 '복귀'라고 한다. 1996년 처음으로 러시아에서 황새를 들여왔을 때 '재도입'이라는 용어가 너무 낯설어 '복원'이라고 했다. 그러다 보니 이제는 누구나 종 복원이라는 말을 아무 거리낌 없이 사용하게 되었다.
황새라는 동물이 대상이라면 분명 재도입을 써야 하지만, 완전히 파괴되어 사라진 서식지를 재생할 때 'restoration'을 복원이라는 말로 번역해도 크게 틀린 것은 아니다. 결국 황새를 도입하여 그 개체를 증식하면서 그 개체가 살아갈 서식지를 재생하는 일련의 과정을 포함하는 의미로 황새 복원이라는 용어를 사용하고 있을 뿐, 올바른 용어가 아님을 이해를 구한다(박시룡 등, 2014, pp. 24-25).

③ 위와 같은 내용을 종합하면 '황새번식개체군의 절멸'과 '황새 재도입'의 용어를 사용해야 하지만 황새를 복원하는 과정에서 '텃새 황새 멸종'이라는 용어를 사용(박시룡 등, 2014)하고 있었다는 점과 의미 전달의 용이성, 서식지 재생의 의미를 담아 '텃새 황새 멸종'과 '복원'이라는 용어를 사용한다.

나) 텃새 황새 멸종과 복원의 역사

1994년 텃새 황새의 멸종 이후 1996년부터 시작된 약 25년의 황새 복원과정과 야생 복귀의 역사는 다음과 같다.

① 황새 복원의 역사

1900년대 초까지 사람들과 흔히 어울려 살았던 텃새 황새(박시룡 등, 2014)가

전쟁과 산업화의 과정을 겪으며 급속히 감소하다 사라진 이후, 2020년 8월 현재 복원된 황새의 개체 수는 210여 마리에 이른다(황새생태연구원, 2020). 이 중, 2015년부터는 사육장을 떠나 충남 예산의 자연에 방사되어 안정적으로 야생 복귀를 하고 있는 황새는 약 60여 마리다(황새생태연구원, 2020).

남한에서 황새 멸종 이후 야생 복귀에 이르는 과정은 〈표 VII-3〉과 같다.

〈표 VII-3〉 황새 복원의 역사

	내 용
1971	동아일보가 1면에 1971년 4월 1일 황새 한 쌍이 충북 음성군에서 발견되었다는 기사를 낸 지 사흘 만에 밀렵꾼이 수컷 황새를 쏘아 죽임
1983~1994	혼자 남은 암컷 황새가 농약중독으로 쓰러져 서울대공원으로 옮겨진 이후 서울대공원에서 죽음 (남한에서 텃새 황새 사라짐)
1996	한국교원대학교 황새복원연구센터 설립 독일, 러시아로부터 2마리 황새 도입
1999	일본에서 3개 수정란 수입 및 새끼 2마리 인공부화 성공
2002	제1호 번식쌍 형성 및 인공번식 성공(2마리)
2003	자연번식 성공(1마리)
2009	황새복원 대상지 선정(충남 예산군)
2010	예산황새공원조성
2013	한국교원대학교 황새생태연구원 설립
2015	예산황새공원 개원
~2020.8	황새생태연구원 65마리, 예산황새공원 84마리, 야생 복귀 58마리

(황새생태연구원 (2020)의 내용을 새구성)

② 황새의 야생 복귀

문화재청은 천연기념물 황새의 복원을 위한 적합지로 예산군을 선정했다. 선정된 예산군 봉산면 옥전리는 나지막한 산 사이에 습지(논)를 갖추고 있으며, 인근에 하천과 농경지를 충분히 갖추고 있어 황새번식 여건이 우수한 곳으로 평가되었다(문화재청, 2009). 황새복원 대상지로 선정된 이후 예산군 주민들은 황새를 위한 친환경농업을 시작하였고, 예산군은 황새 서식지 마련을 위해 농경지를 습지로 전환시키고, 하천을 복원하였다(예산황새공원, 2020).

황새생태연구원의 김수경 선임 연구원을 대상으로 전화인터뷰(2020. 9. 17.)를 진행한 바에 따르면 자연에 방사되는 황새는 다음과 같은 조건을 충족해야 한다. 우선 건강해야 한다. 비행이나 섭식행동에 문제가 없어야 하기 때문이다. 그리고 나이가 어린 황새를 우선적으로 방사하는데 그 이유는 사육경험이 짧을수록 야생 적응력이 좋기 때문이다. 그러나, 번식쌍인 경우 짝을 이룬 황새가 나이가 많아도 함께 방사하는 경우가 있다. 또한, 야생 황새들의 성비 균형을 위해 해마다 암컷과 수컷의 방사 수를 조절하기도 하며, 유전적으로 근친도가 낮아야 하는 조건도 고려된다.

황새를 야생에 복귀시키는 일은 마을 혹은 지역 공동체가 뜻을 함께해야 하는 일이다. 그리고 사람이 할 수 있는 일을 하고 난 이후 자연에서 살아남는 것은 오롯이 황새의 몫이 된다.

2015년 처음으로 황새 8마리가 자연에 방사된 이후 2020년 8월 현재까지 약 60마리의 황새가 자연으로 복귀(황새생태연구원, 2020)하였다. 자연으로 돌아간 황새들은 충남 예산 일대를 중심으로 전국의 서식지를 스스로 찾아가며 생활하고 있다. 예산의 지역 공동체는 황새를 위해 자연을 살리기 시작했고, 황새들은 전국 곳곳에 존재하는 서식 가능 자연을 찾아내고 있다.

2015~2020년 8월 현재, 충남 예산황새공원 일대에서 자연에 복귀시킨 황새 현황은 〈표 VII-4〉와 같다.

〈표 VII-4〉 황새 야생 복귀 현황

	2015	2016	2017	2018	2019	2020.8
성조	6	4	2	6	16	3
유조	2	3	0	7	4	5
계	8	7	2	13	20	8

출처: 예산황새공원, 2020

나. 생물다양성과 황새

높은 나무에 집을 짓고, 얕은 물에서 먹이를 찾는 황새에게 숲과 습지는 매우 중요하다. 이상훈(2022)은 생물다양성의 가치에서 숲과 습지가 갖는 기능을 다음과 같이 정리하였다.

〈표 VII-5〉 숲과 습지의 기능

숲의 기능	습지의 기능
• 물을 정화하고 저장하는 녹색댐 기능 • 공기정화와 기후조절 • 생활물자 공급 • 야생동식물의 서식처 제공 • 토사의 침식과 유실 방지 • 심신수양 장소 제공	• 동식물의 서식처로 생태학적 가치가 높음 • 태풍, 해일 등 기상재해 피해를 줄이는 자연의 방파제 역할 • 홍수 시 물을 머금어 지하수를 보충하고 가뭄에는 물을 공급하는 자연의 스펀지 역할 • 습지식물은 온실가스인 이산화탄소를 흡수하며 숲의 2~7배 높음(습지를 훼손하면 저장된 탄소가 대기 중으로 방출) • 바이오연료 생산가능 예) 부들을 이용하여 바이오에탄올 생산 • 우포늪, 순천만 등 → 관광자원 • 기온, 강수량, 온실가스 흡수 등 기후변화와 완화 효과

출처: 이상훈, 2022

특히 습지는 육상 및 수생태계의 전이 지역으로서, 두 생태계 간 완충 역할을 수행함과 동시에 높은 생물종다양성 유지, 서식처 제공, 기후 및 홍수조절과 정화작용 등 중요한 기능을 하는 시스템이다(Whitaker & Matvienko, 1998). 습지는 대개 얕은 물로 덮여있고 독특한 토양과 물에 잘 견디는 식물이 있다. 습지식물은 생산성이 아주 높아서, 매우 다양한 생물들에게 많은 먹이를 제공한다. 습지는 철새와 그 밖의 여러 조류, 비버, 수달, 사향뒤쥐, 물고기 등의 서식처로 큰 가치가 있다(안동만 역, 2001)

황새는 생태학적으로 어류, 양서류, 연체동물, 곤충류, 작은 포유류, 뱀 등을 잡아먹는 습지의 최상위 포식자(Winter, 1991)로, 수심 50cm 미만의 넓은 하천이나 논에서 주로 활동(김주헌, 2006)한다. 자연적인 논은 강이나 하천 주변에 발달하며(황새생태연구원, 2020), 인공적으로 조성된 논은 우리나라 생태계에서 중요한 위치를 차지하는 내륙 습지(김태경, 2010)로 플랑크톤이 풍부하여 미꾸라지, 메기, 송사리 등이 산란하기 좋은 환경이 된다(황새생태연구원, 2020). 논을 포함한 습지생태계에 사는 생물들이 많아지면, 그곳에 사는 생물을 먹고 사는 황새, 백로, 왜가리 등의 개체수도 증가하지만 습지의 흙 속이나 물에 사는 작은 생물들이 줄어들면, 황새와 같은 습지생태계의 최상위 포식자가 살 수 없게 된다. 최상위 포식자가 사라지면, 생태계 피라미드가 안정적으로 형성되지 못하므로(황새생태연구원, 2020) 결과적으로 습지생태계가 무너지게 된다. 도시화의 과정에서 사라진 다수의 습지생태계와 잔존하는 습지생태계의 생물다양성 감소는 농약 사용과 함께 과거 우리나라의 흔한 텃새였던 황새가 사라지게 만든 주요 원인이라 할 수 있다.

텃새 황새를 복원하는 것은 개체의 복원만을 의미하는 것이 아니라 황새가 살아갈 수 있는 서식지도 복원된다는 것을 의미하고, 생태계 피라미드의 하위 계층이 모두 복원되었음을 의미한다(배명순, 김은형, 2018). 이는 논을 비롯한 습지생태계의 생물다양성 회복 사업을 포함(김수경 외, 2010)하는 것이기도 하다.

[그림 Ⅶ-2] 황새와 먹이그물(황새생태연구원, 2020)

생물다양성이 구현된 곳일수록 생태학적 안전성과 항상성, 그리고 탁월한 피해 복원력을 갖는다(한면희, 1999). 생태계 훼손과 생물다양성의 감소가 심화되는 가운데 텃새 황새의 멸종과 복원이 갖는 상징성은 특별하다. 개체 복원에 성공하여 야생에 방사되고 있는 황새의 자연 복귀는 생물다양성이 살아있는 건강한 생태계의 바로미터가 될 수 있기 때문이다. 또한, 야생 방사된 황새가 안정적으로 자연에 복귀한다면 국가적 차원의 생물다양성 증진을 위한 전략에 성공적인 모델이 될 수 있을 것이다. 그리고 무엇보다 황새의 야생 복귀를 위한 노력은 생물다양성의 보전 및 증진을 위한 노력이자, 건강한 생태계의 지속가능성을 위한 노력이라 할 수 있다. 생물다양성이 살아있는 건강한 생태계는 인류의 지속을 위한 필수조건이다. 우리는 구체적인 생물종 황새를 통해 지속가능한 미래를 위한 우리의 책임과 가치를 성찰할 수 있을 것이다.

3. 생물다양성-지속가능발전교육-황새의 상호연관성

환경위기라는 말속에는 현재를 포함한 미래의 지속가능성을 위협받고 있다는 불안감이 내재되어 있다. 삶을 산다는 것은 무수한 선택의 과정이고, 오늘날의 환경문제는 사람들이 오랜 시간 동안 선택해 왔던 삶의 가치와 방식이 누적된 결과일 것이다.

'우리는 왜 이런 환경위기에 맞닥뜨리게 되었나? 그리고 이 문제를 어떻게 해결해 나갈 것인가?'에 대한 질문은 '과거에 흔한 텃새였던 황새는 왜 사라지게 되었는가? 개체 복원 이후 야생에 방사되고 있는 황새가 다시 자연에서 안정적으로 살아가려면 어떻게 해야 하는가?' 하는 질문으로 이어진다. 해답은 결국 우리가 선택해야 할 삶의 가치와 방식에 있으며, 환경적으로도 바람직한 발전을 할 수 있는 가치와 태도를 바탕으로 자연과의 공존을 추구해야 할 것이다.

〈표 VII-6〉 왜? 그리고 어떻게?에 대한 질문

상황	질문	내용
자연의 자정능력을 훼손하며 초래한 환경위기 텃새 황새의 사라짐	왜? ➪	• 현재 인류의 필요에 의한 과도한 자연 개입 • 인간에 의한 자연파괴와 오염 • 생물다양성 감소와 훼손
자연과 공존하는 삶 황새와 공존하는 삶	어떻게? ➪	• 현재 인류의 자연과 미래 세대에 대한 책임과 배려 • 건강한 생태계의 지속가능성을 위한 노력 • 생물다양성 보호와 증대

1994년 우리나라에서 텃새로 살아가던 마지막 황새가 죽은 이후 약 20년 동안 이어지고 있는 황새 복원 및 야생 복귀의 과정은 지속가능발전교육의 측면에서 다음과 같은 의미를 내포한다.

첫째, 우리나라 자연환경의 과거와 현재를 돌아보고 미래를 내다볼 수 있는 상징성을 가진다. 텃새 황새가 사라진 이유는 인간에 의한 자연파괴와 오염 때문이다. 황새는 높은 나무 꼭대기에 둥지를 틀고, 얕은 물가(습지)에서 먹이를 찾는다. 과거 우리나라 전역에서 흔하게 볼 수 있었던 텃새 황새는 전쟁과 산업화의 과정에서 사라졌다. 이후 재도입에 성공하여 야생에 방사되는 황새 개체가 늘어가는 현재 우리에게 남겨진 과제는 황새가 자연에 복귀하여 안정적으로 살아갈 수 있는 건강한 생태계를 보전·확대해 나가는 것이다.

사라진 텃새 황새를 복원하고 다시 자연으로 돌려보내는 시도를 할 수 있는 것은 우리 땅에 황새를 되살리고자 하는 사람들의 노력 덕분이다. 이는 곧 텃새 황새가 사라진 원인과 황새와의 공존을 위한 노력의 중심에 사람이 있다는 것이며, 향후 황새가 텃새로 돌아갈 수 있느냐의 문제 역시 사람들에게 달려있음을 말해준다.

둘째, 황새복원대상지로 선정된 충남 예산의 지역 공동체는 황새를 위해 친환경 농법을 실시하고 있다. 이러한 사실은 자연과 공존하는 지속가능한 삶을 추구하는 구체적인 사례가 될 수 있다. 특히, 예산은 황새를 자연에 방사하는 거점이라는 점에서 지역사회와 함께하는 거버넌스의 중요성도 인식할 수 있다.

셋째, 생태계 피라미드 최상위 포식자로 얕은 물가에서 먹이를 찾는 황새가 살 수 있는 곳은 생태계 피라미드의 하위 계층이 모두 살아있는 건강한 생태계다. 복원 황새가 성공적으로 자연에 복귀하여 텃새화된다면 생태계의 항상성을 유지하는 데 필수 요소인 생물다양성 증진에도 기여할 수 있다.

넷째, 황새가 살 수 있는 곳은 산림과 습지가 살아있는 곳이다. 특히 습지는 오염 물질을 정화하고, 다양한 생물들의 서식지가 되어주며, 철새들에게 쉼터가 되어주는 곳이다. 최근에는 산림이 흡수하는 그린카본, 습지 등 해양 생태계가 흡수하는 블루카본의 역할이 크게 부각되고 있다. 이산화탄소 흡수 및 저장을 통해 온실가스를 줄여주기 때문이다. 따라서 황새가 살아갈 수 있는 자연을 보전·확대하는 것은 곧 기후위기에 대응하는 길이기도 하다.

다섯째, 현재 자연에서 살아가는 약 60여 마리의 황새들은 사육장에서 방사되었거나, 방사된 황새들이 자연에서 짝을 맺어 부화시킨 새끼들이다. 이들은 몸에 위치추적 장치를 달고 여전히 위협요소가 많은 현실을 극복하며 스스로 살아갈 수 있는 자연의 서식지를 찾아다니고 있다. 남한의 전역에서 북한의 서해지역까지 이동하는 황새들의 경로를 따라가면 머지않아 한반도에 황새 생태축을 구축할 수 있다는 전망을 할 수 있다. 황새 생태축은 한반도 생물다양성의 보고가 될 수 있으며 이를 위해 남과 북이 정책적으로 협력할 수 있을 것이다. 황새를 매개로 하는 남과 북의 협력은 지속가능발전교육이 통일교육까지 확장될 수 있음을 시사한다. 또한, 한반도 황새 생태축의 구축은 러시아-남, 북한-일본으로 이어지는 동북아시아 황새 생태축 복원의 가능성까지도 내다볼 수 있을 것이다.

〈표 VII-7〉 황새와 건강한 생태계

인간에 의한 자연파괴와 오염
⇊
텃새 황새 사라짐
• 인간의 부정적 영향으로 인한 텃새 황새의 멸종 - 자연 훼손, 오염, 밀렵 등
⇊
텃새 황새 복원
• 텃새 황새 복원을 위한 인간의 긍정적 영향 - 복원 및 야생 방사의 과정 • 텃새로 돌아가기 위한 인간과 황새의 노력 - 전국에서 발견되는 황새와 예산 황새마을 사람들의 노력
⇊
생물다양성이 살아 있는 건강한 생태계
• 숲과 습지의 보호 등 자연 보전을 위한 실천 - 황새가 살 수 있는 자연 → 기후위기에 대응
⇊
지속가능한 미래(황새와 인간이 공존하는 건강한 생태계)

결론적으로 텃새 황새를 복원하는 것은 생물다양성이 살아있는 건강한 생태계를 복원하는 것으로 환경・경제・사회가 유기적 관계를 맺는 지속가능발전교육과 궤를 같이하며 밀접한 상호연관성을 가짐을 알 수 있다.

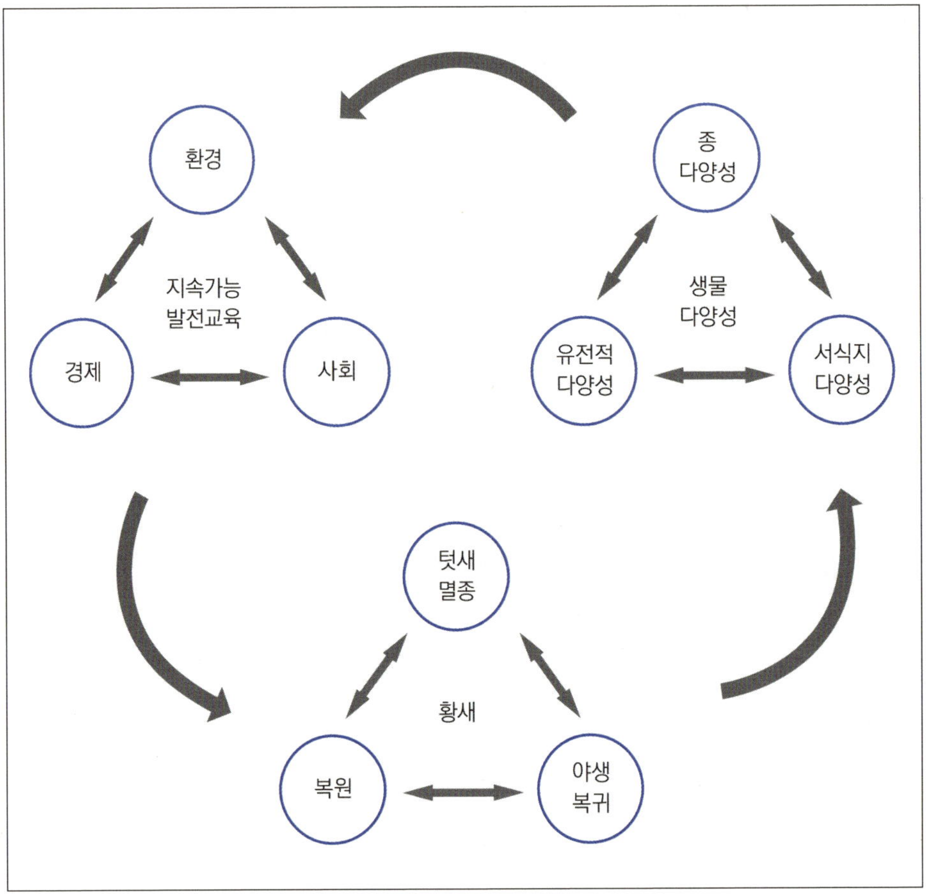

[그림 VII-3] 생물다양성-지속가능발전교육-황새

그리고 생물다양성 – 지속가능발전교육 – 황새의 밀접한 상호연관성을 통해 '지속가능한 미래'라는 공통의 가치를 찾을 수 있다. 결국 환경위기라는 말속에 내포된 지속가능성의 위협이라는 문제는 지속가능발전교육을 통해 해결의 실마리를 찾아 나가야 할 것이다. 그리고 이러한 지속가능발전교육에 황새는 생물다양성의 측면에서 구체성을 제공하는 의미 있는 학습 소재가 될 수 있을 것이다.

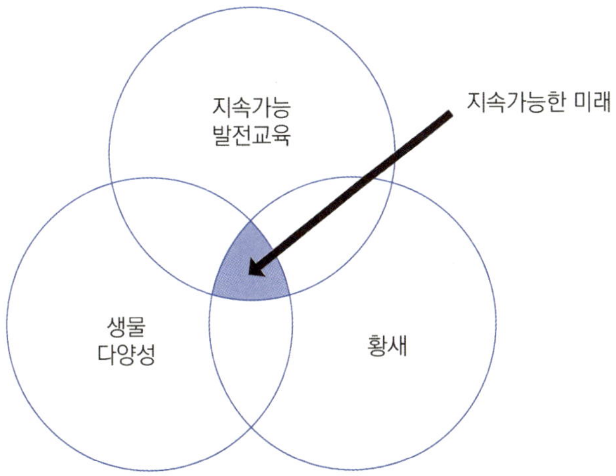

[그림 VII-4] 생물다양성-지속가능발전교육-황새의 공통가치: 지속가능한 미래

4. 생물다양성-지속가능발전교육-황새 융합 교육사례

인간과 자연의 조화를 추구하는 자연관과 환경교육은 가급적 감수성이 높은 빠른 연령대에 집중적으로 실시하는 것이 더 효과적이다(송명규, 2018). 가치 및 태도의 육성 등 정의적 교육에 비중을 두는 유치원이나 초등 저학년 시기(Iozzi, 1989)부터 이러한 자연관을 형성하기 위한 교육이 이루어지는 것이 바람직하다는 것이다.

모든 환경문제는 결국 경제, 사회의 문제와 연결되어 있고, 이것을 해결할 수 있는 주체는 오로지 현재를 살아가는 인간뿐이다. 인간이 어떠한 환경관을 가지고 있는가에 따라 문제해결의 방향도 달라질 수밖에 없다.

인간과 자연(황새)이 공존하는 지속가능한 미래를 위해 '생물다양성-지속가능발전교육–황새'의 밀접한 상호연관성을 바탕으로 1학년 통합교과와 연계한 교육사례를 다음과 같이 제시한다.

예시된 수업내용은 1회성 주제교육이 아닌 1년 단위 연속 프로그램이며, 2015 개정교육과정에 근거한다.

가. 수업내용

<table>
<tr><th></th><th>통합교과 내용</th><th>연계활동(통합교과 및 창체)</th></tr>
<tr><td rowspan="2">1
학
기</td><td>[봄] • 친해지고 싶어요
• 생명의 소중함 알아보기
• 자연을 보호하는 방법 알기
[여름] • 가족사진 살펴봐요</td><td>• 새로운 친구 황새 만나기
(지도안 별도 예시)
• 황새 미니북 만들기(황새 생태 관련)
• 내가 실천할 수 있는 자연보호 다짐
• 황새 가족 만들기</td></tr>
<tr><td colspan="2"> 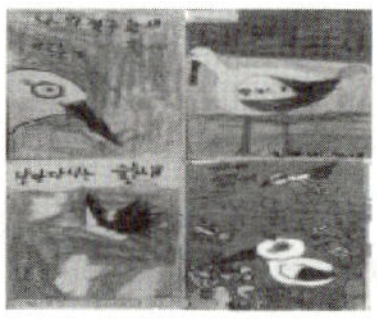 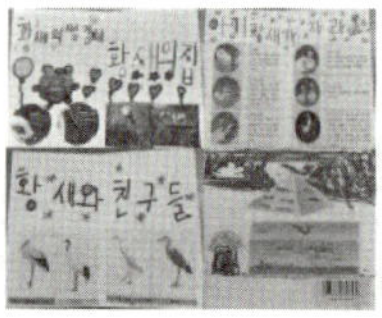

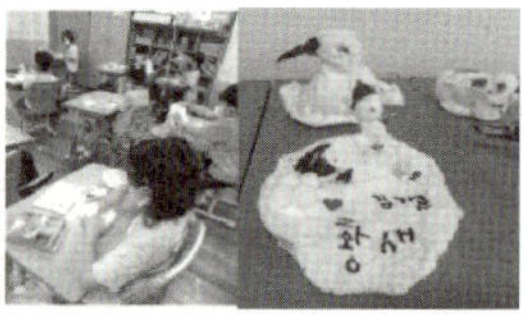
</td></tr>
<tr><td rowspan="4">2
학
기</td><td>[가을] • 농사짓는 사람들이 사라진다면</td><td rowspan="3">• 통합교과 연계 황새 책 만들기
[구성내용]
- 황새 생태를 통해 생물다양성 이해
- 황새 이동을 따라 한반도 황새축 연결하기
- 황새의 겨울나기, 철새 황새 만나기
(유전자 다양성)
- 황새와 함께 살아가는 우리 마을
(그림으로 나타내기)
- 황새와 기후변화 대응, 나의 실천 약속</td></tr>
<tr><td> 
⇧
생물다양성 연계(생태계서비스)</td></tr>
<tr><td>[겨울] • 통일이 되면 할 수 있는 일
• 겨울철 날씨와 생활 모습</td></tr>
<tr><td colspan="2"> 

 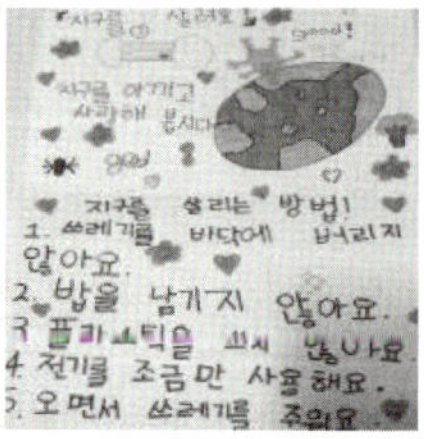
</td></tr>
</table>

나. 지도안 예시/새로운 친구 황새 만나기

<table>
<tr><th>핵심역량</th><td colspan="2">의사소통역량</td><th>황새복원 핵심요소</th><td>황새의 생태</td></tr>
<tr><th>단원</th><td colspan="2">봄 1-1 1. 학교에 가면</td><th>차시</th><td>15~16/21(통합교과), 1~2(창의체험)</td></tr>
<tr><th>통합교과 학습내용</th><td colspan="4">친해지고 싶어요 - 친구에 대해 알게 된 점 이야기하기</td></tr>
<tr><th>관련 성취기준</th><td colspan="4">[2슬01-02] 여러 친구의 다양한 특성을 이해하고 친구와 잘 지내는 방법을 알아본다.
[2즐01-01] 친구와 친해질 수 있는 놀이를 한다.</td></tr>
<tr><th>학습목표</th><td colspan="4">• 여러 친구의 다양한 특성을 이해할 수 있다.
• 친구와 친해지기 위한 놀이에 참여할 수 있다.</td></tr>
<tr><th rowspan="3">수업전개</th><td>도입</td><td colspan="3">• 동기 유발 및 학습목표 소개
- 짝의 이름을 넣어서 '안녕' 노래 부르기</td></tr>
<tr><td>전개</td><td colspan="3">• 활동 1. 짝에 대해 알아보기
- 짝에게 궁금한 점 물어보기
- 짝에 대해 알게 된 점 이야기하기
• 활동 2. 막대 인형 놀이 하기
- 짝의 얼굴 그리기
- 짝 얼굴 그림으로 막대 인형 만들고 놀이하기
• 활동 3. 새로운 친구, 황새에 대해 알아보기
- 황새 스토리 제시(텃새 황새 멸종 이야기, 황새가 사는 곳과 먹이 등 소개), 관련된 사진이나 영상 함께 제시
- 황새에 대해 알게 된 점 이야기하기
• 활동 4. 부채 인형 놀이 하기
- 황새 그림 그리기
- 부채에 황새 그림 붙이고 황새에 대해 묻고 답하는 놀이하기</td></tr>
<tr><td>정리</td><td colspan="3">• 학습정리
- 짝에 대해 알게 된 점 발표하기
- 황새에 대해 알게 된 점 발표하기
- 놀이를 한 소감 이야기하기</td></tr>
<tr><th>평가방법</th><td colspan="4">관찰평가</td></tr>
</table>

황새를 처음 학습하는 차시이다. 학습자에게 황새가 낯설고, 텃새 멸종에서 복원에 이르는 과정이 다소 어려운 내용일 수 있다. 입학 초기 적응활동이 끝나고 낯선 친구들과 친밀감이 형성될 시기에 이루어지는 학습임을 감안하여 황새도 새롭게 만나는 친구들 중의 하나로 인식될 수 있도록 유도한다.

5. 환경교육적 시사점

본 장에서는 생물다양성-지속가능발전교육－황새의 상호연관성을 찾고 '지속가능한 미래'라는 공통의 가치를 도출하였다. 그리고 이 가치를 토대로 초등학교 1학년 통합교과와 연계하여 환경교육을 실시하였다. 이와 같은 일련의 과정을 통해 얻을 수 있는 환경교육적 시사점은 다음과 같다.

첫째, 지속가능발전교육을 추구하는 환경교육에서 생물다양성이 갖는 중요성을 구체적인 생물 황새를 통해 제시하였다.

오늘날의 환경위기는 인간의 과도한 개입으로 인한 자연의 자정능력 상실 때문이다. 따라서 환경위기는 곧 지속가능성에 대한 위협이자 생물다양성 손실의 위협이기도 하다. 생태계의 안정성과 기능 유지에 필수적인 생물다양성 보전은 자연과 미래세대에 대한 현세대의 책무이자 자연과 인간의 공존을 추구하는 가치 형성의 핵심이라 할 수 있다. 그러나 초등학교 환경교육에서 생물다양성 교육은 소외되고 있는 것이 현실이다. 황새와 같은 생물을 통해 구체성과 친근성을 확보하며 생물다양성 교육의 폭을 넓혀가야 할 것이다.

둘째, 환경교육에서 황새는 유의미한 학습소재로 활용될 수 있음을 제시하였다.

우리나라 자연환경의 과거와 현재를 돌아보고 미래를 내다보는 가늠자이자 건강한 생태계를 상징하는 황새는 환경교육의 소재로 활용하기에 충분한 교육적 가치를 내포하고 있다. 그러나 초등학교 환경교육에 활용할 수 있는 조직된 황새의 자료가 없는 실정이다. 따라서 텃새 멸종 및 복원과 자연 방사의 과정에서 양산된 다양한 이야기와 정보를 학습자료로 개발하여 환경교육을 위한 유용한 학습소재로 황새를 일반화하는 연구가 필요할 것이다.

셋째, 통합교과와 연계한 학년 프로그램은 내용의 체계성과 연속성을 확보하여 초등학교 1학년을 위한 내실 있는 환경교육을 추구할 수 있음을 제시하였다.

별도의 환경 교과서가 없는 초등학교에서 이루어지는 환경교육은 체계적으로 조직되기보다는 교사의 개별 역량에 맡겨지는 일회성 주제 교육의 성격이 강하다. 초등학교의 환경교육은 목표와 내용체계가 따로 없는 분산적 운영 방식이기 때문에 프로그램 개발 단계에서 통합교과와 연계하여 내실 있는 환경교육을 도모할 필요가 있다. 또한, 초등학교 환경교육 프로그램은 고학년에 치중되어 있는 것이 현실이다. 환경적으로 바람직한 선택을 위한 가치와 태도 형성의 중요성을 감안한다면 초등학교 저학년을 위한 환경교육 프로그램 개발에 더욱 많은 관심을 기울여야 할 것이다.

참고문헌

국가생물다양성센터 (2024). “국가생물다양성 정보공유체계”. https://kbr.go.kr/content/view.do?menuKey=790&contentKey=157에서 2024년 2월 1일 인출.

김수경 (2009). GIS 기반 다기준평가 기법을 이용한 황새(Ciconia boyciana) 재도입 적합지 평가. 한국교원대학교 대학원 박사학위논문.

김수경, 박시룡, 성하철, 최유성 (2010). 초 · 중학교 여학생들의 멸종 위기종 황새 복원과 연계한 생물다양성 교육프로그램 개발 및 적용효과. 환경교육, 23(3), 82-96.

김주헌 (2006). 서산AB지구 간척지에 도래하는 황새의 월동 생태에 관한 연구. 공주대학교 대학원 석사학위논문.

김태경 (2010). 생태-문화-환경교육을 위한 적합지(장소) 분석과 결정 요인-<논 생태계와 쌀 문화>의 생활 밀착형 환경 인식론. 환경교육, 23(3), 62-81.

문화재청 (2009). 천연기념물과 함께 살아가는 “황새마을” 예산군 선정. 문화재청 보도자료, 2009. 6. 24.

박시룡, 박현숙, 윤종민, 김주경 (2014). 황새, 자연에 날다. 서울: 민음사.

배명순, 김은형 (2018). 황새아빠 박시룡 인터뷰. CHUNGBUK ISSUE&TREND, 31, 73-79.

생물다양성과학기구-IPBES (2020). https://ipbes.net/에서 2020년 12월 5일 인출.

세계자연기금-WWF 한국본부 (2020). https://www.wwfkorea.or.kr/에서 2020년 12월 5일 인출.

송명규 (2018). 자연관(생태중심주의 vs. 인간중심주의)이 친환경행동 의도에 미치는 영향. 환경정책, 26(1), 59-85.

안동만 역 (2001). 환경학. 서울: 보문당.

예산황새공원 (2020). https://www.yesanstork.net에서 2020년 12월 21일 인출.

원병오 (1993). 한국의 조류. 서울: 교학사.

유엔환경계획-UNEP (2020). https://www.unep.org/search/node?keys=ilri에서 2020년 12월 5일 인출.

윤무부 (1994). 한국의 새. 서울: 교학사.

윤영선, 남영숙(2019). 한반도 황새 생태네트워크 구축을 위한 남북한 협력방안 탐색. 한국환경교육학회 학술대회 자료집, 2019(6), 52-56.

윤영선, 남영숙 (2021). 책임윤리 기반의 황새 스토리 구성 및 환경교육 프로그램 개발. 환경교육, 34(1), 26-42.

윤영선, 남영숙(2021). 황새를 활용한 생물다양성 교육. 한국환경정책학회 학술대회논문집, 2021(10), 59-62.

윤영선, 남영숙 (2021). 황새와 학교 습지 비오톱을 연계한 환경교육 방안. 교육녹색환경연구, 20(1), 55-65.

이두곤 (2017). 환경교육과 지속가능발전교육(ESD) 개념의 비교 고찰과 ESD 개념의 제시 방식. 한국환경교육학회 학술대회 자료집, 40-45.

이상훈 (2022). 기후위기와 탄소중립. 국립생태원 초등교원 생태교육 직무연수 자료집, 111-114.

이재영, 정철, 김찬국, 조성화, 이성희, 남미리 (2017). 교육과정 개편에 대비한 '환경교육 용어사전'편찬. 세종: 환경부.

조승헌, 박용하, 김승우, 최용재 (1999). 생물다양성 보전을 위한 유인제도 활성화 방안. 연구보고서. 환국환경정책평가연구원.

한면희 (1999). 가이아 가설과 환경윤리. 철학, 59, 349-371.

황새생태연구원 (2020). http://www.stork.or.kr에서 2020년 12월 21일 인출.

Austin, O. L. (1948). The birds of Korea. Bulletin of the Museum of Comparative Zoology, 101, 44-46.

Collar, N. J., Crosby, M. J. & Stattersfield, A. J. (1994). Birds to watch 2. The world list of threatened birds. Cambridge: Birdlife International.

Glushchenko, Y. N. (1985). Protection and methods of increase of number of Ciconia boyciana. 138-139. in N. M. Litvinenko, ed. Rare and endangered birds of the Far East. Vladivostok: Far East Science Centre, Academy of Sciences of the USSR.

Hancock, J. A. & Kushan, J. A. (1992). Storks, ibises and spoonbills of the world. Princeton: Princeton univ. press, 103-108.

Iozzi, L. A. (1989). What Research Says to the Educator-Part Two: Environmental Education and the Affective Domain. The Journal of Environmental Education, 20(4), 6-13.

Litvinenko, N. M. (2000). Oriental White Stork in Russia. Far Eastern Branch of the Russian Academy of Sciences, Russian Workshop on Oriental White Stork and Amur-Ussurian Bird Diversity Center, Vladivostok.

Mori, T. (1939). Bird conservation in Korea. Yacho, 6, 1-11.

Sciama, Y. (2011). Petit atlas des especes menacees. [심영섭 역(2011). 라루스 세계지식사전①멸종위기의 생물들. 서울: 현실문화.]

Vinter, S. V. (1978). The breeding biology of the Oriental White Stork, Ciconia boyciana Swinhoe, in the middle Amur region. Trudy Zoological Institute, 76, 9-23.

Wang, L., Mengsha, L., & Hongming, F. (2007). Feeding habitat of oriental white stork in autumn in tumuji of inner mongolia. Journal of Northeast Forestry University, 35(8), 52-53.

Whitaker, V. & Matvienko, B. (1998). The deitrification potential and hydrological conditions in the wetlands of the Lobo resevoir. Internationale Vereinigung fur Theoretischeund Angewandte Limnologie 26: 1377-1380.

Winter, S. W.(1991). Diet of the oriental white stork(Ciconia boyciana) in the middle Amurregion, USSR. In Coulter, M. C., Qishan, W. and Luthin, C. S. (eds.), Biology and conservation of the oriental white stork Ciconia boyciana, Aiken: Savannah river ecology laboratory.

Yoon, Y. S. & Nam, Y. S.(2019). A Study on the Inter-Korean Cooperation for Establishing the Oriental Stork Ecology Network. Journal of Environmental Policy and Administration, 27(S), 1-15.

Zhu, B. & Che, F. (1999). Breeding behaviour of oriental storks at Honghe nature reserve. Chinese wildlife, 20, 6-7.

VIII 황새를 활용한 지속가능발전교육 프로그램 개발 연구 - 초등학교 3학년을 중심으로 -

류학렬

들어가기

산업 발전의 역기능으로 발생한 자연환경 파괴와 오염 등의 환경문제로 지속가능한 개발이 저해될 뿐만 아니라 지구상의 생물들의 멸종이 가속화되고 있다. 생물종 하나가 멸종되면 그 유전적 자원도 영원히 사라진다. 이에 따라 멸종위기종 보전에 대한 관심이 지속적으로 커지고 있으며, 생태계 보전 교육에서 멸종위기종을 소재로 하는 교육 프로그램 개발의 필요성을 충분히 인식하고 활발한 연구가 이루어지고 있다.

멸종위기에 놓인 한반도의 야생생물을 보전하고 복원하기 위한 목적으로 설립된 국립생태원 멸종위기종복원센터는 2030년까지 43종의 멸종위기 야생생물을 도입하고 이 중 20종을 복원할 예정이다(환경부, 2018). 그중 황새는 우선 복원사업 대상 7종에 속해 있으며 깃대종이자 우산종으로 생태계 보전 및 복원을 위한 구심점 또는 목표를 피교육자에게 구체적으로 제시할 수 있다는 점에서 교육적 효과를 높일 수 있으며 지속가능발전 교육을 위한 좋은 소재가 될 수 있다.

이 장에서는 황새복원사업이 가지고 있는 지속가능발전교육에 활용할 수 있는 요소를 밝히고 황새복원사업의 핵심인 멸종위기종 황새를 활용하여 황새마을 인근 초등학교에 적용할 수 있는 지속가능발전교육 프로그램을 개발하였다.

1. 지속가능발전교육과 학교교육

가. 지속가능발전과 지속가능발전교육

1987년 환경과 개발에 관한 세계 위원회가 발간한 「우리 공동의 미래」에서는 지속가능발전을 "미래 세대의 요구를 충족시킬 수 있는 능력을 저해하지 않으면서 현세대의 요구를 충족시키는 발전"으로 정의하였다. 1992년 리우 선언의 실천 요강으로 Agenda21이 발표된 이후에는 지속가능발전 개념이 "현재 및 미래세대의 발전적 필요와 환경적 필요가 동등하게 충족되는 것"으로 정의되어 발전과 환경의 조화를 강조하는 개념으로 진화하게 되었다(유네스코한국위원회, 2008). 최근 지속가능발전은 환경 보호, 경제 발전, 사회 발전이라는 상호의존적인 세 측면을 종합적으로 고려하는 21세기 인류의 보편적인 발전 전략을 함축하는 핵심 개념으로 받아들여지고 있으며 자유, 정의, 민주주의와 같이 인류가 궁극적으로 지향해야 할 궁극적인 이념으로서 이해되고 있다(모경환 외, 2010).

지속가능발전이 성공적으로 이루어지기 위해서는 현재 우리 삶에 대한 사람들의 태도, 생각 등의 변화가 일어나야 한다. 이러한 변화를 가장 효율적이고 원만하게 이룰 수 있는 수단이 교육이라는 생각을 바탕으로 지속가능발전을 위한 교육, 즉 지속가능발전교육이 탄생하였다.

지속가능발전교육은 지속가능하지 않은 사회구조와 실천 행동을 전환하고 변화하도록 사람들을 참여시키고, 역량을 강화시키는 교육을 지향한다. 환경적 · 사회적 · 경제적 관점을 아우르는 주제들을 제시하며, 그에 관한 지식과 이해뿐만 아니라 그에 포함된 가치와 실천방법도 가르치도록 명시하고 있다(유네스코한국위원회, 2008).

나. 멸종위기종과 지속가능발전교육

1) 초등학교에서의 멸종위기종 보전 교육

멸종위기종의 수가 증가하고 있다는 것은 인류의 터전인 자연환경이 인간의 생존을 위협하고 치명적인 손실을 입힐 만큼 위험한 상황에 처하게 되었음을 의미하므로 생물종을 보존하는 것은 도덕적인 의무이며 후세대에 대한 약속인 셈이다(손혜경, 2014).

우리나라에서도 멸종위기에 처한 야생동물 보호문제 등이 사회적인 문제로 등장하면서 생물다양성 보전을 위한 다양한 정책들이 개발, 시행되고 있다. 한번 훼손된 생태계를 건강한 자연 생태계로 복원하기 위해서는 높은 수준의 기술과 많은 비용, 상당한 기간이 필요하므로 사전 예방책이 매우 중요하다.

따라서 환경소양이나 가치관 형성에 있어 유연성이 있으므로 초등학교에서의 멸종위기종 보존에 관한 교육은 그 이후의 교육보다 훨씬 시기적절하고 효율성이 크다고 볼 수 있다.

2) 멸종위기종과 지속가능발전교육

최근 멸종위기종이 급격하게 늘어난 이유는 서식지 파괴, 농약 살포, 밀렵 등 자연환경에 대한 인간의 직·간접적인 개입이 지나치기 때문이다. 인간은 그 자신이 필요한 문명의 이기(利器)나 거주지를 위해 생물의 주거지를 없애버림으로써 결과적으로 생물다양성을 파괴하고 있다.

생물의 주거지를 없애고 더 이상 지구에서 살아갈 수 없도록 만드는 것은 명백하게 지속가능하지 않은 활동이며 인간도 언젠가는 지구상에서 자취를 감추어 버린 멸종된 생물들과 함께 완전히 사라져 버릴 수 있다는 것을 말해주고 있다.

이처럼 지속가능하지 않은 인간의 퇴보적인 활동을 막고 우리가 인간 외의 생물과 지구라는 한 공간에서 조화를 이루어서 살아가야 한다는 것을 알고 생물다양성 가치의 소중함을 확산시키기 위해서 지속가능발전교육이 반드시 필요하다.

다. 학교 교육과정과 지속가능발전교육

1) 교과에서의 지속가능발전교육

지속가능발전위원회는 교육과정 개정 시 도덕, 사회, 과학, 실과 등의 교과에서 지속가능발전교육의 관점을 포함시킬 수 있도록 꾸준히 권고해 왔다. 실제 2015 개정 교육과정에서는 지속가능발전교육과의 관련성이 더 심화된 것으로 나타났다. 교육과정 총론 해설서에서 지속가능발전교육과 관련된 용어인 적정기술, 지속가능발전, 기후변화, 에너지 교육이라는 단어가 각각 2회, 11회, 2회, 2회 사용되었다.

2) 창의적 체험활동과 지속가능발전교육

창의적 체험활동은 교과와 상호 보완적 관계 속에서 앎을 적극적으로 실천하고 심신을 조화롭게 발달시키기 위하여 실시하는 교과 이외의 활동이다. 창의적 체험활동은 학생들이 건전하고 다양한 집단 활동에 자발적으로 참여하여 나눔과 배려를 실천함으로써 공동체 의식을 함양하고 개인의 소질과 잠재력을 계발・신장하여 창의적인 삶의 태도를 기르는 것을 목표로 한다(교육부, 2015).

창의적 체험활동은 자율활동, 동아리활동, 봉사활동, 진로활동의 4개 영역으로 구성하되 학생의 발달 단계와 교육적 요구 등을 고려하여 학교 급별, 학년(군)별, 학기별로 영역 및 활동을 선택하여 집중적으로 운영할 수 있다.

UNECE(2018)는 지속가능발전교육이 지향하는 핵심 역량을 지식, 시스템적 사고, 감성, 윤리와 가치, 행동과 실천의 5가지로 제안하고 있다. 이는 지속가능발전교육이 잠재적 교육과정의 많은 분야를 차지하고 있는 창의적 체험활동과 흐름을 같이하고 있음을 보여준다.

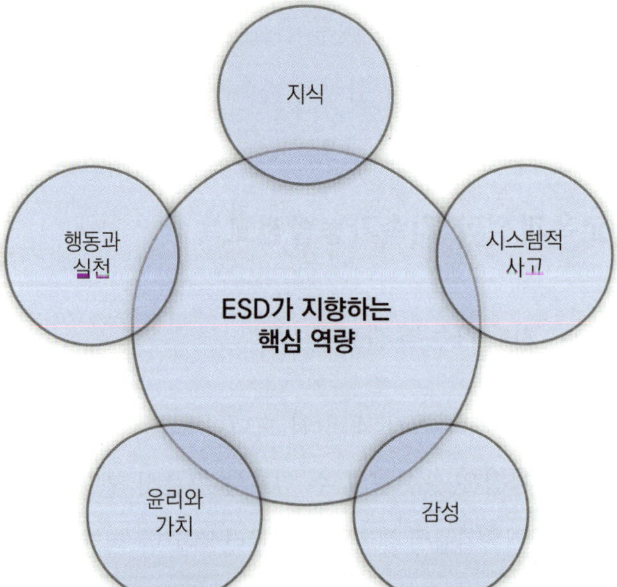

[그림 Ⅷ-1] ESD가 지향하는 핵심역량(UNECE, 2018)

2. 황새 복원 의미

가. 황새보존을 위한 국제적인 노력

황새가 서식하는 지역의 나라들, 즉 러시아, 중국, 일본, 그리고 한국은 다양한 방법으로 점차 멸종해가는 황새를 보존하기 위해 노력하고 있다. 러시아는 황새를 Russia national Red Data Book에 'Rare'로 등재하고 특정 목적 외의 채집을 금하고 있다. 또한 황새가 번식을 하는 지역에 자연 보호구를 설치하여 서식지를 보호하고 있다. 중국도 역시 Nationally Protect Species(First Class)로 지정하고 황새가 번식을 하거나 도래하는 지역에 자연 보호구를 설치하고 보존하고 있다. 일본은 특별천연기념물 및 적색목록종으로 등재하여 보호하고 있다. 또한 인공사육으로 보호 및 증식하고 혈통대장을 만들어 사육되는 황새의 개체군 및 유전적 특성을 관리하고 있다(박시룡 외, 2014).

나. 황새 복원의 현황

국제적으로 1,000~2,499개체 정도가 생존하는 것으로 파악되고 있는 황새는 1900년 초에는 흔한 텃새로 경기도, 충청도, 황해도를 중심으로 번식하였으나 산업화 과정에서 급속히 감소하였다. 1971년 충북 음성군 생극면 관성리에서 마지막 황새 부부가 발견되었으나 수컷 황새가 사냥꾼의 총에 맞아 죽고 암컷 황새가 혼자서 살다가 1983년 농약중독으로 쓰러져 1994년 서울대공원에서 죽은 것을 끝으로 한반도에서 텃새 황새는 멸종된 것으로 알려졌다(박시룡 외, 2014).

이후 한국교원대학교를 중심으로 러시아로부터 도입한 황새 2마리를 시작으로 2002년 황새의 인공증식에 성공(세계 4번째 번식 성공)함으로써 한반도에서 절멸했던 황새 복원의 시대를 열게 되었다.

황새 서식지의 복원을 위해 문화재청은 충청남도 예산군 일대를 황새 마을[1])로

1) 2010년 문화재청에서는 예산군 광시면 일원을 황새 서식지에 적합하다고 판단, 광시면 대

[그림 Ⅷ-2] A81의 이동 경로(2019년 7~8월)

리에 황새생태공원을 조성하여 황새의 서식 및 섭식 환경을 유도하였고 주변 마을과 연계하여 대리, 가덕리, 시목리의 5개 마을을 황새 마을로 선정하였다.

지정하여 2015년 135,669m² 부지에 황새 문화관, 오픈장, 생태습지, 사육장을 갖춘 예산황새공원을 조성, 황새 70마리가 예산황새공원으로 이전, 9월 그중 8마리를 첫 자연방사하여 야생에서 적응을 시작하였다. 2016년 자연으로 돌려보낸 황새 부부 한 쌍이 2018년 3월 다섯 개의 알을 낳아 모두 부화에 성공하는 등 야생 자연 증식이 성공적으로 이루어지고 있다. 예산에서 방사되거나 태어난 황새들은 전라, 충청, 경기 지역에 광범위하게 서식하고 있으며, 일부는 북한, 중국, 일본까지 이동했던 것으로 확인되었다(황새생태연구원, 2018). [그림 VIII-2]는 자연번식에 성공한 개체에서 성체가 된 황새 A81(갈황)의 2019년 7~8월 이동경로를 보여주고 있다.

다. 황새와 ESD

멸종위기종 황새와 관련한 교육 프로그램에 대한 연구는 구은영(2005)이 한국과 일본의 황새 복원 연구지역 중학생의 황새에 대한 지식과 태도를 비교함으로써 황새를 소재로 한 환경교육 프로그램 개발이 필요함을 역설한 이후로 김수경 외(2010)가 초・중학생 여학생들의 멸종위기종 황새 복원과 연계한 생물 다양성 교육프로그램을 개발하고 적용함으로써 생물다양성 보전에 대한 인식과 태도 개선에 효과가 있었음을 증명하였다. 오태섭(2014)은 초등학생을 위한 황새의 생태 애플리케이션을 개발하여 학생들의 관찰탐구 학습에 대한 관심과 흥미를 높였으며 박세근(2016)은 황새 복원 연구과정을 활용해서 탐구프로그램을 개발하고 적용하였다.

류학렬과 남영숙(2017)은 도요오카시와 예산군 황새 복원프로젝트 비교・연구를 통해 황새 복원프로젝트의 방향성을 논의하였고, 류학렬과 남영숙(2018)은 지속가능발전 관점에서 본 황새 복원에 대한 고찰을 통해 황새 복원의 지속가능발전과의 관계를 밝힘과 동시에 황새 복원과 관련된 다양한 수준과 내용의 교육프로그램 개발의 필요성에 대해 역설하였다.

멸종위기종 황새의 복원은 복원 자체로 의미가 있을 뿐만 아니라 황새를 활용한 ESD 프로그램의 개발은 생물다양성 위기에 처한 현시점에서 생물다양성 위기 극복을 위한 적정한 연구가 될 뿐 아니라 황새 복원을 위한 국가적 차원의 다양한 시도와 노력에 보탬이 될 것이다.

3. ESD에 활용할 수 있는 황새 복원의 핵심 요소

지속가능발전교육 자료로서의 황새 복원의 핵심요소는 류학렬과 남영숙(2018)이 황새 복원과 지속가능발전과의 관련성을 분석한 결과를 근거로 재구성한 내용을 황새 복원에 관련된 업무를 맡고 있는 박사 3인과 석사 2인, 황새 마을 관계자 2인의 의견을 수렴, 수정・보완하여 선정하였다.

박태윤과 성정희(2007)가 유네스코한국위원회에서 제안한 지속가능발전[2] 핵심 관점별 분석 준거를 활용하여 류학렬과 남영숙(2018)은 황새 복원과 지속가능발전과의 관련성을 분석하여 지속가능발전교육에 활용할 수 있는 24개 항목의 황새 복원의 요소를 추출하였다. 이를 정리하면 〈표 VIII－1〉과 같다.

〈표 Ⅷ-1〉 ESD프로그램에 활용할 수 있는 황새 복원의 요소

황새 복원 내용	지속가능발전 개념	개념 선택
1) 인공둥지탑 2) 전신주 지중화 사업 3) 인간과 황새의 조화	인권・평화・안전	인권존중, 비폭력의 이해, 대화와 타협, 재해 예방
4) 거버넌스 구축 5) 영농법인 6) 주민들과의 협력 및 자발적 참여	거버넌스・시민참여	지방, 국가 차원의 거버넌스, 자유토론, 시민 활동

2) 박태윤과 성정희(2007)가 유네스코 한국위원회(2007)에서 제안한 지속가능발전교육의 영역으로 사회적 관점(인권・평화・안전, 통일, 양성평등, 보건・식품, 사회정의, 거버넌스・시민참여, 세계화・국제적 책임), 환경적 관점(자연자원-물, 공기, 토양-, 에너지, 기후변화, 생물다양성, 환경문제, 지속가능한 식량 생산, 지속가능한 촌락・도시), 경제적 관점(지속가능한 생산과 소비, 기업의 지속가능성, 시장경제, 빈부격차 완화, 부의 공평한 분배 및 공유), 문화적 관점(문화적 다양성, 문화유산・문화적 가치, 문화적 보존, 창의 도시)의 23개 항목이다.

3) 논생물다양성 확보와 증식을 위한 비오톱(Biotop-생물그릇, 둠벙), 논과 수로, 하천, 호수,

황새 복원 내용	지속가능발전 개념	개념 선택
7) 통일의 상징으로 활용 8) 황새의 이동	통일	분단 현실 이해, 남북 화해, 남북교류협력, 평화통일
9) 황새의 육아활동	양성평등	성차별, 양성평등, 여성문제
10) 황새 복원의 국제적인 협력	세계화 · 국제적 책임	세계화 이해, 세계화 문제점, 국제 문제 해결
11) 삽교천, 무한천	자연자원(물, 공기, 토양 등)	대기, 물, 토양, 동 · 식물, 자연경관, 자연자원
12) 습지보호 13) 산림 녹지	기후변화	지구온난화, 온실가스, 이상기후, 열섬현상
14) 서식지 복원으로 인한 생물다양성	생물다양성	생태계 평형, 멸종위기종, 종의 다양성, 생물 보전
15) 황새서식지 보존	환경문제	대기오염, 수질오염, 토양오염, 소음공해, 폐기물
16) 황새생태 농법[3]	지속가능한 식량 생산	친환경농산물, 지속가능한 농업
17) 생태도시	지속가능한 촌락 · 도시	도시화, 인구집중, 농촌 고령화, 도농 간 격차
18) '황새의 춤' 쌀	지속가능한 생산과 소비	환경친화적 생산, 지속가능한 소비행동, 폐기물의 관리
19) 친환경 농산물 유통	시장경제, 부의 공평한 분배 및 공유	시장의 경제 활동, 시장 경제 이해, 합리적 상거래 질서, 세금 부과, 세금의 쓰임, 합리적 가격 결정, 공정무역
20) 고령화 사회의 지원방안 논의	빈부격차 완화	빈부차 극복 방안, 사회보장제도, 사회적 배려
21) 벼농업	문화유산, 문화적 가치	세계 문화유산, 기록유산, 국가지정 문화재, 국보, 유물
22) 황새공원 23) 예당 저수지	문화적 보존	사적지, 유적지, 민속자료, 박물관, 전시관
24) 황새의 인문학적 가치를 활용한 창의도시	창의도시	특화 도시-문학, 영화, 음악, 디자인

출처: 류학렬 · 남영숙(2018)의 지속가능발전의 관점에서 본 황새 복원의 서식지, 농업, 황새 마을(표 Ⅱ-1, Ⅱ-2, Ⅱ-3)의 내용을 재구성함.

강 등의 수계를 연결하는 어도를 조성하여 최대 5,000여 종의 생물종들이 태어나고 성장하도록 도와 황새의 먹이활동을 원활하게 돕는 친환경 농법을 말한다. 4월 초에 물을 대어 개구리, 미꾸리 등의 산란을 도와주고 10월 하순 수확시기에는 논의 생물들이 둠벙으로 이동해 살도록 하며 겨울 담수논에는 볏짚과 유기물이 비옥한 토양을 만들게 하고 철새들의 먹이터가 된다.

이 중 황새 복원에 관련된 업무를 맡고 있는 전문가 및 관계자의 의견을 수렴하여 12개 항목을 핵심요소로 선정하였다.

12개 항목은 황새의 생태, 생명 존중, 거버넌스, 국제적인 협력, 통일, 생물 다양성, 황새 서식지, 황새의 안전, 황새 알리기, 친환경 농산물 유통, 사람과 황새와의 관계, 살기 좋은 마을 등이다(〈표 VIII－2〉).

〈표 Ⅷ-2〉 지속가능발전교육 자료로서의 황새 복원의 핵심 요소

순번	핵심 요소	관련 요소 및 내용	관련 교과
1	황새의 생태	• 황새의 생태 알기 • 황새의 먹이 및 습성 알기 • 황새 복원의 필요성	국어, 과학
2	생명 존중	• 생명의 소중함 • 동물과 생명윤리	국어, 도덕, 사회
3	거버넌스	• 황새 복원 민간 네트워크 • 황새를 보호하기 위한 각종 활동 • 대화와 타협	국어, 사회, 체육
4	국제적인 협력	• 일본, 러시아, 중국, 북한을 오가는 황새 • 멸종 위기종 보호의 소중함	사회, 과학
5	통일	• 통일의 상징으로서의 황새 • 황새와 DMZ	사회, 과학
6	생물 다양성	• 생태계 평형 • 친환경 • 종의 다양성	도덕, 사회, 과학
7	황새서식지	• 황새의 먹이 • 논생물, 삽교천 · 무한천, 습지, 예당저수지 • 산림 보호	국어, 도덕, 사회
8	황새의 안전	• 비닐 및 안전을 위협하는 요소 • 전신주 지중화 사업 • 친환경 에너지 • 동물 복지	도덕, 사회
9	황새 알리기	• 황새 알리기	국어, 사회
10	친환경 농산물 유통	• '황새의 춤' 브랜드 • 친환경 유통 • 황새생태농업연합회 • 친환경 메기 생산	국어, 사회

순번	핵심 요소	관련 요소 및 내용	관련 교과
11	사람과 황새와의 관계	• 황새의 인문학적 가치를 활용한 창의도시 • 동물과 인간의 조화로운 생활이 진정한 인류의 평화 • 동물복지	국어, 도덕, 사회
12	살기 좋은 마을	• 아이 키우기 좋은 생태도시 • 생태관광 • 고령화되는 농촌	국어, 사회

전문가 5인 및 관계자 2인은 환경, 인간 및 사회, 황새 복원을 보는 관점 등에 따라 조금씩 다른 양상을 보였다. 이들은 황새 복원의 요소 중 지속가능발전교육의 재료로 활용하기 위해 빠져서는 안 될 요소로 생명에 대한 존중(2명), 갈등을 해결하는 과정에서 요구되는 능력인 대화와 타협(1명), 마을 사람들과 황새와의 관계 형성(2명), 거버넌스 구축(1명), 황새 복원의 홍보(1명)를 들었다. 황새 복원 핵심 요소 공정은 [그림 VIII-3]과 같다.

전문가 의견 수렴 후 재추출한 황새 복원 핵심 요소(12개 항목)

황새의 생태, 생명 존중, 거버넌스, 국제적인 협력, 통일, 생물다양성, 황새 서식지, 황새의 안전, 황새 알리기, 친환경 농산물 유통, 사람과 황새와의 관계, 살기 좋은 마을

↑

지속가능발전교육의 23개 항목의 관점을 준거로 추출된 황새복원 요소(24개 항목)

거버넌스 구축, 황새복원의 국제적인 협력, 통일, 생물다양성 보존, 황새의 서식지 보존, 황새생태농법, 벼농사, 영농법인, '황새의 춤' 쌀, 친환경 농산물 유통, 삽교천·무한천, 습지보호, 황새의 육아활동, 황새의 이동, 인공둥지탑, 전신주 지중화 사업, 산림 녹지, 인간과 황새의 조화, 주민들과의 협력 및 자발적 참여, 생태도시, 고령화 사회의 지원방안 논의, 황새공원, 예당저수지, 황새의 인문학적 가치를 활용한 창의도시

↑

지속 능발전 4개 핵심 관점별 분석 준거(23개 항목)

인권·평화·안전, 통일, 양성평등, 보건·식품, 사회정의, 거버넌스, 세계화·국제적 책임, 자연자원(물·공기, 토양), 에너지, 기후변화, 생물다양성, 환경문제, 지속가능한 식량 생산, 지속가능한 촌락·도시, 지속가능한 생산과 소비, 기업의 지속가능성, 시장경제, 빈부격차 완화, 부의 공평한 분배 및 공유, 문화적 다양성, 문화유산·문화적 가치, 문화적 보존, 창의 도시

[그림 VIII-3] 황새 복원 핵심 요소 추출 공정

핵심요소를 선정하는 과정에서 '황새의 생태'와 황새 관련 전문가 및 관계자가 황새 복원의 핵심 요소로 강조한 항목인 '생명 존중'은 지속가능발전교육의 23개 항목의 관점을 준거로 추출할 때 24개 항목에 포함되지 않았지만 황새 복원의 핵심요소 중 어느 항목보다 중요하다고 판단해서 핵심 요소로 선정하였다. 대화와 타협은 주민들의 자발적인 참여와 더불어 거버넌스 구축에 포함시켰으며, 삽교천·무한천, 습지보호, 예당저수지는 황새 서식지, 인공둥지탑, 전신주 지중화 사업, 황새의 이동은 황새의 안전에, 황새의 육아활동, 황새공원은 황새 알리기에, 영농법인, '황새의 춤' 쌀, 친환경 농산물 유통, 벼농업 등은 친환경 농산물 유통에, 생태도시, 고령화 사회의 지원방안 논의, 황새의 인문학적 가치를 활용한 창의도시 등은 살기 좋은 마을에 각각 포함시켰다.

황새 복원 핵심요소 12개 항목은 황새를 활용한 지속가능발전교육의 프로그램의 주제 선정 및 내용을 구성하는 데 중요한 소재이다.

4. ESD 프로그램 적용을 위한 교육과정과 교과서 내용 분석

가. 2015 개정 초등학교 3학년 교육과정 분석 절차

1) 교육과정 분석의 준거

2015년 개정된 교육과정은 2017년 초등학교 1~2학년에서의 적용을 시작으로 2018년에는 초등학교 3~4학년, 중학교 1학년, 고등학교 1학년, 2019학년도에는 중학교 2학년, 고등학교 2학년으로까지의 적용을 거쳐 2020학년도에 전 학년에 적용되었다.

교육과정은 위에서 전해준 문서화된 텍스트로 끝나는 것이 아니라 다양한 교실 수업 상황 속에서 교사에 의하여 새롭게 창조되는 것이라면 '교육과정 재구성'이라는 용어보다는 교실 안에서의 '교육과정 구현'이라는 표현이 더 맞을 수 있다

(서명석, 2011).

이 연구에서는 '교육과정 구현자'로서 지속가능발전교육을 위한 초등학교 3학년 교과서 내용을 추출하고 지속가능발전교육 관련 내용을 크게 사회, 경제, 환경, 문화의 4개 핵심 관점에 따라 분류한 후, 관점별로 하위 개념들을 정리하여 교육과정을 재구성한다.

2) 교육과정 분석 대상 교과서

분석 대상은 2015 개정교육과정이 적용된 초등학교 3학년 국정교과서와 검정도서 각 1권이며, 이 중 보조교과서(국어활동, 수학익힘책, 사회과탐구, 실험관찰)와 영어교과서는 제외하였다. 분석에 사용된 교과서 목록은 〈표 VIII-3〉과 같다.

〈표 Ⅷ-3〉 분석에 사용된 교과서 목록

도서 구분	도서명	출판사
국정	3~4학년군 국어 ①-가, 3~4학년군 국어 ①-나 3~4학년군 국어 ②-가, 3~4학년군 국어 ②-나	(주)미래엔
	3~4학년군 도덕 ①, 3~4학년군 도덕 ②	(주)지학사
	3~4학년군 수학 ①, 3~4학년군 수학 ②	(주)천재교육
	3~4학년군 사회 ①, 3~4학년군 사회 ②	(주)지학사
	3~4학년군 과학 ①, 3~4학년군 과학 ②	(주)비상교육
검정	체육 3~4 ①	(주)금성출판사
	음악 3~4	(주)천재교육
	미술 3~4	(주)동아출판사

3) 교육과정 분석 방법

이 연구에서는 내용분석법을 적용하여 교과서를 분석한다. 내용분석법은 문서(교과서, 학술지, 신문, 수필 등)나 시각자료(그림, 잡지 등)의 내용을 다양한 방법으로 분석하는 것을 말한다(이종성, 1996).

내용 분석은 양적, 질적 분석을 모두 수행함으로써 문맥이나 내용 속에 숨어있는 잠재적이고 암묵적인 내용을 함께 분석할 수 있다(김석진, 김태진, 2007).

4) 교육과정 분석 절차

첫째, 교과서의 내용 분석 준거에 따라 지속가능발전교육과 관련이 있는 단원, 성취기준을 명시하였다.

둘째, 황새권역 마을의 실정을 반영하여 지도 내용을 재구성하고 지속발전교육 개념을 명세화하였다.

셋째, 지속가능발전 관련 4개 영역인 사회, 환경, 경제, 문화영역으로 분류하고 ESD 관련 수준을 표시하였다.

넷째, 지속가능발전 교육 관련 정도에 따라 수준별 정도를 제시하였다. 해당 교과의 성취기준과 교과 활동의 주된 내용이 지속가능발전의 의미와 가치 내용과 관련된 경우 '밀접하게 관련(◎)', 성취기준 내에서 교과활동을 확장하여 지속가능발전 소재와 연계해서 수업을 진행해도 성취기준 달성에 무리가 없는 경우는 '관련(○)'으로 판정하였다. 교육과정분석표 예시는 〈표 VIII-4〉와 같다.

〈표 VIII-4〉 황새 마을의 지속가능발전교육을 위한 교육과정 분석표

교과	학년 학기	단원명	성취 기준	차시	ESD 관련 내용 재구성 (개념선택 기준)	ESD 핵심개념	ESD 관련수준

나. 2015 개정 초등학교 3학년 교육과정 분석 결과

1) 초등학교 3학년 교과 교육과정의 ESD 관련 추출 내용

'국어 3학년 2학기의 6. 마음을 담아 글을 써요.' 단원은 편지글에 대한 내용으로 적절하게 재구성한다면 ESD의 어떤 영역에도 적용할 수 있는 단원이다. 통일과 연관하여 북한에 있는 친구에게 편지를 씀으로써 통일에 대한 생각 또는 의지를 확인할 수 있도록 구성하였다.

'도덕 3학년 1학기 1. 나와 너, 우리 함께' 단원은 친구에 대한 소중함을 알고 서로의 입장을 이해하고 인정할 수 있는 마음을 키우기 위한 단원이다. ESD의 사회적 영역의 평화 개념과 직접적인 연관을 지을 수 있으며 자연의 친구들과 사이좋게 지내는 방법을 알아봄으로써 평화에 대한 개념과 평화를 추구하는 마음을 키워나갈 수 있도록 구성하였다.

'사회 3학년 2학기 1. 환경에 따라 다른 삶' 단원은 우리 고장의 환경과 이에 따른 생활 모습을 탐구하는 활동을 통하여 우리 고장에 대한 지식 습득과 더불어 탐구 기능을 기르는 단원이다. 황새 마을 사람들의 지속가능한 먹거리를 탐구함으로써 지속가능한 식량 생산에 대해서 탐구할 수 있도록 구성하였다.

'수학 3학년 1학기 1단원 덧셈과 뺄셈' 단원은 세 자리 수의 덧셈과 뺄셈의 계산 원리를 이해하는 단원이다. ESD와 직접적인 연관은 없지만 생활 속에서 열량을 알아보는 활동을 통하여 성취 기준을 달성할 뿐만 아니라 ESD의 보건・식품 개념을 적용하여 건강한 식생활에 대해 인식할 수 있도록 구성하였다.

'과학 3학년 1학기 3. 식물의 한살이'에서는 우리 고장에서 많이 볼 수 있는 식물의 씨앗을 틔우는 과정을 관찰함으로써 씨가 싹트거나 자라는 데 필요한 조건을 설명할 수 있도록 구성하였다. 이는 ESD 관련 개념 중 지속가능한 생물다양성과 연관해서 지도할 수 있다. '체육 3학년 1학기 1. 건강과 체력' 단원은 운동 체력, 건강의 관계를 설명할 수 있도록 활동하는 단원이다. ESD의 사회적 영역의 보건・식품과 연관해서 활동할 수 있도록 재구성하였다(표 VIII－5).

〈표 Ⅷ-5〉 초등학교 3학년 교과 교육과정의 ESD 관련 내용 추출표

교과	학년 학기	단원명	성취기준	차시	ESD 관련내용 재구성(개념선택 기준)	ESD 핵심 개념	ESD 관련 수준
국어	3-2	6. 마음을 담아 글을 써요	읽을 사람의 마음을 고려하며 생각을 글로 쓰기	7-8/10	북한에 있는 친구에게 편지 쓰기(통일)	사회	○
도덕	3-1	1. 나와 너, 우리 함께	친구의 소중함을 알고 서로의 입장을 이해하고 인정하기	1/4	자연의 친구들과 사이좋게 지내는 방법 알기(평화)	사회	◎
사회	3-2	1. 환경에 따라 다른 삶	우리 고장의 환경과 이에 따른 생활모습 탐구하기	10/15	광시면 사람들의 지속가능한 먹거리(지속가능한 식량생산)	환경	◎
수학	3-1	1. 덧셈과 뺄셈	세 자리 수의 덧셈과 뺄셈의 계산 원리 이해하기	10/10	생활 속에서 열량 알아보기(보건·식품)	사회	○
과학	3-1	3. 식물의 한살이	씨가 싹트거나 자라는 데 필요한 조건 설명하기	8/12	우리 고장에서 많이 볼 수 있는 식물의 씨앗 틔우는 과정 관찰하기(생물 다양성)	환경	◎
체육	3-1	1. 건강과 체력	운동체력, 건강의 관계 설명하기	4-5/12	건강하게 사는 법(보건·식품)	사회	◎

※ 해당 교과의 성취기준과 교과활동의 주된 내용이 지속가능발전의 의미와 가치 내용과 관련된 경우 '밀접하게 관련(◎)', 성취기준 내에서 교과활동을 확장하여 지속가능발전 소재와 연계해서 수업을 진행해도 성취기준 달성에 무리가 없는 경우는 '관련(○)'

2) 초등학교 3하년 교육과정 내용 분석 결과

교과별로 교육과정을 재구성 후 지속가능발전 관련 4개 핵심 개념을 준거로 하여 초등학교 3학년 교육과정 내용을 분석해 보았다. 교육내용이 2차시로 구성되어 있는 경우는 빈도 수도 2회로 구성하였다. 정리한 결과는 〈표 VIII-6〉과 같다.

〈표 Ⅷ-6〉 초등학교 3학년 교과 교육과정의 ESD 관련 내용 분석표

분석 준거		빈도수								
		계	국어	도덕	사회	수학	과학	체육	음악	미술
사회적 관점	인권, 평화, 안전	11 (7)	4	3 (3)	·	·	1 (1)	3 (3)	·	·
	통일	2	2	·	·	·	·	·	·	·
	양성 평등	2 (1)	1	·	1 (1)	·	·	·	·	·
	보건, 식품	5 (3)	·	·	·	2	·	3 (3)	·	·
	사회정의	1	1	·	·	·	·	·	·	·
	거버넌스, 시민참여	2 (2)	·	1 (1)	·	·	1 (1)	·	·	·
	세계화, 국제적 책임	8 (5)	·	·	4 (4)	·	1 (1)	1	1	1
환경적 관점	자연자원 (물, 공기, 토양 등)	8 (5)	·	·	·	2	4 (4)	·	1	1 (1)
	에너지	1	·	·	·	1	·	·	·	·
	기후변화	4	2	·	·	2	·	·	·	·
	생물다양성	9 (4)	2	·	·	2	4 (4)	·	1	·
	환경문제	8 (6)	1	2 (2)	·	1	4 (4)	·	·	·
	지속가능한 식량생산	4 (4)	·	·	1 (1)	·	3 (3)	·	·	·
	지속가능한 촌락, 도시	3 (1)	2	·	1 (1)	·	·	·	·	·
경제적 관점	지속가능한 생산과 소비	4 (2)	2	·	2 (2)	·	·	·	·	·
	기업의 지속가능성	0	·	·	·	·	·	·	·	·
	시장경제	1 (1)	·	1 (1)	·	·	·	·	·	·
	빈부격차 완화	4 (1)	2	1 (1)	·	·	1	·	·	·

분석 준거		빈도수								
		계	국어	도덕	사회	수학	과학	체육	음악	미술
	부의 공평한 분배 및 공유	0		·	·	·	·	·	·	·
문화적 관점	문화적 다양성	5 (3)	1	1 (1)	2 (2)	·	1	·	·	·
	문화유산, 문화적 가치	7 (7)	·	·	3 (3)	1 (1)	·	·	1 (1)	2 (2)
	문화적 보존	0	·	·	·	·	·	·	·	·
	창의도시	2	2	·	·	·	·	·	·	·
계		91 (52)	22 (0)	9 (9)	14 (14)	11 (1)	20 (18)	7 (6)	4 (1)	4 (3)

* ( ) 안의 숫자는 재구성된 내용 및 성취기준이 ESD의 의미, 가치 등을 직접적으로 포함하고 있는 내용의 수를 의미함.

영어를 제외한 모든 교과가 지속가능발전교육 개념을 포함하고 있었으며 국어과와 과학과의 경우 ESD 관련 개념의 빈도수가 각각 22회, 20회로 가장 많았고 도덕과, 사회과, 과학과, 체육과는 성취기준과 교과활동의 주된 내용이 ESD의 의미 및 가치와 직접적인 관련이 있는 내용의 비율이 타 교과에 비해 월등히 높았다. 도덕과, 사회과, 과학과의 경우에는 교육과정 전체에서 ESD 관련 내용을 많이 포함하고 있지만 교육과정 재구성 과정에서 같은 단원에서의 중복을 피하다 보니 빈도수가 줄어들었다. 반면 국어과와 수학과는 교과내용이 ESD의 의미, 가치 내용과 직접적인 관련이 있다기보다는 ESD 관련 내용을 통해서 지도해도 교과의 성취기준을 달성하는 데 무리가 없는 내용으로 구성되었다.

지속가능발전 관련 영역별로는 환경적 관점(37), 사회적 관점(31), 문화적 관점(14), 경제적 관점(9)의 순으로 나타났다. 이는 교육과정 안에서의 환경문제, 생물다양성, 자연자원 등에 대한 학습 내용 및 관심이 많아졌음을 시사하고 있다. 또한 인권, 평화, 안전 등에 대한 강조와 세계화의 시대적인 흐름을 반영하고 있음을 보여주고 있다.

5. 초등학교 3학년 대상 황새복원과 ESD 프로그램

황새는 멸종위기종 Ⅰ급으로 우리나라에서 한때 절멸되었다가 연구자, 기관, 지역 주민들의 노력으로 충청남도 예산군 광시면의 황새권역 마을을 중심으로 야생에서의 복원이 진행되고 있는 생물이다. 황새 복원은 유네스코를 비롯한 전 지구적으로 강조하고 있는 지속가능발전의 의미를 내재하고 있음과 동시에 그 가치를 실현해 나갈 수 있는 사업이다.

황새 복원의 핵심 소재인 황새를 활용한 ESD 프로그램은 황새 복원에 대한 황새권역 마을의 초등학교 3학년 어린이들의 관심과 참여를 이끌어 냄과 동시에 학생들이 지속가능교육에 필요한 사고능력과 실천능력, 의지와 태도를 기르는 데 목적이 있다.

연구대상을 초등학교 3학년으로 한 이유는 프로젝트 학습의 적용, 황새복원사업의 요소 투입, 야외학습의 운영 등을 통하여 2015 개정 교육과정에 제시된 성취기준을 달성하기에 적절한 학년을 3학년으로 판단하였기 때문이다.

가. 황새를 활용한 ESD 프로그램 구안 기본 방향

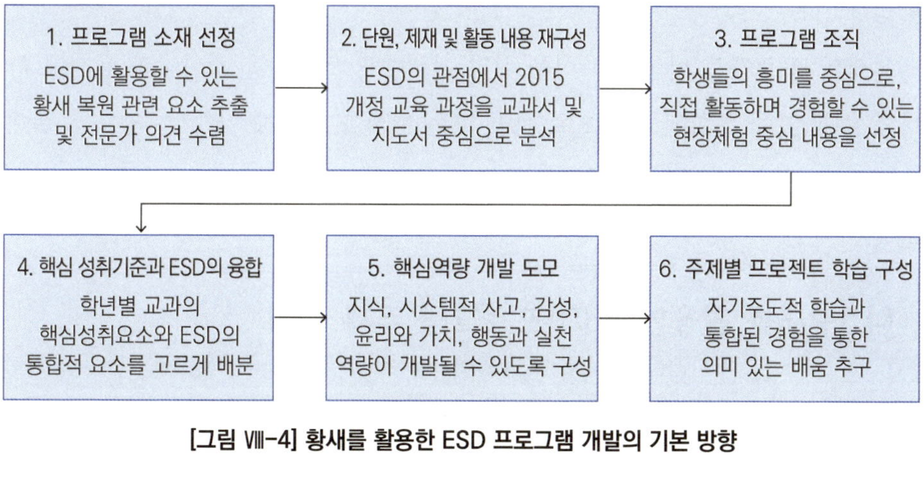

[그림 Ⅷ-4] 황새를 활용한 ESD 프로그램 개발의 기본 방향

초등학교 3학년 학생을 위한 황새를 활용한 ESD프로그램 구안의 기본 방향은 아래와 같이 6단계로 설명할 수 있다.

첫째, 프로그램의 소재는 류학렬과 남영숙(2018)이 지속가능발전의 관점에서 본 황새 복원을 분석한 내용을 바탕으로 지속가능발전교육에 활용할 수 있는 황새 복원의 요소를 추출, 전문가 의견을 수렴하여 선정하였다.

둘째, 유네스코한국위원회에서 제시한 지속가능발전교육의 4개 영역의 관점에서 2015 개정 교육과정 3학년 교육과정을 교과서 및 지도서를 중심으로 분석하여 단원, 제재 및 활동 내용을 재구성하였다.

셋째, 프로그램 조직은 학생들이 주변에서 자주 접하는 황새 복원 및 지속가능발전과 관련된 내용으로 흥미와 관심을 높이고, 직접 활동하면서 경험할 수 있는 내용을 선정하여 현행 교과 교육과정과 창의적 체험활동을 연계하여 현장체험 중심의 학습이 가능하도록 개발하였다.

넷째, 지속가능발전교육의 핵심 4개 영역을 고르게 배분하여 학년별 교과의 핵심 성취요소와 지속가능발전교육에서 추구하는 가치 요소인 환경, 경제, 사회, 문화의 통합적 요소가 융합되도록 개발하였다.

다섯째, 프로그램 참여를 통해 UNECE(2008)에서 제시한 핵심역량 구성요소인 지식, 시스템적 사고, 감성, 윤리와 가치, 행동과 실천의 역량이 개발될 수 있도록 구성하였다.

여섯째, 프로젝트 학습의 특성을 살려 자기주도적 학습을 해나감과 동시에 하나의 주제 안에 통합된 경험으로 의미 있는 지식을 구성해 나갈 수 있도록 주제별로 ESD 프로그램을 개발하였다.

나. 황새를 활용한 ESD 프로그램 주제 선정

초등학교 3학년은 고학년에 비해 개념의 분화가 미숙하고 정신적, 신체적 성장이 급진적으로 이루어지는 시기이다(나혜원, 2010). 따라서 교과별로 분리된 학습보다는 통합학습이 효과적이므로 비슷한 내용을 모아 하나의 주제를 선정하였다. 초등학교 3학년 어린이들의 호기심을 자극하고 수업 흐름의 얼개를 그려볼 수 있도록 주제 선정에 관한 제목을 재미있게 붙였다. 황새를 활용한 ESD 프로그램의 주제 선정 기준은 다음과 같다.

첫째, 황새 복원을 구성하고 있는 요소 중 지속가능발전의 의미를 확장시킬 수 있는 요소를 재추출하여 주제를 구성하였다.

둘째, 구성된 주제의 표현을 통하여 2015 개정 교육과정의 각 교과 및 단원의 성취기준을 달성할 수 있는 내용으로 주제를 구성하였다.

셋째, 각 교과 및 창의적 체험활동과 융합하여 프로그램을 재구성할 때 흥미를 가지고 자기주도적으로 진행할 수 있도록 주제를 구성하였다.

넷째, 지속가능발전교육 핵심 역량 중 행동과 실천으로 이끌기 위해 생태계에서 생물들과의 교감을 통해 감성을 자극하고 자연스럽게 실천의지를 함양할 수 있는 내용을 선정하였다.

다섯째, 자기중심적 사고를 벗어나지 못한 초등학교 3학년 학생들의 발달 단계에 맞춰 학습자를 중심으로 주변에서 실제 경험할 수 있는 문제를 학습내용으로 선정하고 해결해 나가는 경험을 제공하는 내용으로 선정하였다.

선정된 주제와 소주제, 황새 복원의 핵심요소, 주제별로 지도하고자 하는 ESD 핵심역량, 관련 교과 및 시수는 〈표 VIII－7〉과 같다.

〈표 Ⅷ-7〉 황새를 활용한 ESD 프로그램 주제 및 관련 교과

순	주제 소주제	황새 복원의 핵심 요소	ESD 핵심역량	관련 교과 단원 및 시수
1	황새의 사생활 1. 황새를 찾아라 2. 나는야 양성평등 주의자	• 황새의 생태 • 생명 존중	지식 감성 시스템적 사고 윤리적 가치	국어3-2-3. 자신의 경험을 글로 써요.(1) 도덕3-6. 생명을 존중하는 우리(1) 사회3-2-3. 가족의 형태와 역할 변화(1) 과학3-2-2. 동물의 생활(1)
2	황새의 놀이터를 탐색하라.	• 황새 서식지 • 생물 다양성	지식 감성	과학3-1-1. 과학자처럼 탐구해볼까요?(1)

순	주제 소주제	황새 복원의 핵심 요소	ESD 핵심역량	관련 교과 단원 및 시수
	3. 황새가 좋아하는 것 4. 논에 사는 생물	• 생명 존중	시스템적 사고 행동과 실천	과학3-2-2. 동물의 생활(1) 미술3-4. 자연은 재미있는 놀이터(1) 창의적 체험활동-자율활동(1)
3	우리는 황새 지킴이 5. 미안해! 황새야 6. 황새야, 힘내!	• 생명 존중 • 황새의 안전 • 국제적인 협력 • 통일 • 거버넌스	윤리와 가치 시스템적 사고 행동과 실천	도덕3-6. 생명을 존중하는 우리(1) 체육3-5. 안전(1) 창의적 체험활동-봉사활동(1) 창의적 체험활동-자율활동(1)
4	황새 마을 어린이 사업단 7. 황새 마을에 놀러 오세요.	• 친환경 농산물 유통 • 황새 알리기 • 거버넌스	지식 행동과 실천	사회3-2-1. 환경에 따라 다른 삶의 모습(1) 도덕3-(2). 우리 모두를 위한 길(1) 창의적 체험활동-진로활동(2)
5	우리가 꿈꾸는 황새 마을 8. 우리 마을에 설치해도 될까요? 9. 얘들아, 우리 마을로 이사 올래?	• 사람과 황새와의 관계 • 살기 좋은 마을 • 생명 존중 • 거버넌스	윤리와 가치 감성 시스템적 사고 행동과 실천	국어3-1-8. 의견이 있어요(1) 국어3-2-9. 작품 속 인물이 되어(1) 도덕3-5. 함께 지키는 행복한 세상(1) 창의적 체험활동-자율 활동(1)

황새를 활용한 ESD 프로그램은 교과와 창의적 체험활동 시간을 이용하여 운영할 수 있도록 "황새의 사생활, 황새의 놀이터를 탐색하라., 우리는 황새 지킴이, 황새 마을 어린이 사업단, 우리가 꿈꾸는 황새 마을" 등 5개의 주제로 총 20차시로 구성하였다. 각각의 주제는 4차시로 진행할 수 있으며 "1. 황새를 찾아라., 2. 나는야 양성평등주의자, 3. 황새가 좋아하는 것, 4. 논에 사는 생물, 5. 미안해! 황새야., 6. 황새야 힘내!, 7. 황새 마을에 놀러 오세요., 8. 우리 마을에 설치해도 될까요?, 9. 얘들아, 우리 마을로 이사 올래?" 등 9개의 소주제로 이루어져 있다.

'주제 1. 황새의 사생활'에서는 황새 복원의 핵심 요소로 황새의 생태, 생명 존중에 대해 다루며 이 주제를 통하여 길러주고자 하는 ESD 핵심역량은 지식, 감성, 시스템적 사고, 윤리적 가치를 포함한다. 국어, 도덕, 사회, 과학을 각각 1시간씩 활용하여 지도할 수 있다.

'주제 2. 황새의 놀이터를 탐색하라.'에서는 황새 복원의 핵심 요소로 황새 서식지, 생물 다양성, 생명 존중을 다루며 이 주제를 통하여 길러주고자 하는 ESD 핵심역량은 지식, 감성, 행동과 실천을 포함한다. 과학 2시간, 미술 1시간, 창의적 체험활동 1시간을 활용하여 지도할 수 있다.

'주제 3. 우리는 황새 지킴이'에서는 황새 복원의 핵심 요소로 생명 존중, 황새의 안전, 국제적인 협력, 통일, 거버넌스를 다루며 이 주제를 통하여 길러 주고자 하는 ESD 핵심역량은 윤리와 가치, 행동과 실천, 시스템적 사고를 포함한다. 도덕 1시간, 체육 1시간, 창의적 체험활동 2시간을 활용하여 지도할 수 있다.

'주제 4. 황새 마을 어린이 사업단'에서는 황새 복원의 핵심 요소로 친환경 농산물 유통, 황새 알리기, 거버넌스를 다루며 이 주제를 통하여 기르고자 하는 ESD 핵심역량은 지식, 행동과 실천을 포함한다. 사회 1시간, 도덕 1시간, 창의적 체험활동 2시간을 활용하여 지도할 수 있다.

'주제 5. 우리가 꿈꾸는 황새 마을'에서는 황새 복원의 핵심 요소로 사람과 황새와의 관계, 살기 좋은 마을, 생명 존중, 거버넌스를 다루며 이 주제를 통하여 기르고자 하는 ESD 핵심역량은 윤리와 가치, 감성, 행동과 실천을 포함한다. 국어 2시간, 도덕 1시간, 창의적 체험활동 1시간을 활용하여 지도할 수 있다.

다섯 개의 주제는 지속가능발전교육의 환경, 경제, 사회, 문화의 핵심 4개 영역을 고루 포함하도록 구성하였으며 전반부에서는 주로 생물다양성과 관련된 지속가능발전교육의 내용을 다루고 후반부에서는 주로 마을의 지속가능성과 관련된 지속가능발전교육의 내용이 다루어졌다.

ESD 관련 개념 중 생명 존중과 거버넌스는 모든 주제에 고루 포함되어 있으며 전문가 수렴 후 재추출한 황새 복원 핵심요소 중 '통일', '국제적인 협력' 항목은 '주제 3. 우리는 황새 지킴이'에 포함시켰다. '통일' 항목의 경우에는 '황새의 이동' 관련 내용에서 북한과 러시아 등을 마음대로 오가는 황새의 이동을 언급함으로써 지도할 수 있고 '국제적인 협력' 항목은 '황새의 안전' 관련 내용에서 국제적인 협력을 하고 있고 또 필요함을 지도할 수 있을 것이다.

또한 ESD 프로그램을 통하여 개발하고자 하는 핵심역량 구성 요소인 지식, 시스템적 사고, 감성, 윤리와 가치, 행동과 실천이 각 주제에서 적절하게 포함되어 지도할 수 있도록 구성하였다.

다. 황새를 활용한 ESD 프로그램

교수·학습과정은 황새 복원에서 활용할 수 있는 지속가능발전의 가치를 함께 내면화할 수 있는 프로젝트형 프로그램으로 뉴스 기사 및 스토리텔링을 활용하여 흥미를 유발함과 동시에 지속가능발전에 관한 소양을 쌓을 수 있도록 구성하였다. 학습지와 함께 게임 활동, NIE, 편지 쓰기, 토의활동, 그림 그리기, 몸짓으로 표현하기 등 활동 중심으로 진행하는 방향으로 안내하였다. 20차시로 구성된 9개의 ESD 프로그램 중 본고에서는 <1, 3, 5, 7, 9>만 싣기로 하였다. 교수·학습과정은 각각 <표 VIII-8>~<표 VIII-12>와 같다.

<표 VIII-8> 황새를 활용한 ESD 프로그램 1

주제 소주제	황새의 사생활 황새를 찾아라.		
교과 및 단원	도덕3-6. 생명을 존중하는 우리 과학3-2-2. 동물의 생활		
학습 목표	• 황새의 생태를 탐구하고 외형적 특징을 말할 수 있다. • 황새 복원의 필요성을 말할 수 있다.		
ESD 핵심 역량	지식, 감성	황새 복원의 핵심 요소	황새의 생태, 생명 존중
단계(분)	교수·학습 활동		
도입(10)	• 여러 가지 새의 모습을 제시하기 - 제시된 여러 새의 모습을 보고 황새 알아맞히기 • 학습 목표 제시 - 황새의 생태 탐구, 황새 복원의 필요성 알기 • 학습 주제 선정 - 모둠별 학습 주제 정하기		

<table>
<tr><td>전개(60)</td><td colspan="3">• 프로젝트 계획하기
- 황새의 여러 가지 외형적 특징, 황새의 먹이, 황새의 사는 곳, 황새의 절멸 과정, 황새의 복원 과정, 황새 복원의 필요성 등 선택하기
- 프로젝트 과정 및 방법 정하기
• 프로젝트 활동하기
- 황새의 먹이, 사는 곳 등
• 황새 복원의 중요성 알아보기
- 황새의 절멸과 절멸 원인 알아보기
- 황새 복원 상황 알아보기</td></tr>
<tr><td>정리(10)</td><td colspan="3">• 정리하기
- 황새 그림 퍼즐 맞추기
- 황새의 복원 상황 O, × 퀴즈로 알아보기</td></tr>
<tr><td rowspan="4">평가계획</td><td>영 역</td><td>평가내용</td><td>평가방법</td></tr>
<tr><td>지식 · 이해</td><td>황새의 생태에 대해 말할 수 있는가?
외형을 보고 황새를 구분할 수 있는가?</td><td rowspan="3">관찰평가
자기평가</td></tr>
<tr><td>가치 · 태도</td><td>황새 복원의 필요성을 알고 황새를 보호하고자 하는 태도를 가지고 있는가?</td></tr>
<tr><td>행동 · 실천</td><td>황새의 생태 및 복원의 필요성과 관련하여 적극적으로 수업에 참여하였는가?</td></tr>
<tr><td>관련 교과 및 단원 성취기준</td><td colspan="3">「4도04-01」 생명의 소중함을 이해하고 인간 생명과 환경 문제에 관심을 가지며 인간 생명과 자연을 보호하려는 태도를 가진다.
「4과03-01」 여러 가지 동물을 관찰하여 특징에 따라 동물을 분류할 수 있다.</td></tr>
</table>

황새를 활용한 ESD 프로그램 1. '주제 1. 황새의 사생활 – 소주제 1. 황새를 찾아라.'에서는 황새의 생태를 탐구하고 외형적 특징을 말할 수 있으며, 황새 복원의 필요성을 말할 수 있는 것을 학습 목표로 제시하여 구성하였다. 동기유발 과정에서 주변에서 흔히 볼 수 있는 황새와 유사한 새를 보여주어 아동의 흥미를 이끌어 내도록 하였다.

황새의 모습, 황새의 생태 등을 알아보는 데에는 인터넷을 검색하여 알아볼 수 있도록 하거나 황새 관련 여러 책자를 구비하여 스스로 찾아볼 수 있도록 하였다. 황새 복원 상황 및 절멸 원인 등을 살펴볼 때에는 황새생태연구원이나 예산 황새공원 사이트 등을 적극 활용하도록 한다. 이러한 과정을 통하여 황새의 생태 및 황새 복원의 필요성을 알아보고 생명의 소중함에 대한 마음의 점검과 더불어 생물 다양성 및 종 다양성 위기에 처해 있는 지구환경에 대해서 인간의 책임에 대해서도 생각해 볼 수 있는 시간을 갖도록 한다.

이 프로그램은 황새를 활용한 ESD 프로그램의 기저가 되는 과정으로 참여자가 흥미를 잃지 않고 적극적으로 활동할 수 있도록 자신이 관심이 있는 분야의 프로젝트 팀의 구성원으로서 자기 주도적으로 활동할 수 있도록 교사의 적극적인 지원이 필요하다.

교사와 학생은 성공적인 과제의 수행을 위하여 프로젝트 팀의 구성 단계부터 프로젝트 주제 정하기, 프로젝트 학습 진행하기, 마무리하기 단계 등에 질의 응답 등을 통하여 교감할 수 있도록 해야 한다.

〈표 Ⅷ-9〉 황새를 활용한 ESD 프로그램 3

<table>
<tr><td>주제
소주제</td><td colspan="3">황새의 놀이터를 탐색하라.
3. 황새가 좋아하는 것</td></tr>
<tr><td>교과 및 단원</td><td colspan="3">과학3-2-2. 동물의 생활
미술3-4. 자연은 재미있는 놀이터(1)</td></tr>
<tr><td>학습 목표</td><td colspan="3">황새가 살기에 좋은 환경을 말할 수 있다.</td></tr>
<tr><td>ESD 핵심 역량</td><td>지식, 감성, 행동과 실천</td><td>황새 복원의 핵심 요소</td><td>황새 서식지, 생물 다양성
생명 존중</td></tr>
<tr><td>단계(분)</td><td colspan="3">교수 · 학습 활동</td></tr>
<tr><td>도입(10)</td><td colspan="3">• '행복한 우리 집' 노래 부르기
- 행복한 가정의 조건은 무엇인가 이야기하기
- 황새가 행복하게 살기 위해서 조건이 필요함을 알기
• 학습 주제 정하기
- 모둠별 학습 주제 선정</td></tr>
<tr><td>전개(60)</td><td colspan="3">• 황새가 좋아하는 조건 알아보기
- 습지, 숲, 논, 저수지, 둠벙 등 정하기
- 프로젝트 수행 과정 및 문제 해결 방법 정하기
• 황새가 좋아하는 조건을 갖추려면 어떻게 해야 하는지 알아보기
- 습지, 숲 등 다양한 조건 알아보기
• 황새가 좋아하는 환경 그림으로 표현하기
- 구상하기, 그림 그리기</td></tr>
</table>

<table>
<tr><td>정리(10)</td><td colspan="3">• 정리하기
- 친구가 그린 그림을 보고 느낌 이야기하기</td></tr>
<tr><td rowspan="4">평가계획</td><td>영 역</td><td>평가내용</td><td>평가방법</td></tr>
<tr><td>지식 · 이해</td><td>황새가 살기에 좋은 환경을 말할 수 있는가?</td><td rowspan="3">관찰평가
자기평가
상호평가</td></tr>
<tr><td>가치 · 태도</td><td>황새가 살기에 좋은 환경을 지키고자 하는 태도를 가지고 있는가?</td></tr>
<tr><td>행동 · 실천</td><td>황새가 살기에 좋은 환경을 구상하는 데 적극적으로 참여하였는가?</td></tr>
<tr><td>관련 교과 및 단원 성취기준</td><td colspan="3">[4과03-02] 동물의 생김새와 생활 방식이 환경과 관련되어 있음을 설명할 수 있다.
[4미01-02] 주변 대상을 탐색하여 자신의 느낌과 생각을 다양한 방법으로 나타낼 수 있다.</td></tr>
</table>

황새를 활용한 ESD 프로그램 3. '주제 2. 황새의 놀이터를 탐색하라. – 소주제 3. 황새가 좋아하는 것'에서는 황새의 서식지를 탐색함으로써 황새의 생태를 이해함으로써 황새를 알아가는 과정으로 구성하였다.

황새는 습지, 숲, 논, 저수지, 둠벙 등의 얕은 물가나 평야에서 먹이 활동을 한다. 황새가 좋아하는 조건은 결국 먹이활동, 안전한 생활과 가장 관련이 깊음을 알게 되고 이러한 조건을 충족하고 있는 우리 고장이 황새가 살아가기에 가장 적합하다고 판정되어 황새 마을로 지정되었음을 인지할 수 있도록 수업이 진행되도록 한다.

또한 현재의 자연 자원을 보호하기 위한 행동과 실천 의지를 키울 수 있도록 활동이 진행되어야 한다. 이 과정은 황새를 활용한 ESD 프로그램 4와 연계해서 지도할 수 있으며 조건이 허락되면 방문 학습 또는 체험 학습 형태로 이루어져도 좋을 것이다.

〈표 Ⅷ-10〉 황새를 활용한 ESD 프로그램 5

주제 소주제	우리는 황새 지킴이 5. 미안해! 황새야
교과 및 단원	체육3-5. 안전 창의적 체험활동 - 자율활동

<table>
<tr><td>학습 목표</td><td colspan="3">• 황새의 감전사고를 막기 위해 우리가 할 수 있는 일을 말할 수 있다.
• 학교 주변의 횡단보도나 골목길 등 통학 시 조심해야 할 위험 요소들을 말할 수 있다.</td></tr>
<tr><td>ESD 핵심 역량</td><td>윤리와 가치
행동과 실천</td><td>황새 복원의 핵심 요소</td><td>생명 존중, 황새의 안전
거버넌스</td></tr>
<tr><td>단계(분)</td><td colspan="3">교수 · 학습 활동</td></tr>
<tr><td>도입(10)</td><td colspan="3">• '황새 감전 사고' 기사 확인하기
- 황새에게 위험한 환경은 무엇인지 알아보기
- 황새 및 어린이의 일상적인 안전에 대해 생각해보기
• 주제 선정하기
- 모둠별 학습 주제 선정</td></tr>
<tr><td>전개(60)</td><td colspan="3">• 국민안전방송 시청 및 내용 파악하기
• 통학로에서 어떤 문제들이 발생할 수 있는지 알아보기
• 발생할 수 있는 일 해결 방법(우리가 할 수 있는 일, 어른들께 부탁할 수 있는 일 등) 등을 선정하기
• 우리가 지킬 일, 어른들에게 부탁하고 싶은 일을 적어서 피켓 및 전단지 만들기
- 스쿨존 유의사항 지키기 및 위험요소 줄이기, 황새의 안전한 생활 등</td></tr>
<tr><td>정리(10)</td><td colspan="3">• 정리하기
- 피켓이나 전단지를 활용하여 할 수 있는 일 이어 말하기</td></tr>
<tr><td rowspan="4">평가계획</td><td>영 역</td><td>평가내용</td><td>평가방법</td></tr>
<tr><td>지식 · 이해</td><td>학교 주변의 횡단보도나 골목길 등 통학 시 조심해야 할 위험 요소들을 말할 수 있는가?</td><td rowspan="3">관찰평가
자기평가</td></tr>
<tr><td>가치 · 태도</td><td>황새의 안전을 위한 마음을 가지고 있는가?</td></tr>
<tr><td>행동 · 실천</td><td>학교 주변의 횡단보도나 골목길 등 통학 시 조심해야 할 위험 요소 제거를 위해 적극적으로 피켓을 만드는 활동에 참여하였는가?</td></tr>
<tr><td>관련 교과 및 단원 성취기준</td><td colspan="3">「4체05-01」 신체활동에서 자주 발생하는 안전사고의 종류와 원인을 탐색한다.
창의적 체험활동 - 자율 활동</td></tr>
</table>

황새를 활용한 ESD 프로그램 6. '주제 3. 우리는 황새 지킴이 - 소주제 5. 황새야, 힘내!'에서는 수업의 전반적인 과정을 통하여 등굣길 통학로를 비롯한 일상생활 속에서의 안전한 생활을 위한 우리의 자세 및 안전한 생활을 요구할 수 있는 권리와 행동을 알아봄과 동시에 황새를 활용한 지속가능발전개념의 핵심 개념

중 하나인 황새의 안전에 대한 논의를 해 나가도록 구성하였다.

나아가 거버넌스 및 생명 존중도 함께 다루도록 구성하였다. 실제로 도입 부분 황새 감전사고 기사는 금강일보 2016.10.03. 뉴스를 참고할 수 있으며 현재 황새의 이동 중 안전 사고를 예방하기 위하여 전신주 지중화 사업을 논의 및 진행 중에 있으나 황새는 이동 거리가 한반도 전체에 이르기 때문에 이에 대한 논의도 필요하다고 본다.

현재 예산군, 교원대, 한국전력이 업무협약을 맺고 전력설비로 인한 감전사고가 최소화될 수 있도록 절연시설 설치 및 황새가 전력설비에 접근하지 못하도록 회피 기자재 등을 개발·설치하는 데 힘쓰기로 하였음을 아이들과 공유하면 좋을 듯하다.

국민안전방송 시청은 행정안전부에서 운영하는 안전한 TV 「어린이 교통사고를 막기 위한 우리가족 안전백서」 영상 및 안전 관련 동영상을 시청해도 좋다. 학교 앞 횡단보도 또는 학교 주변 골목길 등 위험 요소는 수업시간에 직접 가서 살펴보는 활동을 권장하며 야외 활동 시에는 안전에 유의하도록 한다.

프로젝트 학습 전개 과정에서의 피켓 및 전단지 만들기 활동은 통학길 안전을 위해 사회나 어른들에게 요구할 수 있는 내용뿐 아니라 어린이 스스로의 다짐이나 황새 안전을 위한 내용으로 대체해도 좋다.

〈표 Ⅷ-11〉 황새를 활용한 ESD 프로그램 7

주제 소주제	황새 마을 어린이 사업단 7. 황새 마을에 놀러 오세요.		
교과 및 단원	사회3-2-1. 환경에 따라 다른 삶의 모습 도덕3-(2). 우리 모두를 위한 길 창의적 체험활동 - 진로 활동		
학습 목표	황새 마을의 구성원이 되어 마을에서 생산된 제품의 생산, 홍보, 판매 과정을 설명할 수 있다.		
ESD 핵심 역량	지식, 행동과 실천	황새 복원의 핵심 요소	친환경 농산물 유통 황새 알리기, 거버넌스

<table>
<tr><th>단계(분)</th><th colspan="3">교수 · 학습 활동</th></tr>
<tr><td>도입(10)</td><td colspan="3">• '황새의 춤' 제품 '비밀의 통' 넣고 알아맞히기
- 만져보고 추측하기
- 황새 쌀 및 황새 관련 다양한 제품의 판매 상황 알아보기
• 학습 문제 제시하기
- 황새 마을의 농부, 홍보가, 유통가, 축제 기획가가 되어 알뜰매장을 운영해봅시다.</td></tr>
<tr><td>전개(60)</td><td colspan="3">• 팀 구성하기
- 농부팀, 홍보팀, 유통팀, 축제 기획팀 나누기
• 팀별로 해야 할 일 정하기
- 농부팀: 바람직한 농법, 재배 농산물 종류, 고민거리 등
- 홍보팀: 재배 농산물 홍보 방법, 홍보 매체 등
- 유통팀: 판매 방법, 제품 가공방법 등
- 축제 기획팀: 성공적인 축제 방안, 프로그램의 종류 등
• 팀별 발표하기
- 질문과 응답
• 마을 알뜰 매장 준비하기
- 협동하여 매장 진열 및 꾸미기
• 물건 판매하기</td></tr>
<tr><td>정리(10)</td><td colspan="3">• 오늘의 활동을 통해서 느낀 점 여러 가지 방법으로 정리하기
- 소감 이야기하기
- 지속가능발전과 관련하여 이야기하기</td></tr>
<tr><td rowspan="4">평가계획</td><td>영 역</td><td>평가내용</td><td>평가방법</td></tr>
<tr><td>지식 · 이해</td><td>황새 마을 생산품의 생산, 홍보, 판매 과정을 설명할 수 있는가?</td><td rowspan="3">관찰평가
자기평가
상호평가</td></tr>
<tr><td>가치 · 태도</td><td>지속가능한 발전의 가치를 가지고 활동에 참여했는가?</td></tr>
<tr><td>행동 · 실천</td><td>자신의 마음을 적극적으로 편지글로 표현하려는 태도를 가졌는가?</td></tr>
<tr><td>관련 교과 및 단원 성취기준</td><td colspan="3">[4사02-01] 우리 고장의 지리적 특성을 조사하고, 이것이 고장 사람들의 생활 모습에 미치는 영향을 탐구한다.
[4도01-02] 시간과 물건의 소중함을 알고 자신이 시간과 물건을 아껴 쓰고 있는지 반성해 보며 그 모범 사례를 따라 습관화한다.
창의적 체험활동 - 진로 활동</td></tr>
</table>

황새를 활용한 ESD 프로그램 7. '주제 4. 황새 마을 어린이 사업단 - 소주제 7. 황새 마을에 놀러 오세요. 황새를 찾아라.'에서는 황새 마을의 농부, 홍보가,

유통가, 축제 기획가가 되어 알뜰 매장을 운영해 봄으로써 마을에서 생산된 제품의 생산, 홍보, 판매 과정을 설명할 수 있도록 구성하였다.

도입 단계에서 황새 관련 제품은 쌀뿐 아니라 다양한 물품으로 준비할 수 있으나 특정 단체나 개인 생산품이 아닌 황새 마을의 공동 브랜드를 선택할 수 있도록 하고 마을 구성원으로 팀을 구성할 때에는 농부팀, 홍보팀, 유통팀, 축제 기획팀으로 한정할 것이 아니라 다양한 분야를 생각해 볼 수 있다.

4시간 연속해서 수업을 진행할 수 있도록 계획하였으나 2차시, 2차시로 나누어 진행할 수도 있고 알뜰 매장은 시간 관계상 미리 준비하거나 다양한 형태로 운영할 수 있다.

이 과정은 우리가 살고 있는 황새 마을의 지리적 특성을 조사하고, 이것이 고장 사람들의 생활 모습에 미치는 영향을 탐구할 뿐만 아니라 시간과 물건의 소중함을 알고 자신이 시간과 물건을 아껴 쓰고 있는지 반성해 볼 수 있다. 창의적 체험활동 중 진로 활동을 통해 진로 탐색을 할 수 있는 시간으로 함께 운영될 수 있다. 황새를 활용한 ESD 프로그램 7부터는 황새와 마을 사람과의 관계를 직접적으로 탐색함으로써 마을의 지속가능성, 지속가능한 식량 생산과 지속가능한 생산과 소비 등과 깊은 관련을 가지고 진행된다. 또한 이 과정을 통하여 황새 마을의 구성원으로서 자부심을 느낄 수 있도록 사람과 황새가 함께 살아가고 있음을 인지하도록 안내한다. 이 프로그램을 좀 더 풍성하고 유쾌하게 진행하기 위해서는 황새생태농법, 황새 마을 생산품, 홍보 과정, 먹거리 시스템 등에서도 사전에 미리 조사를 하거나 학습이 되어야 하며 학교 차원의 알뜰 장터와 함께 운영하면 좋을 듯하다.

〈표 Ⅷ-12〉 황새를 활용한 ESD 프로그램 9

구분	내용
주제 소주제	우리가 꿈꾸는 황새 마을 얘들아, 우리 마을로 이사 올래?
교과 및 단원	국어3-2-9. 작품 속 인물이 되어 창의적 체험활동-자율 활동
학습 목표	내가 살고 싶은 미래의 황새 마을을 구상하여 나타낼 수 있다.

<table>
<tr><td>ESD 핵심 역량</td><td colspan="2">감성, 시스템적 사고
행동과 실천</td><td>황새 복원의
핵심 요소</td><td>사람과 황새와의 관계
살기 좋은 마을, 거버넌스</td></tr>
<tr><td>단계(분)</td><td colspan="4">교수 · 학습 활동</td></tr>
<tr><td>도입(10)</td><td colspan="4">• '파란 나라' 노래 부르기
- 파란 나라의 특징은 무엇인지 이야기하기
• 학습 주제 정하기
- 모둠별 학습 주제 선정</td></tr>
<tr><td>전개(60)</td><td colspan="4">• 각 모둠별 프로젝트 활동하기
- 황새 마을의 황새, 시민, 어린이, 환경단체, 정부, 관광객 등이 되어보기
- 다양한 관점에서 마을 구상하기
- 생태, 경제, 안전, 통일 · 평화 등
• 살기 좋은 마을에서 일어날 수 있는 일 표현하기
- 간단한 극본 만들기, 시로 나타내기, 그림으로 나타내기</td></tr>
<tr><td>정리(10)</td><td colspan="4">• 정리하기 - 우리가 꿈꾸는 황새 마을의 공통점 이야기하기</td></tr>
<tr><td rowspan="4">평가계획</td><td>영 역</td><td colspan="2">평가내용</td><td>평가방법</td></tr>
<tr><td>지식 · 이해</td><td colspan="2">자신이 기획한 미래의 황새 마을에 필요한 것이 무엇인지 알고 있는가?</td><td rowspan="3">관찰평가
자기평가
상호평가</td></tr>
<tr><td>가치 · 태도</td><td colspan="2">미래의 황새 마을에 필요한 가치를 소중하게 여기는가?</td></tr>
<tr><td>행동 · 실천</td><td colspan="2">미래의 황새 마을 구상하기에 적극적으로 참여하는가?</td></tr>
<tr><td>관련 교과 및
단원 성취기준</td><td colspan="4">[4국01-04] 적절한 표정, 몸짓, 말투로 말한다.
창의적 체험활동 - 자율 활동</td></tr>
</table>

황새를 활용한 ESD 프로그램 9. '주제 5. 우리가 꿈꾸는 황새 마을 - 소주제 9. 얘들아, 우리 마을로 이사 올래?'에서는 황새 마을의 황새, 시민, 어린이, 환경단체, 정부, 관광객 등이 되어 생태, 경제, 안전, 통일, 평화 등 다양한 관점에서 마을을 구상하여 여러 가지 방법으로 표현하는 활동을 통하여 지속가능발전교육에서 추구하는 가치 요소인 환경, 경제, 사회, 문화의 전반적인 영역을 체험하고 ESD에서 기르고자 추구하는 핵심역량 또한 감성, 시스템적 사고, 행동과 실천 등을 체득할 수 있도록 구성하였다.

이 프로그램은 9개 프로그램의 맨 마지막 단계이면서 사람과 황새가 어떻게 생태계에서 조화를 이루면서 서로 돕고 살아갈 수 있는지를 탐구하며 황새를 활용한 지속가능발전교육에서 궁극적으로 추구하는 마을의 지속가능성에 대해서 알아볼 수 있는 과정이다.

도입 부분에서 제시된 '파란 나라' 대신 '천국 마을, 지옥 마을' 이야기, '흥부 마을, 놀부 마을' 이야기 등으로 대체해도 좋다.

우리가 꿈꾸는 미래의 황새 마을이 생태 도시, 문화 도시, 인문 도시, 스마트도시, 슬로 시티, 어린이가 살기 좋은 도시, 이사 오고 싶은 도시, 아이가 많이 태어나는 도시 등 다양한 관점에서 구상될 수 있도록 하며 황새가 아이를 물어다 준다는 상징적인 의미도 있음을 어린이들에게 안내해 주어도 상상력을 자극하는 데 많은 도움이 될 듯하다.

황새를 활용한 지속가능발전 프로그램 1~9는 전반부는 황새의 생태와 안전을 중심으로, 후반부에서는 황새와 사람과의 관계, 마을의 지속가능성을 중심으로 구성하였다. 사회, 환경, 문화, 경제적 관점의 ESD 관련 영역을 골고루 포함하며 길러주고자 하는 ESD 핵심역량 또한 지식, 감성, 윤리와 가치, 시스템적 사고, 행동과 실천을 균형 있게 기를 수 있도록 설계하였다.

이 프로그램의 교수·학습 과정은 도입, 전개, 정리의 과정을 거치며 프로젝트 학습을 주로 진행하는데, 주제 정하기 단계에서 초등학교 3학년 어린이들에게 모둠별 학습주제를 선정하는 것이 다소 어려울 수 있으므로 교사가 다양한 방법으로 사고 과정을 자극할 수 있음을 유의해야 할 것이다.

6. 환경교육적 시사점

황새 복원은 유네스코를 비롯한 전 지구적으로 강조하고 있는 지속가능발전의 의미를 내재하고 있음과 동시에 그 가치를 실현해 나갈 수 있는 활동이다. 황새를 활용한 ESD 교육 프로그램을 정리해 보자면 다음과 같다.

첫째, 황새를 활용한 ESD 교육 프로그램은 충청남도 예산 지역의 황새 마을 인근 초등학교 3학년 어린이들에게 지속가능발전 교육에서 제시하는 개념, 가치,

삶의 양식을 전달하는 데 가치가 있는 교육프로그램이다.

20차시의 프로그램은 황새 복원과 2015 개정 3학년 교육과정을 지속가능발전교육의 관점에서 분석·재구성하여, 이에 적합한 주제를 선정하여 구안하였다.

교과와 창의적 체험활동 시간을 이용하여 운영할 수 있도록 "황새의 사생활, 황새의 놀이터를 탐색하라, 우리는 황새 지킴이, 황새 마을 어린이 사업단, 우리가 꿈꾸는 황새 마을" 등 5개의 주제로 총 20차시로 구성하였다. 각각의 주제는 4차시로 진행할 수 있으며 "1. 황새를 찾아라., 2. 나는야 양성평등주의자, 3. 황새가 좋아하는 것, 4. 논에 사는 생물, 5. 미안해! 황새야., 6. 황새야 힘내!, 7. 황새 마을에 놀러 오세요., 8. 우리 마을에 설치해도 될까요?, 9. 얘들아, 우리 마을로 이사 올래?" 등 9개의 소주제로 이루어져 있다.

각 프로그램의 진행을 통해 지속가능발전 교육자료로서의 황새 복원의 핵심 요소인 황새의 생태, 생명 존중, 거버넌스, 국제적인 협력, 통일, 생물다양성, 황새 서식지, 황새의 안전, 황새 알리기, 친환경 농산물 유통, 사람과 황새와의 관계, 살기 좋은 마을을 학습할 수 있으며 이를 통해 지속가능발전교육의 가치를 습득하고 다양한 의사 결정 과정을 통하여 우리 마을이 가지고 있는 문제를 해결해 봄으로써 지속가능발전교육에서 지향하는 삶의 양식을 함양하도록 하였다.

둘째, 개발된 프로그램에서는 지역의 생태 자원과 관련된 교수·학습 과정안을 통하여 학생들이 지역사회를 이해하고 지역사회의 구성원으로서 자부심을 갖고 자기주도적으로 참여할 수 있도록 안내하였다.

학생들이 주변에 있는 환경과 자원으로부터 흥미와 관심을 이끌어 내고, 유의미한 학습활동을 통해 스스로 지식을 재구성하고 관심 분야에 대해 주체적으로 학습할 수 있도록 지역의 자원을 적극 활용하였다. 수업 지도안을 구성함에 있어서 예산의 광시면 지역에서 황새와 관련된 숲이나 습지, 황새공원, 박물관, 각종 시설, 농산물, 생태연못, 논 등 생태 자원을 활용하였고, 직접 논이나 냇가에 가서 체험활동을 하며 마을의 생산품을 광고하고 판매함으로써 지역사회 구성원이 되고 마을을 설계하는 기회를 가질 수 있도록 하였다.

셋째, 이 프로그램은 생물다양성 교육뿐 아니라 황새 복원이 지향하고 있는 황새와 지역사회 주민과의 조화로운 삶을 실현하도록 교육하는 데 효과적인 프로그램이다.

소주제 3. 우리는 황새 지킴이, 소주제 7. 황새 마을에 놀러 오세요, 소주제 8. 우리 마을에 설치해도 될까요?, 소주제 9. 얘들아, 우리 마을로 이사 올래?는 황새와 지역사회 주민과의 조화로운 삶을 실현하도록 교육프로그램을 구성함으로써 학생들이 황새 마을의 구성원이 되어 황새와 사람이 함께 공존할 수 있는 방법을 찾아보도록 하였다.

넷째, 이 연구는 멸종위기종 황새를 활용하여 ESD 프로그램을 구안함으로써 멸종위기종 관련 생물 자원을 보유・관리하고 있는 지방자치단체 및 환경교육단체, 지역교육청에서 참고 및 활용할 수 있도록 하였다. 지역의 자원이 갖는 지속가능발전교육과의 관계를 밝히고 국가 기준의 공통적인 교육과정을 분석・재구성하고 융합하는 활동을 통해 프로그램을 구성하는 과정을 통해 멸종위기종을 활용한 지역의 지속가능성에 유용하게 활용할 수 있을 것이다.

각 지역에는 그 지역마다 가지고 있는 고유한 자연환경과 보호해야 할 생물자원이 존재한다. 자신이 거주하고 있는 지역의 생물 자원을 활용한 프로그램을 통해 주변 환경을 이해하고 그 환경과의 상호작용으로 보다 지속가능한 과정과 결과를 경험하는 일은 성장하는 학생들이 자신과 주변 세계를 이해하는 데 긍정적으로 작용할 뿐 아니라 생물다양성의 소중함을 자연스럽게 체득할 수 있는 그 어떤 환경교육보다 가치 있는 일이다.

지역의 자원이 갖는 지속가능발전교육과의 관계를 밝히고 국가 기준의 공통적인 교육과정을 분석・재구성하고 융합하는 활동을 통해 프로그램을 구성하는 과정은 지역과 환경의 지속가능성에 유용하게 활용할 수 있을 것이다.

참고문헌

교육부(2015). 「초 · 중등학교 교육과정 총론. 교육부 고시 제2015-74호〔별책 1〕」.

김수경, 박시룡, 성하철, 최유성(2010). "중학교 여학생들의 멸종 위기종 황새 복원과 연계한 생물 다양성 교육프로그램 개발 및 적용효과". 「환경교육」, 23(3), 82-96.

류학렬(2019). 「황새를 활용한 ESD 프로그램 개발 연구」. 한국교원대학교 대학원 석사학위논문.

류학렬, 남영숙(2017). "도요오카 시와 예산군 황새복원프로젝트 비교 분석 연구". 「한국환경교육학회 학술대회발표지」, 17(6), 33-38.

류학렬, 남영숙(2018). "지속가능발전 관점에서 본 황새복원사업에 대한 고찰". 「한국환경교육학회 학술발표대회발표지」, 18(6), 27-32.

모경환, 박새롬, 연준모, 이경윤, 임정수(2010). 「지속가능발전교육 역량개발 프로젝트」. 유네스코한국위원회.

박시룡, 박현숙, 윤종민, 김수경(2014). 황새, 자연에 날다. 지성사.

박태윤, 성정희(2007). 지속가능발전교육을 위한 교사 지침서. 통영 RCE 유네스코한국위원회.

손혜경(2014). 「멸종위기종 보전에 대한 초등학교 교사의 지식 · 인식 · 태도 분석」. 서울교육대학교 교육대학원 석사학위논문.

신영준(2017). "2015 개정 교육과정에 제시된 적정기술, 지속 가능 발전, 기후변화, 에너지 교육 내용 분석". 「에너지기후변화교육」, 7(1), 15-23.

오태섭(2014). 초등학생을 위한 황새의 생태 어플리케이션개발. 석사학위논문, 한국교원대학교 교육대학원.

유네스코한국위원회(2008). 「지속가능한 미래를 위한 교육」. 유네스코한국위원회.

이종성(1996). 교육연구의 설계와 자료 분석. 서울: 교학연구사.

환경부 보도자료. 2018.4.6. http://www.moe.go.kr

황새생태연구원 보도자료. 2018.4.9. http://www.stork.or.kr

UNECE(2008). Discussion Paper on Comperence in Education for sustainable Development in the Eucation Sector. UNESCO

Part 04

남영숙

ESD의 미래를 이끄는 프레임워크: ESD와 ESG의 융합

Ⅸ ESG와 ESD

남영숙

들어가기

21세기 기후위기 및 환경위기 시대의 주요 쟁점은 ESG와 ESD의 융합일 것이다. ESG와 SDGs는 지속 가능한 발전을 위한 중요한 프레임워크로, 서로 보완적이며 상호 연관되어 있다. ESG는 기업과 투자자들이 지속 가능성과 사회적 책임을 강화하도록 유도하는 반면, SDGs는 전 세계적으로 지속 가능한 발전을 달성하기 위한 포괄적인 목표를 제시한다. 특히 대학의 지속가능발전목표와 더불어 부각되고 있는 중요한 ESG 이해교육을 통하여 SDGs 목표 달성에 기여할 수 있으며, 이는 궁극적으로 더 나은 세상을 만드는 데 중요한 역할을 한다.

1. 들어가며

국제적으로 지구온난화로 인한 기후 위기와 환경 관련 지속가능성 위기는 인간의 생존을 위협할 정도로 지구의 생태계를 변화시켜오고 있다. 그 변화는 점점 더 빠르고, 극적이고, 가시화되고 있으며, 돌이킬 수 없는 상황들을 발생시키고 있다. 국제기후변화위원회(International Panel on Climate Change: IPCC)는 1.5℃로 지구 온도 상승을 억제하기 위해서는 '사회 모든 측면에서 긴급하고, 광범위하며, 전례 없는 변화'를 강조하고 있다(유네스코한국위원회, 2021). 이와 같이 환경 및 기후위기에 공동 대응하고 지속가능한 사회를 만들기 위하여 2015년 유엔 제72차 총회에서 지속가능발전목표(SDGs)를 포함하는 '2030 지속가능발전 의제'를 채택하여 회원국가들에 이행을 촉구하고 있다(지속가능발전위원회, 2022). 유네스코 또한 세계고등교육회의 추진 경과와 대학의 SDGs 실천을 강조하고 있다. 특히, 유네스코한국위원회(2021)는 우리가 알고, 믿고, 행동하는 것을 바꿀 필요가 있으며, 지금까지 배워온 것으로는 이러한 위기에 대비하지 못함을 강조하면서 우리는 다르게 사는 법을 긴급하게 배워야 함을 강조하고 있다. 이러한 주장과 함께 SDGs는 세계적인 차원에서의 경제, 사회, 환경적 문제를 다루어야 하며 이를 해결하는 과정에서 대학의 교육, 연구혁신과 리더십은 필수적인 부분이다.

SDGs 이슈와 더불어 2020년 코로나팬데믹 이후 기후위기, 기후재난이 국제적 쟁점사안으로 대두되면서 ESG(Environment: 환경, Social: 사회, Governance: 지배구조의 약자)의 열풍이 불고 있다(임태종, 2022; 전종희, 한승훈, 2022). ESG는 기업 및 공공기관 등의 경영 활동에서 환경 경영, 사회적 책임, 건전하고 투명한 지배구조에 초점을 둔 지속가능성(Sustainability)을 달성하기 위한 경영의 3가지 핵심 요소를 의미한다(산업통상자원부, 2021). 즉, 기업의 가치와 지속성장에 영향을 미칠 수 있는 환경(E), 사회(S) 및 지배구조(G)에 관한 요소를 포괄하는 비재무적 정보로 볼 수 있다. 재무적 성과만 바라보던 과거의 경영방식에서 벗어나 탄소중립 이행, 순환경제, 사회적 가치, 투명한 기업 지배구조 등을 추구하며 지속가능성 있는 기업을 만들어 나가는 것을 의미한다(정혜섭, 2021).

ESG는 지속가능발전과 역사적 맥락을 같이한다고 볼 수 있다. 즉, ESG는 환경, 사회공헌, 지배구조 등의 개선을 통하여 지속가능한 발전을 추구하려는 윤리적 경영철학을 의미한다(임태종, 2022). ESG는 경영을 기반으로 하는 기법으로서, 경영은 조직의 목표를 효율적, 효과적으로 달성할 수 있도록 체계적으로 관리하는 과정이나 활동으로 정의되고 있다. ESG는 전 세계적인 트렌드로 확산되고 있으며, 이에 따른 소비자, 투자자, 정부 등 모든 사회구성원의 관심이 고조되면서 선택이 아닌 기업의 생존과 성장의 핵심적인 요소로 부상되고 있는 실정이다(조상우, 2021). 이와 같이 ESG는 기업만의 이슈가 아니라 공공기관, 정부조직, 대학 등 사회 전반적인 이슈이다(박재현, 한향원, 김나라, 2022; 김호석, 2021).

고등교육기관인 대학은 교육과 연구라는 고유의 역할에서뿐만 아니라 환경경영의 주체이자 하나의 지역공동체로 지속가능한 사회의 방향을 제시할 수 있는 역할을 하여야 한다. 대학은 교육과 연구를 통해 우리 사회의 지속가능성에 크게 영향을 미치는 조직이며, 지속가능한 사회를 위해 중요한 역할을 하여야 한다. 외국의 많은 대학들은 1990년대부터 지속가능한 발전을 위한 대학의 책임을 인식하고 이의 실천을 위한 선언에 동참하고 있다. 이러한 상황에서 최근 국내외적으로 이슈가 되고 있는 ESG경영에 대한 논의와 함께 대학의 역할도 부각되고 있는 실정이다(이영면, 박준우, 신태중, 2015; 최부경, 곽동철, 방세린, 2023; 최유경, 정아름, 2021).

이런 논의의 중심에 있는 대학은 과연 그 역할을 다하고 있는 것일까? 대학의 역할은 환경위기 상황에 따라서 변화되고 있는데, 대학의 ESG경영 모델은 어떤 방향으로 설정되어야 할지에 대한 논의가 필요한 시점이다(임병진, 2023). 이러한 필요성하에 건국대, 고려대, 서울대 등 일부 국내 종합대학들은 ESG경영을 선언하고 ESG 경영에 대한 이해 및 운영방안을 강구하고 있는 것으로 나타났다. 강원대학교, 고려대학교, 동아대학교, 건양대학교 등의 종합대학교에서는 교양과목 등을 개설하여 운영하고 있는 것으로 나타났다(전종희, 한승훈, 2023). 특히, ESG 경영 교육을 위해 경영전문대학원의 ESG 강좌개설이 증가하는 추세이다(이근필, 김상수, 2023). 한양대학교는 국내 대학 최초로 경영전문대학원 MBA 내 전문 트랙으로 ESG 과정을 신설했다. 이 밖에 서강대 경영전문대학원, 서울과학종합대학원, 서울대 환경대학원(서울대학교, 2020), 단국대 경영대학원 등에서 ESG 과정을 개설 운영하고 있다. 비경영전문대학원과 학부에서도 ESG교육이 새롭게 추가되고 있다. 연세대 미래캠퍼스 일반대학원 환경금융학과에는 'ESG 통합 지속 가능 투자' 과목이 개설되었으며, 법학전문대학원에서는 'ESG와 메타버스의 법적 과제'라는 과목을 개설하였다. 한양대학교는 학부 교양과목으로 'ESG 컨설팅'을, 숙명여대 기후환경에너지학과에서는 '기업과 ESG 환경전략', '탄소배출권 금융시장론' 등 기후와 ESG 대응을 위한 과목을 신설했다(전종희, 한승훈, 2023; 이정기, 이재혁, 2020; 김혜경, 이형주, 2023).

그러나 미래 교사를 양성하는 교사양성대학의 경우, 일반 종합대학 특성을 가진 대학교와는 달리 이에 대한 인식 제고 및 도입논의가 미흡한 실정이다. 교사양성대학은 예비교사 양성목적을 갖고 있으며, 미래교사의 ESG역량 제고는 필수적이라 할 수 있다. 이러한 추세를 반영해 볼 때 교원양성대학의 대학의 ESG경영 차원에서의 교육과정의 개편은 불가피함을 알 수 있다. 대학의 본연의 기능인 교육을 통한 ESG실현 여부에 대한 진단이 필요하지만, 국내 교사양성대학의 ESG 이해 교육과정 접근방안에 관한 연구는 미흡하다. ESG 이해 교육은 다음 세대를 위한 준비라고 할 수 있다. 기후위기와 생태계 위협으로부터 생존 선택의 위협을 강요받고 있으므로 미래 세대를 위하여 ESG 이해 교육이 필수적이다.

따라서 이 장에서는 SDGs와 ESG 경영 연관성을 먼저 살펴보고자 한다. 그리고 SDGs 실현을 위한 대학의 역할, 대학의 ESG 도입의 중요성, 일선학교의 ESG 경영 중요성, ESD와 연계한 ESG 교육방안, 교사양성대학의 ESG이해 교육과정 개선을 위한 시사점 등을 강구해 보고자 한다.

2. SDGs와 ESG 경영 연관성

SDGs(지속 가능한 개발 목표)와 ESG(환경, 사회, 지배구조) 경영은 지속 가능한 발전을 위한 두 가지 중요한 프레임워크로, 각각의 특성과 목적을 이해하는 것이 중요하다. 이 두 가지는 상호 보완적인 관계에 있으며, 기업 및 조직이 지속 가능한 경영을 실천하는 데 있어 중요한 기준을 제공한다.

SDGs는 2015년 유엔에 의해 채택된 17개의 글로벌 목표로, 2030년까지 빈곤 퇴치, 기후 변화 대응, 평등 증진 등 다양한 지속 가능성 문제를 해결하기 위해 설정되었다. 각 목표는 구체적인 세부 목표와 지표로 구성되어 있다. 주요 목표는 다음과 같다.

Goal 1. 빈곤 퇴치, 2. 기아 종식, 3. 건강과 복지 증진, 4. 양질의 교육 보장, 5. 성 평등 실현, 6. 깨끗한 물과 위생 보장, 7. 저렴하고 깨끗한 에너지 보급, 8. 양질의 일자리와 경제 성장, 9. 산업, 혁신, 인프라 구축, 10. 불평등 감소, 11. 지속 가능한 도시와 공동체 조성, 12. 책임 있는 소비와 생산, 13. 기후 행동, 14. 해양 생태계 보전, 15. 육상 생태계 보전, 16. 평화, 정의, 강력한 제도 구축, 17. 글로벌 파트너십 활성화

ESG(Environmental, Social, Governance)는 기업의 지속 가능성과 사회적 책임을 평가하는 기준으로, 투자자와 이해 관계자들이 기업의 장기적인 리스크와 기회를 평가할 때 사용한다. ESG는 다음 세 가지 요소로 구성된다:

- 환경(Environmental): 기업의 환경 영향 관리(예: 탄소 배출, 에너지 효율성, 자원 사용)
- 사회(Social): 사회적 책임과 공헌(예: 노동 관행, 인권, 지역사회 관계)
- 지배구조(Governance): 기업의 경영 투명성과 윤리적 관행(예: 이사회 구성, 경영진 보수, 부패 방지) 등이다.

SDGs와 ESG의 연관성을 살펴보면, SDGs와 ESG 경영은 공통적으로 지속가능성을 목표로 하며, 많은 부분에서 상호 보완적이다. SDGs(지속 가능한 개발 목표)와 ESG(환경, 사회, 지배구조)는 모두 지속 가능성을 중심으로 한 프레임워크로, 다음과 같은 공통점을 가지고 있다:

첫째, 지속 가능성을 중심 내용으로 한다. 두 프레임워크 모두 지속 가능한 발전을 목표로 하며, 환경 보호, 사회적 공헌, 윤리적 경영을 통해 지속 가능한 미래를 만드는 데 중점을 둔다. 단기적인 성과보다는 장기적인 지속 가능성과 안정성을 강조한다.

둘째, 다양한 이해관계자 참여이다. SDGs와 ESG 모두 정부, 기업, 비정부기구(NGO), 지역사회 등 다양한 이해관계자의 포괄적 참여를 요구한다. 그리고 두 프레임워크는 목표 달성을 위해 협력과 파트너십을 중요하게 강조한다. SDG 17은 특히 글로벌 파트너십 활성화를 강조하고 있다.

셋째, 환경 보호이다. SDGs와 ESG 모두 환경 보호를 중요한 요소로 다룬다. SDGs의 목표 13(기후 행동), 14(해양 생태계 보전), 15(육상 생태계 보전)은 환경 보호를 직접적으로 다루고 있으며, ESG의 환경(E) 요소는 기업의 환경적 영향을 평가하고 개선하는 것을 목표로 하고 있다.

넷째, SDGs와 ESG는 모두 사회적 책임을 강조한다. SDGs의 목표 1(빈곤 퇴치), 2(기아 종식), 3(건강과 복지 증진), 4(양질의 교육 보장), 5(성 평등 실현)

등은 사회적 문제를 다루고 있으며, ESG의 사회(S) 요소는 노동 관행, 인권, 지역 사회 기여 등을 포함하고 있다.

다섯째, SDGs와 ESG는 투명하고 책임 있는 경영을 촉구한다. SDGs의 목표 16(평화, 정의, 강력한 제도 구축)은 강력한 제도와 법치주의를 강조하며, ESG의 지배구조(G) 요소는 이사회 구성, 경영 투명성, 윤리적 경영을 다룬다.

여섯째, 두 프레임워크 모두 지속가능성 성과를 측정하고 보고하는 것을 중요하게 여긴다. 기업은 ESG 보고서를 통해, 국가 및 단체는 SDGs 이행 보고서를 통해 성과를 공개하여야 한다. SDGs와 ESG는 각각의 목표와 기준에 따라 표준화된 지표를 통한 성과를 평가하고 비교할 수 있도록 한다.

일곱째, 두 프레임워크는 지속 가능성과 관련된 리스크 관리를 중요하게 여긴다. 환경적, 사회적, 지배구조적 리스크는 기업과 국가 모두에 중요한 관리 요소이다. 지속가능한 경영을 통해 새로운 기회를 창출하고, 장기적인 경쟁력을 확보할 수 있도록 한다.

이처럼 SDGs와 ESG는 지속가능발전을 위한 중요한 프레임워크로, 환경 보호, 사회적 책임, 윤리적 경영, 이해관계자 참여, 투명성, 성과 측정 등 여러 공통점을 공유하고 있다. 이 두 프레임워크는 상호 보완적으로 작용하여 지속 가능한 미래를 만들어 나가는 데 중요한 역할을 할 수 있을 것이다.

3. SDGs 실현을 위한 대학의 역할

SDGs 의제는 상호 연결된 사회, 경제, 환경적 문제를 다루고 있다. 따라서 이 모두를 융복합적으로 해결하려면 다양한 전문 자원(인적, 지적, 기술적, 재정적)과 광범위한 네트워크를 지니고 있는 대학의 역할이 중요하다. 대학은 다음과 같은 특성을 나타낸다.

첫째, 일반적으로 대학은 학생, 대학원생, 교직원 등 다양한 계층의 구성원들이 매일 활동하는 공간으로서 녹지공간을 포함하고 강의 및 교육 시설, 사무공간 등 다양한 시설들을 포함하고 있다. 따라서 대학은 일정한 공간에 입지하는 대학건물 및 시설 조성이 자연을 훼손하거나 파괴하는 등 환경에 미치는 영향이 크다.

둘째, 대학은 환경경영의 주체이다. 생산에 중점을 둔 기업의 환경경영 주체와는 달리 대학은 소비 주체로서의 환경경영 운영이 필요하다. 대학시설을 운영하기 위해서는 에너지 및 자원사용은 필수적인데, 이로 인한 탄소배출 및 폐기물 발생 등의 심각한 문제점을 나타내고 있다.

셋째, 교육과 연구 주체로서의 대학의 역할이 중요시된다. 환경 및 ESG 등에 대한 인식과 지식을 증진하고 관련 기술을 발전시킬 의무가 있는 대학은 이를 교육할 의무도 가지고 있다. 새로운 기술과 모델, 공공성과 공익성을 실현할 수 있는 연구를 수행하거나 지원하는 것이 바람직하다.

넷째, 대학은 지역사회에 입지하고 있으므로 지역공동체의 일원으로서의 대학의 역할도 중요하다. 현재 입지하고 있는 지역사회에 대한 존중과 배려를 바탕으로 지역사회에 대한 대학의 책임을 이행하는 것이 필요하다.

SDGs는 우리 사회와 글로벌 사회의 사회 및 경제적, 환경적 문제를 다루고 있으며 이를 해결하는 과정에서 대학의 교육, 연구, 혁신과 리더십은 우리 사회의 문제를 해결하는 데 필수적인 부분이다. SDGs가 세계적으로 달성되기 위해 대학은 지속 가능한 발전의 주도자가 되어 SDGs의 실천을 위해 중심 역할을 수행해야 한다. 대학의 도움 없이는 SDGs는 실천되기 어렵다(SDSN Australia/Pacific, 2020).

이처럼 대학은 지속가능발전 목표(SDGs)를 실현하는 데 중요한 역할을 하여야 한다. 대학은 교육, 연구, 지역사회 참여, 정책 옹호 등을 통해 SDGs 달성에 기여할 수 있을 것이다.

첫째, 교육적 관점에서 대학은 SDGs와 관련된 교육 과정을 설계하여 학생들이 지속가능발전에 대한 이해를 높일 수 있도록 함으로써 지속가능발전 역량을 갖추도록 한다. 또한 대학 캠퍼스 자체를 지속가능한 운영 모델로 만들어 학생들에게 캠퍼스 내 실천적인 예시를 보여주는 것도 중요할 것이다.

둘째, SDGs 관련 연구 활성화 측면에서 지속가능발전 목표를 달성하기 위한 연구 프로젝트를 장려하고 지원한다. 다학제적 접근방법으로 여러 학문 분야의 지식을 융합하여 SDGs에 대한 통합적 해결책을 모색하는 것이 중요하다.

셋째, 지역사회와의 협력을 통한 참여이다. 지역사회와 협력하여 SDGs를 달성하기 위한 프로그램을 개발하고 실행함으로써 지역사회의 참여를 이끌어낸다. 또한 지역사회와 지속 가능한 실천 사례를 공유하고 교육하는 역할을 하여야 한다.

넷째, 정책 개발 및 옹호이다. 대학은 정부 및 비정부 기구와 협력하여 지속 가능한 개발을 위한 정책 개발에 기여할 수 있다. 그리고 대학은 SDGs를 지지하고 이를 옹호하는 리더십을 발휘하는 것이 중요하다.

다섯째, 글로벌 네트워크, 즉 국제적인 파트너십을 통해 글로벌 SDGs 이니셔티브에 참여하고 기여하는 것이 필요하다. 글로벌 학술 네트워크를 통해 지식과 모범 사례를 공유한다.

대학은 SDGs 달성에 중요한 기여를 할 수 있는 강력한 기관이다. 교육과 연구, 지역사회 참여, 정책 개발 및 옹호 기능을 통해 대학은 지속가능한 미래를 위한 변화를 이끌 수 있다. 대학이 이러한 역할을 적극적으로 수행함으로써 SDGs 달성에 크게 기여할 수 있다. 이러한 맥락에서 대학의 ESG 도입도 활성화되어야 할 것이다.

4. 대학의 ESG 도입 논의와 중요성

ESG에 관한 초기의 논의는 기업을 중심으로 이전의 매출 중심의 기업 가치 평가에서 나아가 비재무적인 성과인 환경, 사회 및 지배구조를 고려하는 데서 시작하였다. 그리고 2000대 중반부터는 대학의 사회적 책임에 기반하여 지속가능한 대학의 모델로서 ESG 경영 및 ESG 교육에 대한 관심이 대두되었다(김혜경, 이형주, 2023). 우리나라도 이에 영향을 받아 2011년부터 그린캠퍼스 사업을 착수하여 총 40개 대학을 그린캠퍼스로 선정하고, 가이드라인을 배포하였다. 대학에서 지속가능발전교육을 위한 역할은 크게 4가지로 나누어지는데, 이를 정리하면 다음과 같다(참조 〈표 IX-1〉).

〈표 IX-1〉 대학의 지속가능발전교육을 위한 역할(환경부, 2023)

영역	내용
운영	지속가능한 캠퍼스 운영 및 대학의 생태적 영향 최소화
교육과정	미래의 전문가를 양성하기 위한 배움과 가르침의 장
연구	지속가능한 미래를 위한 관련 지식 창출 및 문제 해결을 위한 연구
아웃리치	대학 구성원의 공동적, 상호적 참여를 통해 지역과 사회로의 지속가능성 인식 확산 노력

대학의 ESG 경영을 강조하는 추세에 맞추어 한국 ESG 경영원에서는 2023년 3월에 대학 ESG 가이드라인을 제작·배포하였고, 이 가이드라인에서는 대학의 역할로 "환경경영의 주체이자 지역 공동체로 지속가능한 사회의 방향을 제시"해야 함을 강조하였다(참조 〈표 XI-2〉).

〈표 IX-2〉 대학의 ESG 실천의 주요 역할(한국 ESG 경영원, 2023)

구분	내용
문제 해결	ESG는 환경과 사회의 다양한 문제들에 대한 혁신적인 아이디어 또는 기술이 필요하기 때문에 대학에서 연구에 기반한 과학적 성과는 환경적·사회적 문제에 대한 해법을 제공하게 됨
교육과 육성	학생들에게 ESG에 대한 시각, 개념, 인식, 공감 등을 바탕으로 학교, 지역사회, 지구촌 전체를 아우르는 넓은 전망을 열어줘 세계시민으로 육성해야 함
본질의 이해	ESG에 대한 본질을 이해함으로써 '그린워싱', 'ESG 라벨링'과 같은 ESG의 한계에 대해 젊은 세대들이 주도적으로 정의하고 풀어야 할 어젠다(Agenda)임
상생과 확산	대학의 이해관계자들과 상생, 협력을 통해 ESG 확산을 주도함으로써 지역사회의 ESG 확산과 전반적인 국민 인식 향상 그리고 법·제도적 정착에 대학의 적극적인 역할이 요구됨

대학이 ESG(환경, 사회, 지배구조) 원칙을 도입하는 것은 대학의 운영, 교육, 연구, 지역사회 참여 및 글로벌 협력에 긍정적인 영향을 미치며, 궁극적으로 지속가능발전에 기여할 수 있다. 대학이 ESG를 도입해야 하는 주요 이유는 다음과 같다:

1) 환경적 책임

지속가능한 캠퍼스를 운영함으로써 환경보호에 기여할 수 있다. 대학이 ESG를 도입하면 에너지 절약, 자원 효율성, 재활용 프로그램 등을 통해 환경에 미치는 부정적인 영향을 최소화할 수 있다. 이는 탄소 발자국을 줄이고, 환경 보호에 기여한다. 그리고 환경교육을 강화하여 환경 지속 가능성에 대한 교육과 연구를 통해 학생들에게 환경 보호의 중요성을 알리고, 이를 실천하는 방법을 가르칠 수 있다.

2) 사회적 책임

다양한 전공배경을 가진 학생들에게 접근 가능한 교육을 제공함으로써, 사회적 포용성을 증진할 수 있다. 성 평등, 인권 존중, 다양성 등의 가치를 교육과 캠퍼스 문화에 통합할 수 있다. 대학은 지역사회와 협력하여 지역 경제와 사회 발전에 기여할 수 있다. 예를 들어, 지역사회 봉사 활동, 교육 프로그램, 건강 클리닉 등을 운영할 수 있다.

3) 지배구조 개선

투명하고 윤리적인 경영을 요구하는 ESG 도입을 통해 대학은 투명성과 책임성을 강화할 수 있다. 이는 신뢰할 수 있는 의사결정 과정과 윤리적 경영 관행을 확립하는 데 도움이 된다. 그리고 강력한 지배구조는 대학의 리더십이 보다 책임감 있게 행동하도록 하며, 이해 관계자의 기대를 충족할 수 있도록 한다.

4) 미래 인재 양성

ESG 원칙을 교육 과정에 포함시키면, 학생들은 지속 가능한 경영의 중요성을 배우고, 이를 실천할 수 있는 능력을 갖추게 된다. 이는 미래의 비즈니스 리더들이 더 나은 의사결정을 내릴 수 있도록 한다. 기업들이 ESG를 점점 더 중요하게 여기고 있는 현재의 트렌드에 맞춰, 학생들은 이러한 요구에 부응할 수 있는 역량을 키울 수 있다.

5) 연구와 혁신 촉진

ESG 도입은 대학이 환경, 사회, 지배구조와 관련된 연구를 장려하고, 혁신적인 해결책을 개발하도록 한다. 이는 사회적 문제 해결에 기여하고, 지속 가능한 발전을 촉진한다. 그리고 ESG 주제는 다양한 학문 분야를 아우르기 때문에, 다학제적 연구와 협력을 촉진하여 창의적이고 효과적인 해결책을 도출할 수 있다.

6) 대학 이미지 및 경쟁력 강화

ESG를 도입하고 실천하는 대학은 긍정적인 이미지메이킹을 가능하게 하며, 이는 우수한 학생과 교직원을 유치하는 데 도움이 된다. ESG 도입은 대학이 지속 가능한 발전 목표(SDGs)를 달성하는 데 기여하도록 하여, 국제적인 인정을 받을 수 있다.

7) 책임 있는 글로벌 시민 양성

대학은 ESG 교육을 통해 학생들이 글로벌 환경, 사회, 경제 문제에 대해 책임감을 갖고 행동하도록 한다. 이는 글로벌 시민으로서의 역할을 강화한다. ESG 도입은 대학이 국제적인 협력과 파트너십을 강화하는 데 도움이 된다. 이는 글로벌 문제 해결을 위한 공동 노력을 촉진한다.

이와 같이 대학의 ESG 도입은 환경 보호, 사회적 책임, 투명한 지배구조를 통해 지속 가능한 발전에 기여하며, 미래 인재 양성, 연구 혁신 촉진, 평판 강화 등의 긍정적인 영향을 미친다. 따라서 대학은 ESG를 적극 도입하고 실천함으로써 지속 가능한 미래를 위해 중요한 역할을 할 수 있다.

5. 일선학교의 ESG 경영 중요성

대학에서의 ESG 경영이 필요하듯이 학교교육의 장으로서 유·초·중·고등학교에서의 ESG 경영의 필요성도 제기될 것이다. 〈표 IX-2〉의 교육과 육성 측면에서 ESG의 개념과 인식은 고등교육에서만 필요한 것이 아니라 지속가능한 삶을 살아가기 위해 더 어린 시기의 학습자에게도 반드시 필요하다. 남승완 등(2023)은 기후와 환경, 협력적 의사결정, 사회의 투명성을 중심으로 'ESG와 기업가정신 교육'이라는 교육프로그램을 고안하여 초·중·고등학교 학생을 대상으로 학습효과를 확인하기도 하였다. 그러나 엄밀히 따지면 일회적이고 단기간의 교육프로그램보다도 학교에서 지내는 일상적인 생활 속에서 지속가능성을 느끼고, 실제로 살아가기 위해서는 학교와 학급경영에 자연스러운 ESG 문화가 전제되는 것이 더욱 바람직할 것이다.

먼저 학급경영과 관련하여 학급을 경영하는 교사의 역할은 다음의 〈표 IX-3〉에서 제시한 10여 가지로 볼 수 있다. 교사는 학급을 경영할 때, 수업이라는 목적적이고 공식적인 교육활동뿐 아니라 이른바 '사회화'로 일컬어지는 생활지도를 겸해야 하며, 교실의 물리적 환경을 구성하는 역할, 학부모 및 지역사회와의 관계까지도 아우르는 역할을 해야 한다. 교사가 지닌 지속가능경영에 대한 지식은 환경(Environment)적인 측면에서 학생들로 하여금 지속가능한 삶의 방식을 함양하도록 생활지도의 방향을 설정하게 할 수 있으며, 교실의 물리적 환경을 구성하거나 학습 준비물을 구입할 때 친환경적인 소비를 하는 등 여러 학급 운영 요소에도 잠재적 교육과정으로서 반영할 수 있다. 또한 사회(Society)적 측면에서 학급의 규칙이나 운영 방법을 정할 때, 이해관계자로서 학급 학생들을 포함시키는 민주적 의사결정과정을 통해 학급을 운영하기 위해서도 필요하다. 교사는 성인이자 학급을 경영하는 주도자로서 미성숙한 학생에 대하여 권위와 권력을 지니고 있으나, 이러한 권위와 권력을 일방적으로 휘두르는 것이 아니라, 학생들로 하여금 사회에서 능동적으로 참여하고 사회를 긍정적인 방향으로 이끌어 나갈 수 있는 의사결정자로서 준비시키는 역할을 해야 할 것이다. 마지막으로 '학교'라는 공공기관이 학생을 매개로 하여 학부모와 지역사회를 연결하는 특수한 성격을 고려하여 학부모와 지역사회의 관계 측면에서 거버넌스(Governance)를 고려하여 지역사회를 적극 활용하는 동시에 지역사회에 학생들이 기여할 수 있는 교육 활동을 마련하기 위해 교사는 지속가능한 경영을 염두에 두어야 할 것이다.

〈표 IX-3〉 학급경영에서 교사 역할(김현수, 남유진, 2023)

영역	역할
계획수립	목표수립, 계획수립
학급조직	학급조직
환경경영	교실환경
행동경영	규칙·수칙, 생활지도, 문제행동지도, 특수아지도, 놀이경영(여가)
수업경영	수업경영, 클럽활동지도, 시간별경영
시기별경영	시기별경영
외부관계	학부모·지역관계
사무관리	사무관리
경영평가	학급경영평가

그러나 '학교'라는 기관에 속해 있는 '학급'이라는 특성상 교사 개인의 의지와 지식만으로는 학교에서 ESG 경영이 실현되기는 어렵다. 교사는 자신의 학급 안에서 많은 권한을 가지고 있으나, 학교 전체의 경영에 관여하기 어려운 위치에 있는 경우가 많기 때문이다. 먼저, 학교라는 특성으로 인해 환경적으로 실질적이고 유의미한 변화를 일으킬 수 있는 여러 시설·설비와 운영체제는 행정실의 협

조가 필수적이다. 뿐만 아니라 거버넌스 구축에 있어서도 지역사회의 기관이나 기업 등과 협력하기 위해서는 기관 대 기관으로 협조를 요청하는 것이 더욱 수월하며, 실현 가능성이 높다. 이해관계자로서 학부모의 적극적인 협조를 요청하는 과정에서도 기관 차원의 접근이 용이한데, 교사가 교육활동 및 학급경영을 좀 더 적극적이고 지속적으로 수행할 수 있도록 하기 위해서 불필요한 민원과 절차를 공동의 책임으로 이양할 수 있기 때문이다. 이는 학교경영의 주체인 관리자의 인식 변화가 필요함을 시사한다(정예원, 2023).

다음은 교사양성대학의 교육대학원생을 대상으로 실시한 강의에서 일선학교에서의 ESG 도입 및 실천 방안을 강구한 사례이다(정재경, 2023; 고아라, 2023). 교사의 역량향상을 통한 일선학교의 긍정적 변화가능성을 파악할 수 있다.

〈표 Ⅸ-4〉 지속가능 경영을 위한 고등학교 ESG 실천 방안

Environmental(환경)	Social(사회공헌)	Governance(지배구조)
• 분리수거 및 자원순환교육 • 행동유형 ESG 개인검사 • 잔반 없는 날 캠페인 활동 • 전기절약 캠페인 • 물티슈 대신 개인수건 사용하기 • 종이컵 대신 텀블러 사용하기 • 학교 주변 등산로 플로깅 활동 • 멸종위기 동물 달력 만들기 • 리사이클링 버섯 재배프로젝트 • 버려지는 양말목으로 만든 양말목 키링 만들기 • 지구환경을 위한 적정기술 아이디어 발표대회(페임랩) • 환경 사진전 개최 • 환경영화 감상 및 토론활동 • 매달 메일함 비우는 날 운영	• 식목일: 학교 및 지역 공동체 나무 심기 • 학생회: 프리마켓 운영, 자원재활용 수익금 기부 • 교육 사각지대 초·중등 학생을 위한 교육봉사 • 나눔 실천 봉사활동 - 자연재해 피해 지역 복구 동참 봉사 • 재능기부활동 - 유치원, 초등학교 대상 교육봉사활동 • 기업에 지속가능한 환경을 위한 제품 개선 사항 및 요구 사항 전달 캠페인 활동 • 지역 사회 연계 환경 캠페인 활동	• 학생, 교직원 인권 상호존중 - 상담 및 인권보호체계 구축 • 학생회 및 학급 ESG 조직 - 지속가능한 ESG 가치 실현을 위한 실천 활동을 위한 적극 지원 • 학교폭력에 대한 인식 개선과 예방 교육 • 공정한 의사결정 구조로 투명한 학교 경영

출처: 정재경, 2023

〈표 IX-5〉 초등학교의 ESG 실천방안

E	S	G
• 안전한 물 관리(SDG6)(빗물을 활용한 생육 환경 조성) • 친환경 에너지의 생산과 소비(SDG7)(온실가스 · 에너지 목표 관리제 및 학교 그린 리모델링 추진) • 탄소중립과 재난 대응 역량 강화(SDG13) • 수생 생태계 보존(SDG14)(해양생태계 보호활동 캠페인 실시) • 육상생태계 보존(SDG15)(숲길등산지도사 · 목재교육전문가 양성과정 지원 및 활용) • 학교 구성원 및 지역사회 구성원 대상 친환경 생태교육, 녹색 소비교육 등 진행 • 교사동 및 주요 건물의 온실가스 관련 정보 공유 • 환경적 책임 목표와 실행계획 마련(온실가스 감축기한 및 목표, 폐기물 재활용률, 수질정화장치 활용, 세부 프로그램 등)	• 취약계층의 입학과 학업 유지 지원(SDG1) • 균형 잡힌 급식, 지속가능한 식재료 사용(SDG2)(지역 내 식재료 수급) • 학교 내 구성원과 지역사회 건강과 복지를 위한 프로그램 마련(SDG3)(적극적 코로나19 대응 및 교내 방역 · 위생 인프라 개선, 심리상담 및 중독과 트라우마 회복지원) • 구성원을 위한 연수 및 교육 지원 프로그램 마련(SDG4)(평생교육 및 영재교육 운영) • 승진 및 인사위원회 구성의 남녀 참여 보장(SDG5)(성평등 인식 개선 교육 및 인권 가이드라인 제시) • 인권 · 성평등 교육 및 장애인식개선 교육(SDG10)(인권센터, 장애학생지원센터, 학생상담센터 연계 교육) • 통근버스, 전기차 충전소 등 친환경 교통기반 조성(SDG11) • 위기 혹은 비상체제 시 구성원 안전에 관한 사항 정례화 • 장학금 지속 확대 및 장학금 유치 노력	• 양질의 일자리 확대(SDG8)(교직원의 노동권 보장 및 정규직 전환, 유연근무제 및 워라밸 문화 조성) • 지역사회 협력을 통한 마을 · 도시재생 추진(SDG9) • 환경정보 및 폐기물 처리 정보 공개(SDG12) • 평화와 정의 저술활동 지원(SDG16)(지역 협력 강화기구 운영) • 지구촌 협력 강화(SDG17)(교육과정 편성 기본계획 수립에 SDGs 연계성 표기) • 지속가능성을 강조 · 포함한 학교 비전 및 교육과정 목표 설정 • 학교구성원의 주기적인 민주적 협의

출처: 고아라, 2023

6. ESD와 연계한 ESG 교육방안

SDGs와 ESG의 이러한 특성을 고려할 때, 대학의 ESG 이해를 위한 교육내용 요소는 무엇인가? 특히, 교사양성대학은 ESG 역량을 갖춘 예비교사 양성을 위한 학사구조를 어떻게 변화시켜야 할 것인가는 중요한 논의점이다.

ESG 교육의 지향점은 무엇인가? 국내 대학에서 교양과정이나 비교과 운영을 통해서 ESG 및 그 기반이 되는 '지속가능발전목표(Sustainable Development Goals, 이하 SDGs)'를 가르치는 추세를 전반적으로 분석하는 연구도 있었다(전종희, 한승훈, 2022). 특히, 위 논문은 UN이 "지속가능발전목표(SDGs)"를 강조하는 과정에서 ESG가 등장한 일련의 과정과 더불어 SDGs와 ESG의 개념을 정리하였다. 이를 통해 궁극적으로 SDGs와 ESG가 "지속가능발전"이라는 동일한 지향점을 가지고 있음을 강조하였다. 이상의 연구들은 '지속가능발전을 실현하는 미래 인재를 양성한다'는 차원에서 ESG 교육은 선택이 아니라 필수라는 사실을 확인시켜주고 있다.

교양과목은 ESG, 지속가능성, 환경, 에너지, 기후위기 등 특정 단어를 포함하는 ESG교양학, 사회적 책임과 윤리, 환경문제와 대처전략, 사회적 이슈와 대처전략 등의 내용을 반영하는 것이 중요하다. Peyton과 Miller(1980)에 의한다면 ESG 교육프로그램은 기후위기 및 SDGs, ESG 경영 등에 대한 지식과 인식을 제공할 뿐만 아니라, 이것이 요구되는 태도를 이끌어내고 궁극적으로는 환경적, 윤리적 행동을 하게 하는 것을 전제로 하여야 할 것이다.

ESG의 개념 및 그 기반이 되는 지속가능발전목표(SDGs)가 대학 교육에서 본래의 가치에 맞게 구현되어야 하며, 이를 위해서는 대학에서 ESG 및 지속가능발전목표(SDGs) 교과를 담당하는 교원들 및 관련 전문가들의 고민과 의견 수렴이 무엇보다 필요하다는 향후 과제를 제시한 것이라고 할 수 있다.

이러한 논의를 바탕으로 다음과 같은 ESG 이해를 위한 ESD교육방안을 제시할 수 있다. ESG(환경, 사회, 지배구조) 이해를 위한 ESD(지속 가능한 발전 교육) 교육 방안은 학생들이 ESG 개념을 깊이 이해하고 이를 실제 생활과 직업에 적용할 수 있도록 돕는 것을 목표로 한다.

첫째, 교과과정 및 교육과정을 통합하는 것이 중요하다. ESG의 기본 개념과 중요성을 교과과정에 포함시킴으로써 학생들은 ESG가 무엇인지, 왜 중요한지 이해할 수 있다. 그리고 경제, 사회학, 환경 과학 등 다양한 학문 분야와 ESG를 연계하여 다학제적 접근을 촉진한다. 예를 들어, 환경 과학 수업에서는 기업의 환경적 책임을 논의하고, 경제 수업에서는 ESG 투자에 대해 다룰 수 있을 것이다.

둘째, 실습 및 프로젝트 기반 학습을 촉진한다. 학생들이 ESG 관련 프로젝트를 수행하도록 장려한다. 예를 들어, 지역 사회에서 환경 보호 활동을 기획하고 실행하는 프로젝트를 통해 학생들은 ESG의 실질적인 적용을 경험할 수 있다. 또한 ESG 경영을 실천하는 기업을 방문하거나, 기업과 협력하여 ESG 관련 인턴십 프로그램을 운영한다. 이를 통해 학생들은 실제 기업 환경에서 ESG가 어떻게 구현되는지 경험해볼 수 있다.

셋째, ESG를 성공적으로 구현한 기업의 사례를 분석하여 학생들에게 구체적인 예시를 제공하며, 이론과 실제를 연결하는 데 도움을 준다. 문제 해결형 학습으로서 ESG 관련 문제를 제시하고, 학생들이 이를 해결하기 위한 전략을 제안하도록 한다. 예를 들어, 기업의 탄소 발자국을 줄이기 위한 방안을 모색하는 과제를 제시할 수 있다.

넷째, 토론 및 세미나방법을 활용할 수 있다. ESG와 관련된 주제를 학생들이 토론하도록 한다. 예를 들어, ESG 투자와 전통적 투자 전략의 차이점에 대해 토론할 수 있다. 그리고 ESG 전문가를 초청하여 강연을 듣고, 학생들이 질문할 수 있는 기회를 제공한다. 이는 최신 트렌드와 실제 경험을 배울 수 있는 좋은 기회가 될 수 있다.

다섯째, 디지털 도구를 활용할 수 있다. 즉, 온라인 학습 플랫폼을 활용하여 ESG 관련 온라인 강의, 웹 세미나, 디지털 자료 등을 활용하여 학생들이 스스로 학습할 수 있도록 지원한다. 인터랙티브 퀴즈, 게임, 시뮬레이션 등을 통해 학생들이 ESG 개념을 재미있게 학습할 수 있도록 한다.

여섯째, 지역사회 연계 활동이다. 지역사회와 협력하여 지속 가능한 개발 프로젝트를 수행한다. 예를 들어, 지역사회 환경 정화 활동, 재활용 캠페인 등을 통해 ESG 실천을 경험할 수 있다. 학생들이 ESG와 관련된 자원봉사 활동에 참여하도록 함으로써 사회적 책임감을 키울 수 있을 것이다.

일곱째, 지속적인 평가와 피드백이다. ESG 이해도를 평가할 수 있는 명확한 기준을 마련하여 학생들의 학습 성과를 평가하고, 학생들이 ESG 학습 과정에서 받은 피드백을 바탕으로 자신의 이해도를 높이고, 부족한 부분을 보완할 수 있도록 지도한다.

여덟째, 교사들이 ESG와 ESD에 대해 충분히 이해하고, 이를 효과적으로 가르칠 수 있도록 연수 프로그램을 제공하고, 교사들에게 ESG와 관련된 최신 자료와 교육 도구를 제공하여 교육의 질을 높이는 것이 필요하다.

ESG 이해를 위한 ESD 교육 방안은 학생들이 ESG 개념을 깊이 이해하고 이를 실제 생활과 직업에 적용할 수 있도록 돕는 것을 목표로 한다. 교과과정 통합, 실습 및 프로젝트 기반 학습, 사례 연구, 토론 및 세미나, 디지털 도구 활용, 지역사회 연계 활동, 지속적인 평가와 피드백, 교사 연수 및 지원을 통해 효과적인 ESG 교육을 실현할 수 있다.

7. 교사양성대학의 ESG 이해 교육과정 개선을 위한 시사점

교사양성대학의 특성에 맞춘 필수적으로 개선되어야 하는 ESG 항목에 대한 전문가 FGI 논의결과 다음과 같은 시사점을 도출하였다.

첫 번째로 중요시하는 영역은 '대학경영'이다. 대학경영 영역의 4개 범주 중 가장 중요시하는 범주는 '교육과정', '연구', '이해관계자 참여', '지역사회 공헌'의 순으로 중요하다고 제시하였다. 그 이유는 교원양성 목적대학에서의 예비교사 양성을 위해서는 교육과정의 개편 운영을 통한 ESG역량강화가 가장 중요한 핵심사항이기 때문이다.

두 번째로 중요시하는 영역은 '환경경영'이다. 이 영역에서는 환경경영 목표 수립의 우선적 실시뿐만 아니라 자원 및 에너지 소비 주체인 학교시설 등에 대한 환경관리방안의 강구가 중요하다고 제시하였다.

이러한 FGI 진단결과를 종합하자면, 대학경영 영역에서의 '교육과정'과 '환경경영' 영역에서의 교육시설의 '환경관리'범주를 ESG 도입을 위하여 우선적으로 고려하여야 한다.

남영숙(2024)은 4개 교사양성대학의 교과목을 ESG 기준으로 분석하였다. 이를 바탕으로 교사양성대학의 ESG 이해와 관련한 교육과정 개선을 위한 시사점을 다음과 같이 도출하였다.

첫째, 기존의 과목을 ESG 관련 교육과정으로 개편하여야 한다. 특히, 교육과정에 있어 ESG 이해 교육은 해외 대학들이 국내 대학보다 10년을 앞서 운영하고 있다. 스탠퍼드 대학은 2022 지속가능성 대학을 설립하여 지구, 기후, 사회를 이해하도록 교육하고, 지속가능성의 문제의 원인과 이를 해결하는 데 필요한 새로운 지식, 경험, 기술을 습득하도록 하고 있다(최부경, 곽동철, 방세린, 2023). 초등 교원양성대학의 학생들은 예비 교원으로서 ESG에 대해 교육하고 전문가로서 양성할 필요가 있다. 학교는 학생들뿐 아니라 지역사회 발전에 기여해야 하므로 더욱 ESG에 대한 중요성과 실천 방법을 이해하고, 학교의 지속가능성 관련 정책 추진 및 지원에 대한 역할을 해야 한다.

둘째, 환경(E) 영역 관련 교양 교육과정을 확대해야 한다. 교양 과목은 전공 과목에 비해 다양하고 많은 학생들이 수강할 수 있다. 대학은 환경에 대한 이해도 제고를 위해 환경의식 제고 교육을 제공하고, 친환경 학생활동을 추진하여 학생들이 자발적으로 참여하고 캠퍼스 밖 활동을 학생 중심으로 강화하여 나갈 필요가 있다(Walter, 2018). 특히, 교양강좌를 통해 ESG 이해 교육을 접한 학생들은 자신의 전공과 ESG를 연계해 볼 기회를 확대할 수 있으며, 사회적 이슈에 대한 비판적·반성적 사고의 기회도 얻을 수 있다. 현재와 같이 전공강좌에 치중된 ESG 이해 교육의 방향 개선에 대한 논의가 확대될 필요가 있다(김성희, 2023).

셋째, 사회(S) 영역 관련 교육과정은 다양한 활동으로 체감하며 이루어질 필요가 있다. 교사양성대학의 교과목 중 사회(S) 영역의 교과목이 가장 많이 개설되어 운용되고 있다. 교육실습이 현장과 연계가 되기는 하지만 수업실습에 그치는 경우가 많다. 지역과 연계하면서 문제를 다양한 전문가, 실천하는 지역인, 대학생을 통해 전달하고 제공할 수 있도록 구성할 필요가 있다(전종희, 한승훈, 2023, 2022).

ESG에 대한 인지적・정서적・사회적 지식이 ESG에 대한 실천 및 실제로 이어지기 위해서는 지역사회와 연계한 학습자 참여형 ESG 교육프로그램과 같이 현장 참여형 및 지역사회와 연계된 문제를 학습자들이 직・간접적으로 체험할 수 있는 교수법을 활용할 필요가 있다(김성희, 2023). 또한 지역에 위치한 교사양성대학의 정체성과 관련하여 특성화된 부분을 관련지어 교과목을 운영하는 것을 고려할 수 있다.

넷째, 지배구조(G) 영역 관련 교육과정을 개발해야 한다. 교사양성대학의 교육과정은 학급 및 학교의 경영과 깊은 관련이 있기 때문에 학생들은 구성원 소통 및 공공성 확대에 대한 부분에 대한 이해와 인식 개선이 필요하다. 지배구조(G) 영역은 학교 교육과정에서 반영될 때는 참여감수성으로 재구조화된다. 이때, 학교 내에서는 민주적 의사결정체계를 이루고 학생자치를 활성화하고 학교운영에 학생 참여를 확대하는 방향으로 ESG의 지배구조(G)를 수용하고 있다(권영태, 안지훈, 이재희, 2023). 하지만 현재 지배구조(G) 영역 관련 교과목은 분석된 교과목 중 가장 적은 비중을 차지한다. 따라서 지배구조(G) 영역을 활성화하고 학교 안 교육에서 재구조화되는 부뷰을 반영한 교육과정이 개발될 필요가 있다.

Peyton과 Miller(1980)에 의하면 ESG 교육프로그램은 기후위기 및 SDGs, ESG 경영 등에 대한 지식과 인식을 제공할 뿐만 아니라, 이것이 요구되는 태도를 이끌어내고 궁극적으로는 환경적, 윤리적 행동을 하게 하는 것을 전제로 하여야 할 것이다.

남영숙(2024)은 대학의 ESG 도입방안으로서 ESG 이해 내용요소를 분석도구로 활용하여 교사양성대학의 교육과정을 분석함으로써 지속가능한 교육과정 설계를 위한 기초자료를 제공하였다. ESD와의 연계방안을 다음과 같이 논의하였다.

첫째, 교사양성대학에서의 ESG 이해 함양교육의 지향점은 무엇인가? ESG는 지속가능발전에서 출발했기에, ESG 이해 교육의 뿌리 역시 지속가능발전교육(Education for Sustainable Development)에서 찾을 수 있다. UNESCO(2017)는 지속가능발전목표 달성을 위한 교육-학습목표를 통해서 ESD가 전 세계에서 더 구체적인 목표에 기반해 실행되도록 돕고자 하였는데, 여기서 ESD는 지속가능발전에 기여할 수 있는 지식, 기술, 가치, 태도를 교육하는 것에 초점을 둔다(UNESCO, 2010). 또한 학생이 현세대와 미래 세대를 위해 환경적, 경제적, 사회적으로 올바른 결정과 책임 있는 행동을 할 수 있는 역량을 강화하는 교육을 표방한다(고아라, 남영숙, 2023a, 2023b).

둘째, 미래 예비교사 양성을 통한 유초중등학생의 ESG 이해 역량강화의 필요성이다. 대학의 ESG 경영을 강조하는 추세에 맞추어 한국 ESG 경영원(2023)에서는 대학 ESG 가이드라인을 제작・배포하였고, 이 가이드라인에서는 대학의 역할로 "환경경영의 주체이자 지역 공동체로 지속가능한 사회의 방향을 제시"해야 함을 강조하였다. 교육과 육성 측면에서 ESG의 개념과 인식은 고등교육에서만 필요한 것이 아니라 지속가능한 삶을 살아가기 위해 더 어린 시기의 학습자에게도 반드시 필요하다. 남승완 등(2023)은 기후와 환경, 협력적 의사결정, 사회의 투명성을 중심으로 'ESG와 기업가정신교육'이라는 교육프로그램을 고안하여 초・중・고등학교 학생을 대상으로 학습 효과를 확인하기도 하였다. 그러나 엄밀히 따지면 일회적이고 단기간의 교육프로그램보다도 학교에서 지내는 일상적인 생활 속에서 지속가능성을 느끼고, 실제로 살아가기 위해서는 학교와 학급경영에 자연스러운 ESG 문화가 전제되는 것이 더욱 바람직할 것이다. 유치원, 초중고, 대학, 대학원 등 교육과정에 ESG 원리와 실천방안을 반영해 미래를 향한 ESG 실천체계를 강화하고 예비교사의 ESG 이해를 함양할 수 있도록 하는 것이 중요하다.

셋째, 지속가능한 학급경영자로서의 교사의 ESG 역량강화이다. 먼저 학급경영과 관련하여 학급을 경영하는 교사의 역할은 10여 가지로 볼 수 있다(김현수, 남유진, 2023). 초등 교사는 학급을 경영할 때, 수업이라는 목적적이고 공식적인 교육활동뿐 아니라 이른바 '사회화'로 일컬어지는 생활지도를 겸해야 하며, 교실의 물리적 환경을 구성하는 역할, 학부모 및 지역사회와의 관계까지도 아우르는 역할을 해야 한다. 교사가 지닌 ESG 경영에 대한 지식은 환경(Environment)적인 측면에서 학생들로 하여금 지속가능한 삶의 방식을 함양하도록 생활지도의 방향을 설정하게 할 수 있으며, 교실의 물리적 환경을 구성하거나 학습 준비물을 구입할 때 친환경적인 소비를 하는 등 여러 학급 운영 요소에도 잠재적 교육과정으로서 반영할 수 있다. 또한 사회(Society)적 측면에서 학급의 규칙이나 운영 방법을 정할 때, 이해관계자로서 학급 학생들을 포함시키는 민주적 의사결정과정을 통해 학급을 운영하기 위해서도 필요하다. 교사는 성인이자 학급을 경영하는 주도자로서 미성숙한 학생에 대하여 권위와 권력을 지니고 있으나, 이러한 권위와 권력을 일방적으로 휘두르는 것이 아니라, 학생들로 하여금 사회에서 능동적으로 참여하고 사회를 긍정적인 방향으로 이끌어 나갈 수 있는 의사결정자로서 준비시키는 역할을 해야 할 것이다.

마지막으로, '학교'라는 공공기관이 학생을 매개로 하여 학부모와 지역사회를 연결하는 특수한 성격을 고려하여 학부모와 지역사회의 관계 측면에서 거버넌스(Governance)를 고려하여 지역사회를 적극 활용하는 동시에 지역사회에 학생들이 기여할 수 있는 교육 활동을 마련하기 위해 교사는 지속가능한 학급경영을 염두에 두어야 할 것이다. 이러한 점을 고려할 때, 예비교사의 ESG 이해함양은 필수적이며, 학교경영의 주체인 관리자의 인식변화 또한 중요함을 시사한다.

참고문헌

고아라, 남영숙(2023a). 2022 개정 교육과정에 근거한 지속가능발전교육 분석 및 교과서 개발 방향 제시. 학습자중심교과교육연구, 23(15), 897-912.

고아라, 남영숙(2023b). 인성교육과 지속가능발전교육 연계방안. 학습자중심교과교육연구, 23(22), 209-222.

권영태, 안지훈, 이재희(2023). 학교 ESG 교육의 방향성-내용적, 영역적 방향성을 중심으로. 한국사회교과교육학회 하계학술대회 발표집, 99-118.

김성희(2023). 대학 ESG 교양교육의 방향: 지역사회와 함께하는 학습자 참여형 ESG 교양교육 사례를 중심으로. 지식과 교양, 12, 307-326.

김원기, 김주희, 이도희(2022). 경영교육, ESG시대의 대학교과목 설계에 대한 고찰. 경영교육연구, 37(6), 213-235.

김현수, 남유진(2023). "학급경영" 지식의 변천 양상에 대한 비판적 고찰. 교육사회학연구, 33(1), 1-30.

김혜경, 이형주(2023). 대학의 ESG 교육환경 구축 및 운영 실천방안 연구 - A 대학의 ESG 운영 사례를 중심으로 -. 문화와 융합, 45(5), 205-222.

김호석(2021). ESG 관련 국내외 동향 및 환경정책에 미치는 영향. 한국환경연구원.

남승완, 이종현, 이창수, 김경민, 이선영, 김승철 (2022). ESG와 기업가정신을 접목한 교육프로그램 적용에 관한 탐색적 연구: 초 · 중 · 고 교육 프로그램 운영 사례를 중심으로. 벤처창업연구, 17(5), 117-13.

남영숙(2024). 대학의 ESG 도입방안 연구 – 초등 교사양성대학을 중심으로. 학습자중심교과교육연구, 24(2), 815-826.

박재현, 한향원, 김나라(2022). 국내 ESG 연구동향 탐색: 2012~2021년 진행된 국내 학술연구 중심으로. 벤처창업연구, 17(1), 191-211.

산업통상자원부(2021). K-ESG 가이드라인.

서울대학교(2020). 2019 서울대학교 지속가능성 보고서.

유네스코한국위원회(2008). 지속가능한 미래를 위한 교육: 유엔 지속가능발전교육 10년을 향하여. 서울: 유네스코한국위원회.

유네스코한국위원회(2021). ESD 2030 로드맵. 서울: 유네스코한국위원회.

윤정구(2022). 초뷰카 시대 지속가능성 실험실. 서울: 21세기북스.

이근필, 김상수(2023). 기업의 ESG 교육니즈에 대한 탐색적 연구. 경영컨설팅연구, 23(3), 165-177.

이영면, 박준우, 신태중(2015). 대학의 지속가능경영 전략수립을 위한 제언. 윤리경영연구, 15(2), 77-109.

이정기, 이재혁(2020). "지속가능경영"연구의 현황 및 발전방향: ESG 평가지표를 중심으로. 전략경영연구, 23(2), 65-92.

이지희(2022.1.21). ESG경영, 지자체와 협력하는 대학가.

한국대학신문. https://news.unn.net/news/articleView.html?idxno=523017에서 2023년 11월 28일 인출.

임병진(2023). 교육과 ESG의 상호 미치는 영향에 관한 실증적 연구. 상업교육연구, 37(2), 91-109.

임태종(2022). 대학에 부는 ESG 열풍과 대학의 역할. 경영컨설팅연구, 22(6), 353-365.

전종희, 한승훈(2022). 대학에서의 ESG(Environment, Social, Governance)교양교육 사례 및 재학생 인식 조사 연구. 인격교육, 16(4), 131-162.

전종희, 한승훈(2023). 대학 교양교육에서 ESG(Environment, Social, Governance) 교육 동향 및 실행 방안 연구: 해당 분야 전문가 인터뷰를 중심으로. 문화교류와 다문화교육, 12(1), 437-461.

정혜섭(2021). 공공기관에서의 ESG 실행을 위한 전략. 특별기고. 한국능률협회.

조상우(2021). ESG의 이해와 ESG 경영을 해야 하는 이유. 식품산업과영양, 26(2), 1-4.

지속가능발전위원회(2022). 국가지속가능성 보고서.

최부경, 곽동철, 방세린(2023). 대학 ESG 지표를 통한 대학의 ESG 경영에 대한 고찰: 대학 ESG 가이드라인 V1.0을 중심으로. 경영교육연구, 38(5), 149-169.

최유경, 정아름(2021). 공공기관의 ESG 지배구조(G) 추진전략: 대한무역투자진흥공사 사례를 중심으로. 서비스경영학회지, 22(5), 159-183.

탁진규(2022). 대학의 ESG 경영 사례. 융합경영리뷰, 37, 23-25.

한국 ESG 경영원(2023). 대학 ESG가이드라인 V1.0.

환경부, 한국환경공단(2023). 그린캠퍼스 조성 가이드라인.

Fernando, J. (2022). UN principles for responsible investment(PRI)? Definition. Principles for Responsible Investment Initiative(PRI).

Peyton, R. B. & Miller, B. A. (1980). Developing an internal locus of control as a prerequisite to environmental action taking. In Curr Issues VI (pp. 173-192). ERIC.

UNESCO (2005). UN decade of education for sustainable development 2005~2014. International implementation scheme draft. Paris: UNESCO Publishing.

UNESCO (2010). Education for sustainable development lens: A policy and practice review tool. Paris: UNESCO.

UNESCO (2017). Education for sustainable development goals: Learning objectives. Paris: UNESCO.

Walter, L. F. (2018). Implementing sustainability in the curriculum of universities. In Implementing Sustainability in the Curriculum of Universities (World Sustainability Series) (pp. 1-16). Springer.

에필로그

학교 현장에서 학생들을 교육하는 교사들은, 미래에 대해 늘 공부한다. 학생들이 우리와 만나 더 좋은 삶, 더 좋은 미래라는 가치를 만나고, 그를 통해 성장하고, 행복한 삶을 꾸려나갈 수 있기를 바라기 때문이다. 또한 그렇게 될 때, 교사들의 교육은 비로소 학생들의 삶을 통해 유의미해진다. 이렇듯 배움은 언제나 과거로부터 현재, 그리고 미래와 연결 되어 왔다.

현재 우리가 지속가능발전교육에 대해 연구하고 실천하는 것은, 악화된 지구환경에서 살아갈 미래 세대에게 당면한 환경위기 문제들에 적응과 대응을 기대하기 때문만은 아니다. 학교 교육 전반에서 학생들이 좀 더 따뜻한 가치를 선택하고, 공동의 미래를 꿈꾸며 더 나은 삶을 창조해 나갈 수 있는 핵심 가치로서의 지속가능한 성장을 이루기를 꿈꾸는 것이다.

이 책을 함께 쓴 우리는 한국교원대학교 환경교육과의 지속가능발전 연구실을 거쳐온 학생들이다. 지도교수님이신 남영숙 교수님은 오랜 시간 동안 교사이자 학생, 그리고 연구자인 우리에게 지속가능발전이라는 관점으로 세상을 살아갈 수 있는 역량을 형성하게 지도해 주셨다. 교수님의 가르침 덕분에 전국 팔도에 흩어져 있는 제자들은 각자의 삶에서 지속가능발전교육을 연구하고, 직접 실천하는 삶을 지속할 수 있었다. 그리고 우리나라의 중앙에 위치한 한국교원대학교에서 배우고 익힌 가치들은 전국 각지의 학교 현장에서 성글지만 꾸준한 실천으로 이어졌다. 이러한 움직임은 때때로 모이고, 때때로 흩어지며, 지속가능발전교육의 발전에 기여하였다.

“ESD와 교육의 융합”은 그동안 저자들이 지속가능발전연구실에서 배우고, 익히고, 시도한 지속가능발전 및 지속가능발전의 개념과 흐름, 그리고 관련 개념의 연결, 다양한 관점, 실제적 적용들을 다양하게 담고 있다. 그러나 함께 쓴 글의 내용들은 추억 속의 과거에 머무르는 것이 아니다. 함께한 저자들의 삶과 교육 현장에, 이 책을 통해 지속가능발전교육에 관심을 가지고 공부를 시도하고 있는 독자들을 통해 살아 움직이는 것이다. 더 나아가 미래의 예비 교사 및 다양한 분야에 종사하고 있는 독자들과 함께 지속가능발전교육을 둘러싼 다양한 관점과 변화하는 흐름들을 함께 만들어가는 것이 저자들의 바람이다.

마지막으로, 지속가능발전교육이라는 교육적 가치와 삶을 연구하고 실천할 수 있도록 무한한 사랑을 통해 지도해주신 남영숙 교수님께 깊이 감사드린다.

2024년 봄, 함께했던 다락리를 떠올리며
저자 일동

찾아보기

[기타]

저자 소개

남영숙

독일 베를린공과대학교 환경계획학 전공(공학 박사)

현) 한국교원대학교 환경교육과 명예교수/(사)사회적협동조합 미래학교환경 대안 이사
환경부 환경교육진흥위원회 위원, 충북 녹색성장·탄소중립위원회 위원, 한국환경한림원 감사, 충북연구원 비상임이사 외 다수

전) 한국교원대학교 도서관장 및 황새생태연구원 원장, 한국환경연구원 책임연구원, 환경부 중앙환경정책위원회 위원, 대통령직속 규제개혁위원회 위원, 한국환경한림원 부회장, 한국환경교육학회 부회장, 한국여성과학기술단체총연합회 이사, 충북 여성과학기술인회 회장 역임

저서로 기후변화와 여성, 황새와 융합교육, 황새와 습지, 환경영향평가, 지속가능한 사회와 문화, 독일의 전략환경영향평가 등이 있다.

독일 베를린공과대학교 환경계획학과에서 공학박사학위 취득후 한국환경연구원 책임연구원과 한국교원대학교 환경교육과 교수로 31년간 재직하면서 환경정책 및 지속가능발전정책, 환경 및 지속가능발전교육, 기후변화교육, 황새와 생물다양성 등 많은 연구들을 진행하며 정부 자문 역할과 후학양성에 힘썼다.

장호창

한국교원대학교 대학원 환경교육 전공(교육학 박사)

현) 대구 서동초등학교 교사

지속가능성이 개인과 사회에 어떻게 영향을 끼치는지 연구하며 개인 삶과의 조화로운 적용 방안을 탐구하고 있다. 지속가능발전교육의 다양한 적용에도 관심을 두고 있다.

김희진

한국교원대학교 대학원 환경교육 전공(교육학 박사)

현) 청주 강서초등학교 교사

학교 차원에서 이루어지는 환경교육 정책을 통한 공동체와 개인의 공동 성장 과정에 대해 연구하였다. 주요 연구 실적으로는 지속가능성 교육을 위한 초등학교 생태감사 프로그램 개발, 환경학교의 지속성에 대한 근거이론 접근, 학교 환경교육 사업 운영을 통한 담당 교사들의 학습 등이 있다. 현재 초등학교 학생 및 동료 교사들과 함께 능동적 학습을 통한 환경 및 지속가능교육의 가치를 발전시키기 위해 노력하고 있다.

김 호
한국교원대학교 대학원 환경교육 전공(박사과정 수료)
현) 전남 구례북초등학교 교사
전라남도교육청환경교육지원단으로 활동하고 있으며 지역의 특색과 학생들의 삶의 맥락과 연결된 학교환경교육 방법에 대해 관심을 가지고 있다.

류학렬
한국교원대학교 대학원 환경교육 전공(교육학 석사)
현) 제주도 서귀북초등학교 교사
황새를 활용한 지속가능발전교육 프로그램 개발에 관한 연구를 하였다. 현재 제주도에서 환경을 생각하며 허브, 화초 등 식물을 가꾸는 일에 열중하고 있다.

윤영선
한국교원대학교 대학원 환경교육 전공(교육학 석사)
현) 군산경포초등학교 교사
우리나라를 터전으로 하는 텃새 황새를 통해 자연과 인간이 공존하는 지속가능한 미래에 대해 연구하였다. 현재는 교사학습공동체 안에서 '자연과 상생'하는 가치관이 녹아드는 교육과정 실천방안을 모색하고 있다.

고아라
한국교원대학교 교육대학원 환경교육 전공(교육학 석사)
현) 대전 외삼초등학교 교사
초등학교 고학년을 대상으로 한 인성교육 및 지속가능발전교육 융합 모델 개발에 대해 연구하였다. 주요 연구 실적으로는 2022 개정교육과정 총론에 근거한 지속가능발전교육 분석 및 교과서 개발 방향 제시, 인성교육과 지속가능발전교육 연계 방안, 인성 함양 지속가능발전교육 융합 모델 개발 등이 있다.

정예원
한국교원대학교 대학원 환경교육 전공(석사과정 재학)
현) 전주 송천초등학교 병설유치원 교사
기후위기 시대에 가장 직접적인 이해당사자인 유아들의 일상생활에서 지속가능한 삶의 가치를 실현할 수 있도록 돕는데 관심이 있다. 유아 기후변화 교육에 생태 지식으로서 24절기를 접목하는 기후변화 교육 프로그램을 연구하고 있다.

ESD와 교육의 융합

2024년 12월 25일 1판 1쇄 인쇄
2024년 12월 30일 1판 1쇄 발행

저 자 : 남영숙 장호창 김희진
김 호 류학렬 윤영선
고아라 정예원
발행인 : 한 정 주
발행처 : 교 육 과 학 사

경기도 파주시 광인사길 71
전화 (031)955-6956~8 / 팩스 (031)955-6037
Home-page : www.kyoyookbook.co.kr
E-mail : kyoyookbook@daum.net
등록 : 1970년 5월 18일 제2-73호

낙장 · 파본은 교환해 드립니다.
정가 18,000원
Printed in Korea.
ISBN 978-89-254-2000-4